# Perfektes Lauftraining –
# Das Ernährungsprogramm

Herbert Steffny / Ulrich Pramann /
Charly Doll

# Perfektes Lauftraining –
# Das Ernährungsprogramm

## Optimal versorgt
## in Training und Wettkampf

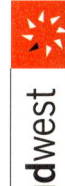

südwest

Ins **Leistungsloch** fällt jeder einmal – die meisten Nahrungsergänzungsmittel werden Ihnen jedoch nicht aus dem Tief heraushelfen. Vertrauen Sie lieber auf frische und natürliche Zutaten.

**8 Vorwort**

8 Gute Ernährung = bessere Leistung

## 13 Leistung geht durch den Magen

**14 Ernährung und Leistungsfähigkeit**

16 Die Evolution der Ernährung

21 Wie aus Nahrung Leistung wird

## 27 Ernährungs-Basics für Läufer

**28 Der Energiestoffwechsel**

28 Der individuelle Bedarf

31 ATP – Sofortenergie für den Körper

32 Superbenzin Kohlenhydrate

37 Fette – Dieselbenzin der Muskeln

42 Proteine – Bausteine des Körpers

44 Vitamine – kleine Mengen
ganz groß

47 Mineralstoffe und
Spurenelemente

51 Essen Sie möglichst
naturbelassen

53 Sekundäre Pflanzenstoffe aus
der natürlichen Apotheke

# Inhalt

## 59   Was **Läufern** gut tut

**60   Schmeckt und bringt auf Trab**
60   Die besten Lebensmittel für Läufer
**76   Trinken – wie Sie es richtig laufen lassen**
76   Der Wasserträger für unsere Leistung
79   Wie unser Kühlsystem funktioniert
83   Welche Getränke?
**88   Top oder Flop? Nahrungsergänzung**
88   Powern um jeden Preis?
92   Kleines Abc der Hilfsmittelchen

## 101   So läuft es **Tag für Tag**

**102   Richtig ernährt im Trainingsalltag**
102   Die Fitnesskurve unterstützen –
      Durchhänger vermeiden
105   Das Powerfrühstück
109   Wenn Sie einen langen Lauf einlegen
112   Wenn Sie morgens laufen
114   Wenn Sie mittags laufen
115   Wenn Sie abends laufen
117   Ist Naschen verboten?
120   Wenn Sie nicht zu Hause essen

Eine gesunde Ernährung bedeutet nicht den Verzicht auf **Genuss!** Wer läuft, darf auch ab und zu mal sündigen.

Früchte-Vollkorn-
Müsli – Rezept
siehe **Seite 194f.**

**125** In **Topform** an den Start

**126** **Essen und Trinken für Wettkämpfe**

126  Was soll ich vor dem Laufen essen?

133  Was beim Laufen essen?

136  So werden Sie hinterher wieder fit

**141** Das **Gewicht** im Griff

**142** **Tempo aufnehmen – Pfunde verlieren**

142  »Maratonnis« haben es schwerer

143  So erreichen Sie Ihr Idealgewicht

147  Normal-, Idealgewicht und Bodymass-Index

150  Schwere Knochen oder zu viel Fett?

156  Essstörungen
     und Laufen

# Inhalt

**159 Ernährungspraxis für Läufer**

| | |
|---|---|
| **160** | **Charly Dolls Küchengeheimnisse** |
| 160 | Gesundes Essen beginnt beim Einkauf |
| 166 | Wie lagere ich Lebensmittel richtig? |
| **168** | **Reserven anlegen – Carbo-Loading** |
| **176** | **Tierisch-pflanzliche Eiweißkombinationen** |
| **182** | **Fleischlose Eiweißkombinationen** |
| **189** | **Die Eiweiß-Fett-Diät** |
| **193** | **Frühstück und Snacks** |
| **198** | **Feines aus dem Suppentopf** |
| **204** | **Salate mit Pfiff!** |
| **209** | **Salatdressings und Saucen** |
| **215** | **Warme Hauptgerichte** |
| **221** | **Desserts, Kuchen und Süßes** |
| **227** | **Frische Energiedrinks** |
| 229 | Charly Dolls Küchenregeln |
| | |
| **231** | **Literatur** |
| **233** | **Über dieses Buch** |
| **234** | **Sach- und Rezeptregister** |

Kohlenhydrate, z. B. aus Teigwaren – das **Superbenzin** unter den Treibstoffen für unseren Körper.

Des Läufers bestes Nahrungsmittel – die Banane. Die Frucht mit dem praktischen **Bioreißverschluss** enthält alles, was Ihr Körper bei einem Lauf braucht.

# Vorwort

Läuft und läuft und läuft: Unser Buch »Perfektes Lauftraining«, das im Frühjahr 1998 erschienen ist, hat eine unverhoffte, unglaubliche Karriere gemacht. Denn inzwischen ist bereits die 17. Auflage im Handel. Und das Schönste: Die Leser und Kritiker sind voll des Lobes. Einige Beispiele: »Man merkt, hier fließt die jahrelange Erfahrung und Kompetenz von zwei gewieften Läufern ein«, »uneingeschränkt empfehlenswert«, »ein Muss für Läufer/innen«, »nützliche Informationen, kurzweilig geschrieben«. Experten würdigten unser Buch als »die neue Bibel des Laufens«. So viel positive Resonanz freut uns natürlich und macht uns stolz.

Allerdings, das zeigen viele Leserreaktionen auch, kommt ein Aspekt wohl ein bisschen kurz. Klar, wir haben uns mit der Ernährung rund ums Laufen befasst, in einem Kapitel. Aber in puncto gesunder Ernährung und Abnehmen mit Laufen besteht offenbar ein größerer Wissensbedarf.

> Was darf, was kann, was soll ich essen? Was ist Gift für die Beine, was Balsam? Das sind die Leitfragen in den folgenden Kapiteln.

## Gute Ernährung = bessere Leistung

Was soll ich vor, während und nach dem Laufen essen? Wie viele Kohlenhydrate und welche sind gut für mich? Wie viel Eiweiß brauche ich wirklich? Wie viel Fett ist nötig und wie viel schädlich? Wann soll ich essen? Wie bringe ich ein paar überflüssige Pfunde runter? Wie viel und was sollte ich vor dem Training trinken? Was ist das beste Futter vor einem Wettkampf? Darf ich mir hinterher auch mal ein Bierchen gönnen?

All diese Fragen werden hier beantwortet. Mehr noch: Außer gesichertem ernährungsphysiologischem Basiswissen für Läufer finden Sie jede Menge alltagstaugliche Tipps, die ebenso auch für andere Ausdauersportarten (beispielsweise Walking, Inlineskaten, Skilanglauf, Radfahren) gelten. Und vor allem: reichlich Rezepte, die sich in der Läuferpraxis bestens bewährt haben.

Glücklicher Sieger:
Charly Doll beim
Comrades-Marathon 1993.

Das A und O sind Frische und Qualität von Lebensmitteln. Denn Frische ist für den Nährwert entscheidend.

## Guter Rat von erfahrenen Profis

Dieses Buch ist das Ergebnis von Teamarbeit im besten Sinn – hier fließen Erfahrung und Input aus drei unterschiedlichen Quellen ein:

● *Herbert Steffny* ist Diplombiologe, ehemaliger Weltklasseläufer, Bestsellerautor und Hobbykoch. Er war 14facher Deutscher Meister sowie Europameisterschaftsdritter im Marathon (1986), und er leitet seit vielen Jahren erfolgreiche Lauf- und Walkingseminare (u. a. »Laufen – Kochen – Genießen«).

● *Charly Doll* ist Küchenmeister und Deutschlands erfolgreichster Berg- und Ultraläufer. Er war neunmal Deutscher Meister, gewann u. a. den Comrades-Marathon, den Swiss Alpine Marathon und wurde Weltcup Dritter im Berglauf. Seine Erfahrung wurde zuletzt auch in Salt Lake City geschätzt – als Olympiakoch sorgte Charly Doll für das leibliche Wohl der Sportler, so z. B. von Sven Hannawald, Martin Schmitt, Evi Sachenbacher & Co.

● *Ulrich Pramann* ist Hobbyläufer (15 Marathons) und Bestsellerautor. Er beschäftigt sich seit 25 Jahren professionell mit den Themen »Sport«, »Gesundheit«, »Fitness« und »Karriere«. Das Thema »Laufen« ist seine alte, Kochen eine neue Leidenschaft.

Weltklasseläufer, Hobbyläufer und Koch: In dieses Buch sind die Erfahrungen aus drei ganz unterschiedlichen Quellen eingeflossen.

## Aus der Praxis für die Praxis

Wir kennen die Rezepte, die bis zur Weltklasse führen. So viel steht fest: Mit schlechten Ernährungsgewohnheiten sind gute Resultate kaum möglich. Es kommt darauf an zu wissen, zur richtigen Zeit das Richtige in der richtigen Zusammenstellung zu essen. Das Wissen um bewusste Ernährung und die Umsetzung zahlen sich aus: Mehr Energie, mehr Gesundheit, mehr Leistung und mehr Spaß bei Training und Wettkampf sind die Erfolge. Weil Sie sich beim und nach dem Laufen kaum mehr schlapp fühlen werden. Weil Sie sich Seitenstechen ersparen. Weil Sie mehr Power haben. Eine Läuferweisheit lautet: Nicht die Ernährung macht den Meister, sondern der Meister macht sich seine Ernährung.

Wir wollen Läufer auf dem Weg zu besseren Leistungen und weniger Gewicht begleiten. Was dieses Buch allerdings nicht leisten will und kann: Es ist kein Berater für Ernährungs- sowie Stoffwechselstörungen und Sonderformen der Ernährung (z. B. bei Allergien oder Diabetes mellitus).

## Genussvoll essen

Nein, sportgerechte Ernährung sollte nicht dogmatisch sein. Wir wollen keine Schuldgefühle erzeugen. Wir predigen nicht nur Grünkohl, Sojabohnen und Kresse und beileibe keine starren Speisepläne. Es macht nämlich keinen Sinn, wenn Sie alles, was Sie essen, nur auf den Gehalt an Ballaststoffen, Kohlenhydraten und auf optimale Nährstoffdichte abklopfen und dann lustlos in sich hineinstopfen. Kleine Sünden dürfen, nein, sie müssen sogar manchmal sein. Denn Essen und Trinken ist auch für Läufer viel mehr als bloße Brennstoffzufuhr. Die Lust am Essen ist wichtig. Wer mit Genuss isst, fördert sein Wohlbefinden. Und langfristig wird sportgerechte Ernährung nur durchgehalten, wenn sie auch schmeckt. Sonst kehrt man auf kurz oder lang wieder zu den alten Essgewohnheiten zurück.

## Läufer leben einfach gesünder

Wer regelmäßig läuft, wird früher oder später sensibel. Läufer verlieren dieses sorglose Desinteresse gegenüber dem eigenen Körper. Läufer beginnen, sich für die Zusammenhänge zu interessieren. Das fängt meist beim ersten Muskelkater an. Man möchte auf einmal wissen, was ein Muskelkater eigentlich ist oder wieso man Seitenstechen bekommt. Läufer beginnen, in sich hineinzuhorchen. Das soll nicht heißen, dass sie Hypochonder sind oder jedes kleine Zipperlein als Alarmzeichen werten. Nein, Läufer horchen in sich hinein, weil sie auf wunderbare Weise mit ihrem Körper vertraut geworden sind. Sie kennen seine Reaktionen und Veränderungen, und die Abläufe werden klar.

Läufer entwickeln Körperbewusstsein. Wer das komplexe, komplizierte System seines Körpers kennt, geht damit nicht mehr so rücksichtslos um, sondern sorgsamer und aufmerksamer. Die meisten Läufer geben das Rauchen auf. Viele schränken den Alkoholkonsum ein. Und alle verändern ihre Essgewohnheiten. Mit zunehmendem Trainingszustand werden sie auch wählerischer – was die Auswahl ihrer Nahrungsmittel betrifft.

**Nach einer Weile wissen Sie genau, was Ihnen gut tut. Ihr Körper verlangt ganz von selbst nach gesunder Nahrung.**

## Läufer entwickeln Körperintelligenz

Laufen verstärkt die Weisheit des Körpers. Nach und nach verändert sich der Appetit. Hunger- und Durstgefühle stellen sich zu anderen Zeiten ein. Man isst und trinkt mehr nach der inneren Uhr. Läufer entwickeln ein neues Gespür für die Bedürfnisse ihres Körpers. Sie vertrauen also mehr und mehr auf das, was Wissenschaftler somatische Intelligenz nennen – Körperintelligenz (griech. soma = Körper). Unser Körper ist klug. Wir müssen nur auf ihn hören. Der Körper weiß, was für ihn gut ist – und was nicht.

*Ulrich Pramann*

# Leistung
# geht durch
## DEN MAGEN

**Was Läufer
wirklich brauchen –
wie aus der
richtigen Nahrung
Leistung wird**

# Ernährung und Leistungsfähigkeit

In den letzten Jahren, besonders in den letzten zehn Jahren, ist auf dem Gebiet der Trainingsforschung enorm viel passiert. Weltweit haben Sportmediziner, Biomechaniker, Trainingswissenschaftler, Techniker und vor allem auch Ernährungswissenschaftler dazu beigetragen, die Gesetzmäßigkeiten der sportlichen Leistungssteigerung zu erkennen.

Klar, die persönliche Leistungsfähigkeit hängt immer vom Talent und Trainingsfleiß, vom Alter, von der Konstitution und den Trainingsmöglichkeiten ab – aber nicht zuletzt auch von der richtigen Ernährung. Vernünftige Ernährung fördert nicht nur die Gesundheit, sondern natürlich auch die Leistungsfähigkeit. Beides, Training und richtige Ernährung, gehören zusammen – sonst läuft es nicht optimal.

Gute Resultate sind mit schlechten Ernährungsgewohnheiten kaum möglich. Nur wenn wir uns richtig ernähren – also maßvoll und vielfältig, möglichst pflanzlich, naturbelassen und ausgewogen –, bekommt unser Körper die notwendigen Nährstoffe und mithin jene Energie, die nötig ist, um zur Bestform auflaufen zu können.

> Fest steht: Wenn Läufer ihre Ernährungsgewohnheiten nicht nur dem Zufall überlassen, läuft alles noch besser. Das gilt für Weltklasseathleten ebenso wie für Hobbyläufer.

## Es gibt Ausnahmesportler – aber selten

Man nannte ihn »die tschechische Lokomotive«. Wenn er unter Dampf stand, zog er unaufhaltsam davon. Viermal gewann Emil Zatopek olympisches Gold. Einmal 1948 in London im 10 000-Meter-Lauf, vier Jahre später in Helsinki gleich dreimal: über 5000 Meter, 10 000 Meter und im Marathon. Er wollte alle Mittel- und Langstrecken beherrschen, wollte Bestzeiten immer weiter verbessern. Er war besessen. Emil Zatopek, der Rekordjäger, der die erstaunlichsten

**Wunderläufer Emil Zatopek beherrschte in den 1950er Jahren die Laufwelt. Er trank gerne Bier, trotzdem lief es bei ihm – die Ausnahme eines Ausnahmeathleten.**

Weltrekorde lief, wurde Wunderläufer genannt. Zu Recht.

Ein Wunder auch, wie damals seine Leistungen zustande kamen – wenn wir heutiges Wissen zum Maßstab machen. Emil Zatopek war ein Einzelkämpfer. Kein Team, das ihm zur Seite stand, keine Physiologen, Psychologen, keine Ernährungswissenschaftler, null wissenschaftliche Methodik oder Systematik, mit der die Energieeinnahme, die Trainingsdosierung oder Ruheperioden kontrolliert wurden. Emil Zatopek war sein eigenes Versuchskaninchen.

## Emils Energieträger – Bier als Lebenselixier

Einmal stichelte ein Funktionär: »Emil, du hast viele Rekorde, aber was ist mit 5000 Meter?« Schon zwölf Jahre bestand Gunder Häggs Bestmarke. Emil war entflammt. »Lass mich drei Wochen trainieren«, sagte er. Drei Wochen verschärftes Pensum. Fünf 100-Meter-Sprints, hundert 400-Meter-Läufe, fünfmal 200-Meter-Tempotorturen – täglich. Abends fühlte er sich oft »wie eine ausgepresste Zitrone«, so ausgelaugt, dass er kaum mehr etwas essen mochte.

Er verließ sich nur auf sein Gefühl, beim Training wie bei seiner Ernährung. Weil er anfangs ein armer Schlucker war und böhmisches Bier und Brot mochte, wurden Bier und Brot die Grundpfeiler seiner Ernährung. Kaum zu glauben: Bier als Energieträger und Lebenselixier einer phänomenalen Karriere.

> »Bier ist gut für den Magen, aber schlecht für die Beine.«
> Emil Zatopek

# Die Evolution der Ernährung

Die bekannte Formel »Der Mensch ist, was er isst« entstammt der »Lehre der Nahrungsmittel für das Volk«, die Ludwig Feuerbach 1850 verfasste. Damals ernährten sich die Menschen deftig und mit naturbelassener Kost. Heute versuchen die Menschen mit immer raffinierteren Methoden, die Natur zu überlisten und Nahrungsmittel zu behandeln. Die werden sterilisiert und pasteurisiert, konserviert, erhitzt, bestrahlt, angereichert, versetzt usw. Hinzu kommt: Die meisten essen zu viel, zu fett, zu süß, zu salzig – einfach zu ungesund. Wir trinken zu wenig Wasser und zu viel Kaffee und Alkohol. Viele sind Sitzriesen, ernähren sich aber immer noch, als wären sie körperliche Schwerstarbeiter.

## Der Mensch – ein Lauftier

Wir missachten unsere Natur und unsere natürlichen Bedürfnisse. Wir haben unseren Urinstinkt von einst verloren: nur zu essen, was dem Körper auch wirklich gut tut.

Vor vier Millionen Jahren, als sich unsere Vorfahren von der Linie der Schimpansen trennten und sich von Vierfüßlern zu Zweibeinern entwickelten, gewann der Homo erectus (»der aufrechte Mensch«) ganz neuen, sehr vorteilhaften Handlungsspielraum – vor allem bei der mühsamen Futtersuche. Der Vormensch lebte in den Wäldern. Fast alles drehte sich um die Nahrungsbeschaffung. Ein aufwändiger Kampf, dieser Kampf um das tägliche Brot, für den die Urvölker jahrtausendelang die meisten Stunden des Tages auf den Beinen sein mussten. Es entsprach der Natur des Menschen, ein Lauftier zu sein. »Am Anfang der Menschwerdung«, so der Münchner Evolutionsbiologe Josef Reichholf, »standen Sprint und Marathonlauf.«

## Sprint und Marathon als Überlebensgarantie

Zunächst wurde alles gegessen, was die Natur bot. Die angestammte Hauptnahrung der Urmenschen: Wurzeln, Insekten, Samen, Blätter, Beeren, Körner, Früchte, Nüsse. Bald lockte die Suche nach eiweißreichem Fleisch die Hominiden immer weiter in die Savanne. Weil sie keine starken Eckzähne oder taugliche Waffen besaßen, um Büffel, Gnu oder Gazelle aus eigener Kraft zu schlagen, mussten sie mit dem vorlieb nehmen, was anderswo abfiel: Man futterte, was Löwen liegen ließen, und konkurrierte mit Hyänen – um Aas.

Für die Futtersuche waren Schnelligkeit und Ausdauer, Mut, Teamwork und Strategie vonnöten. Späher beobachteten jagende Tiere, andere aus der Gruppe lenkten Tiere, die erfolgreich Beute gemacht hatten, ab.

Dann die Attacke. Blitzschnell mussten die urmenschlichen Jäger aus ihrer Deckung hervor, den Raubtieren die Beute entreißen und sich in Sicherheit bringen. Erst also ein Sprint, dann die Fluchtbewegung – meist eine heikle Ausdauerleistung. Als Sammler waren sie eher Walker.

> »Am Anfang der Menschwerdung standen Sprint und Marathonlauf.«
> Josef Reichholz, Evolutionsbiologe

## Die Eroberung des Fleischs

Fleisch zu erbeuten war für unsere Vorfahren ein unschätzbarer Überlebensvorteil. Fleisch bedeutete konzentrierte Energie, Eiweiß für den eigenen Körperaufbau und Nahrung für die Versorgung der Nachkommen. Fleisch lieferte genug Nährstoffe, um im Laufe der Zeit ein hoch entwickeltes Gehirn aufzubauen: Unser Denkorgan verbraucht allein immerhin 20 Prozent der täglichen Energie. Zum Vergleich: Das Gehirn von Schimpansen verbraucht nur neun Prozent.

Weitere 1,5 Millionen Jahre vergingen, bis die Urmenschen so clever waren, für ihre Jagd eigene Werkzeuge und Waffen zu erfinden und herzustellen. Die Jäger- und Sammlervölker ernährten sich weiter zu rund 80 Prozent von Pflanzlichem.

Die Entdeckung des Feuers brachte eine Wende in der täglichen Ernährung des Menschen.

## Der Segen des Feuers

Wann genau die Menschen das Lagerfeuer zum Braten von Tieren zu nutzen begannen, bleibt im Dunkeln. Es muss vor ungefähr 500 000 Jahren gewesen sein. Durch den Gebrauch des Feuers wurden auf einmal auch Produkte genießbar, die roh nur schwer verdaulich, oftmals sogar giftig waren.

Unbehandelt sind viele Grundnahrungsmittel unverträglich. In ungeschälten Kartoffeln steckt giftiges Solanin, in Bohnen giftiges Phasin, Proteasen-Inhibitoren in Linsen und Sojabohnen behindern die Verdauung. Maniok, Bambus oder Limabohnen enthalten sogar hochgiftige Blausäure. Vor allem war Braten ein wichtiger Fortschritt für die Hygiene, weil Fleisch nunmehr von Parasiten befreit wurde.

»Anfang und Grundlage eines vernünftigen Lebens ist das Maßhalten bei Speise und Trank.«
Musonius

## Die Entwicklung der Landwirtschaft

Einen großen Fortschritt machten die Frühmenschen mit der Entwicklung des Ackerbaus. Diese Entwicklung begann vor rund 12 000 Jahren, als die Gletscher der letzten Kaltzeit verschwanden. Die Schottin Reay Tannahill

beschreibt in ihrem Buch »Food in History« die Etappen der Agrikultur: wie zunächst wild wachsendes Getreide geerntet wurde; wie dann entdeckt wurde, dass auf derselben Fläche im Folgejahr wieder etwas wächst, wenn nicht alles abgeerntet wird; wie sich die Erkenntnis durchsetzte, dass eine gleichmäßige Verteilung der Saatkörner von Hand besseren Ertrag bringt, und wie die neolithischen Stämme schließlich sesshaft wurden. Sie siedelten fortan nahe bei den Feldern, statt die Ernte mühsam zu ihren Camps zu transportieren.

Parallel zum Ackerbau entwickelte sich die Viehzucht: Die Menschen lernten, dass es lohnender und ökonomisch ist, wilde Tiere zu zähmen und sie zu züchten, statt immer wieder auf die Jagd zu gehen.

## Die Steinzeitdiät

Schon vor 40 000 Jahren waren unsere Vorfahren »anatomisch, physiologisch und psychologisch moderne Menschen«, schreiben die amerikanischen Anthropologen Boyd Eaten, Melvin Konner und Marjorie Shostak in ihrem Buch »Das altsteinzeitliche Rezept«. Die Menschen waren »dünn, geschmeidig und stark« – ein Resultat der körperlichen Aktivität, die täglich gefordert war.

Auch wenn damals die Nahrung manchmal mengenmäßig nicht ausreichte, auch wenn Hunger gelegentlich zum Leben gehörte – gewöhnlich hatten die Menschen genug zu essen. »Und was sie aßen, war qualitativ ideal, um gesund zu bleiben.« Eigentlich, so empfiehlt das Autorentrio, sollte die Steinzeitdiät zur Norm moderner Ernährung gemacht werden, als Modell zur Abwehr all jener Zivilisationskrankheiten, die wir uns heute selbst antun.

## Der Respekt vor den Naturgesetzen

Eine absurde Idee? Wir sollten nicht vergessen: Wir sind das (vorläufige) Endprodukt einer langen Evolution. Unser Organismus und Verdauungssystem haben sich in Millionen Jahren und über 100 000 Generationen entwickelt.

● Wir müssen wieder lernen, gewisse Prinzipien unserer Natur zu respektieren.
● Wir sollten in Ernährungsfragen die Natur wieder mehr würdigen.
● Wir sollten mehr mit der Natur gehen.
● Wir sollten mehr auf unsere Natur hören.

**Laufen ist eine der ursprünglichsten olympischen Disziplinen. Die klassischen Athleten aßen besonders gern Fisch.**

Aber noch niemals in der Geschichte der Menschheit haben sich die Ernährungsgewohnheiten derart schnell und radikal verändert – nämlich in nur zwei, drei Generationen. Stimmt, wir leben heute in paradiesischen Verhältnissen. Im Prinzip. Niemals gab es solch ein Nahrungsüberangebot. Aber woraus besteht heute ein Großteil der Zivilisationskost? Sie ist industriell gefertigt, Fastfood, Functional Food. Wir sollten wieder einen Schritt zurücktreten und einfach akzeptieren, dass unser Organismus mit den genetischen Informationen unserer Vorfahren ausgestattet ist.

## Athletenkost im Altertum

Wir sollten einfach akzeptieren, dass unser Organismus mit genetischen Informationen unserer Vorfahren ausgestattet ist.

Athleten im Altertum vertrauten jenem Körpergefühl, das heute somatische Intelligenz heißt. Außerdem hofften sie auf die besondere Wirkung bestimmter Nahrungsmittel. Die Olympioniken ernährten sich vorwiegend von Feigen, Käse, Kornbrei und Brot aus Weizenschrot, während sie Gebratenes meist ablehnten. Hochspringer aßen allerdings auch gern Ziegenfleisch, weil Ziegen nun mal sprungkräftige Tiere sind. Schwerathleten, also Werfer, Ringer und Boxer, aßen gern Stierfleisch – klar, weil Stiere starke Tiere sind. Und Läufer aßen gern Fisch, weil sie so schnell und wendig wie Fische sein wollten.

Römische Gladiatoren futterten besonders viel Fleisch (Eiweiß), um Muskeln aufzubauen, während Cäsars Soldaten größere Portionen Fleisch mieden. Warum? Ihnen wurden immer wieder plötzliche Gewaltmärsche abverlangt, und längst hatten sie erfahren, dass zu viel Fleischkonsum die Ausdauer nachhaltig beeinträchtigt. Und dieser Nachteil konnte gefährlich sein.

### Wie sich die alten Germanen stärkten

Für die gefürchteten, kämpferischen Germanen, so scheint's, traf der Verzicht auf Fleisch offenbar weniger zu. Julius Cäsar ist da ein verlässlicher Chronist. Über die Ernährungsgewohnheiten der Germanen notierte Cäsar in seinem Buch »Der gallische Krieg« (52 v. Chr.): »Sie ernähren sich auch weniger von Getreide als überwiegend von Milch und Fleisch und sind viel auf der Jagd. Dieser Umstand, verbunden mit der Art der Ernährung, stärkt die Kraft und bringt Menschen von ungeheurer Körpergröße hervor.«

## Wie aus Nahrung Leistung wird

Klar, wir müssen essen und trinken, um zu überleben, denn nur aus den aufgenommenen Speisen und Getränken kann sich unser Körper mit Energie versorgen. Das ist ein langer, komplizierter Weg.

»Sage mir, was du isst, und ich werde dir sagen, wer du bist.«
Brillat-Savarin

- Erst muss die Nahrung zerkleinert werden. Das passiert mit den Zähnen.
- Mit Hilfe des Speichels wird die Nahrung in Brei umgewandelt und durch Schlucken vom Mund durch die Speiseröhre in den Magen weitergeschoben.
- Der Magen ist ein Zwischenlager, in dem Nahrung vermischt, mit Magensäften (Salzsäure und Verdauungsenzyme) versetzt und vorverdaut wird.
- Nach zwei bis acht Stunden geht eine Mahlzeit von fester in halbflüssige Form über (siehe auch Tabelle »Verweildauer«, Seite 105). Enzyme ermöglichen jene chemischen Reaktionen, die dazu führen, dem Körper lebensnotwendige Energie- und Aufbaustoffe zur Verfügung zu stellen.

### Der lange Weg durch den Verdauungstunnel

Über den so genannten Pförtner am Magenausgang wird der vorverdaute Nahrungsbrei portionsweise zur weiteren Verdauung in den Zwölffingerdarm abgegeben. Hormone regen die Gallenblase und die Bauchspeicheldrüse an, Verdauungssäfte zu produzieren, um die weitere chemische Zersetzung im Dünndarm zu unterstützen.

In einem über fünf Meter langen Schlauch, dem Dünndarm, wird Schwerarbeit geleistet. Hier werden die drei Grundbestandteile der Nahrung – Kohlenhydrate, Eiweißstoffe und Fette – in kleinste Bausteine zerlegt.

Das Sekret der Bauchspeicheldrüse unterstützt die Umwandlung von Eiweiß in Aminosäuren und die der Kohlenhydrate in Glukose. Der gelbgrüne Gallensaft, der in der Leber aus Cholesterin gebildet wird, zerteilt die nicht wasserlöslichen Fette in kleinste Tröpfchen, so dass auch sie von den Dünndarmzotten aufgenommen werden. So können sie die Darmwand durchwandern und in den Organismus gelangen.

> Der Dickdarm entzieht dem Nahrungsbrei Wasser und gewinnt so Flüssigkeit zurück, die der Körper zuvor in Form von Verdauungssäften zugesetzt hat. Der Darminhalt wird dabei eingedickt – es entsteht Stuhl.

### Der Dickdarm entzieht den Wasserüberschuss

Wenn der Verdauungsbrei den Dickdarm erreicht, sind alle Nährstoffe bereits ins Blut und in die Lymphgefäße übergegangen, aber er enthält noch viel Wasser. Für dessen Rückgewinnung sorgt der Dickdarm. Milliarden von Bakterien der verschiedensten Art sorgen für den Abbau schwer verdaulicher Nahrungsbestandteile. Dabei entstehen mitunter peinliche, aber leider unvermeidliche Biogase. Unverdauliches wird schließlich ausgeschieden.

### Was Leistung liefert

Was sich im Inneren unseres Körpers abspielt, bezeichnen wir als Stoffwechsel. Die Basis unserer Ernährung wird im nächsten Kapitel ausführlich erklärt. Generell erfüllt jeder Bestandteil der Nahrung eine lebenswichtige Aufgabe:

- *Kohlenhydrate* liefern schnelle Energie für Muskeln und Gehirn und sind in Zucker oder Stärke enthalten. Ein Gramm Kohlenhydrate liefert etwa vier Kilokalorien.
- *Eiweiß (Protein)* ist der Baustein des Körpers. Ob Muskel- oder andere Gewebezellen bzw. Enzyme, sie alle werden aus Proteinbestandteilen, den Aminosäuren, gebaut. Ein Gramm Eiweiß liefert etwa vier Kilokalorien.
- Fett versorgt den Körper mit kompakter Energie. Überschüssiges Fett landet in den Depots, den Fettzellen. Außerdem ist Fett ein Geschmacksträger. Ein Gramm Fett liefert rund neun Kilokalorien.
- *Vitamine, Mineralstoffe und Spurenelemente* sind als Bausteine und für die Steuerung des Stoffwechsels unverzichtbar.
- *Wasser* transportiert alle Nährstoffe innerhalb des Körpers und reguliert außerdem die Betriebstemperatur.

»Essen und Trinken, das ist die Kunst und die Philosophie des Körpers.«
Constantin Brunner

## Die zwei Energietanks in unserem Körper

Unser Körper ist eine faszinierende Konstruktion. Und anders als ein Motor bezieht unser Körper seinen Treibstoff aus zwei völlig verschiedenen Tanks:

Die Kohlenhydrate liefern schnell abrufbare Energie. Dieser Superkraftstoff ist im so genannten Glykogendepot (in Leber und Muskulatur) allerdings nur begrenzt vorrätig. Das Fettdepot ist dagegen ein riesiger Energiespeicher. Beispiel eines 70 Kilogramm schweren Menschen: In dessen Gewebe sind rund zwölf Kilogramm Fett gespeichert. Das sind umgerechnet mehr als 100 000 Kilokalorien.

### Was wird verwertet?

Verblüffend – von einer Mahlzeit kann unser Körper ungefähr 95 Prozent verwerten:

- Als Baustoff
- Als Reserve, die gespeichert wird
- Als Energie

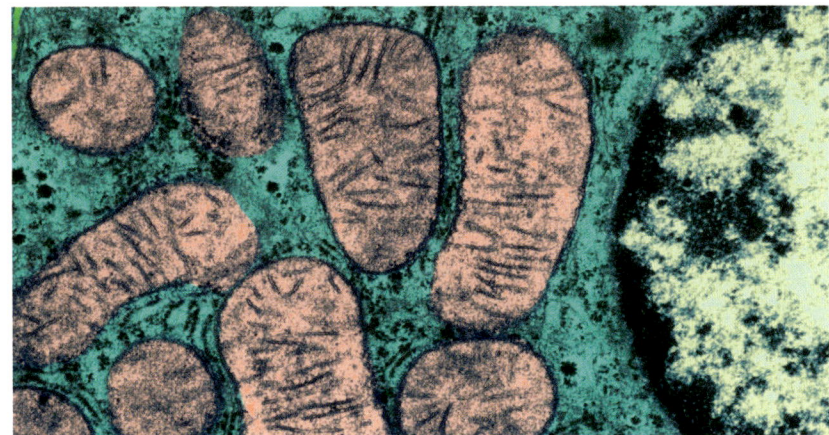

Klein, aber oho:
Die Mitochondrien
werden auch als
Kraftwerke unserer
Zellen bezeichnet.

## Wie der Betriebsstoffwechsel funktioniert

Der fein abgestimmte Abbau von Nährstoffen, die Verwertung und die Energiegewinnung (Stoffwechsel) sind ein Prozess in mehreren Stufen. Er findet vor allem in den winzigen Kraftwerken der Zellen (Mitochondrien) statt. Der gern bemühte Vergleich mit einem Verbrennungsofen, in dem die Nährstoffe unter Zusatz der eingeatmeten Luft oxidieren (verbrennen), stimmt nicht ganz. Denn die entstehende Energie wird nicht nur als Wärme freigesetzt, sondern auch zum Aufbau einer energiereichen Phosphorverbindung verwendet, dem ATP (= Adenosintriphosphat).

Die bei der Oxidation der Nährstoffe frei werdende Energie wird also genutzt, um dieses ATP aufzubauen, während die bei der ATP-Aufspaltung frei werdende Energie dazu dient, Arbeit zu leisten, beispielsweise bei der Muskelkontraktion. Was da genau im Körper abläuft, wie die Energiequellen angezapft werden, wie das mit den Muskelkraftwerken funktioniert, ist ein spannendes Thema. Näheres zur Energiegewinnung finden Sie auf den folgenden Seiten dieses Buches.

»Was süß schmeckt,
wird oft bitter beim
Verdauen.«
William Shakespeare

## Genuss & Askese

**»Abnehmen kann dir keiner abnehmen!«**
Wir sind eineiige Zwillinge, mein Bruder und ich. Die
Ähnlichkeit von Zwillingen ist oft verblüffend. Auch
wir ähneln uns in vielem wie ein Ei dem anderen –
nicht nur, was den Körperbau betrifft. Wir teilen
häufig Ansichten und Vorlieben. Deshalb ein paar
Einsichten in meine private Feldforschung.
**Wir sind beide Läufer.** Leider läuft mein Bruder nur noch selten, manchmal monatelang nicht.
Ich laufe regelmäßig, drei-, viermal die Woche, rund
eine Stunde. Einmal im Jahr laufe ich Marathon.
**Wir haben, wie die meisten Zwillinge,**
ähnliche Gewohnheiten, auch was die Ernährung
betrifft. Wir sind mit Harzer Mettwurst und Kotelett
groß geworden. Heute neigen wir mehr zu Pasta oder
Tatar. Wir lieben Süßes. Ja, wir lassen es ganz gern
mal laufen. Nicht so sehr Bier, wir lieben gute Weine.
**Der Körper ist weise und intelligent.** Laufen verstärkt die Weisheit des Körpers. Mein Körper
signalisiert mir zuverlässig, was gut ist. Ich höre
auf ihn und gebe ihm, was er braucht. Ich kann ohne
Reue genießen, denn ich laufe regelmäßig.
**Wie gesagt, mein Bruder läuft selten.**
Er macht manchmal einen Anlauf, aber er kommt
schwer in die Gänge, weil es eben nicht ganz leicht

ist und weil er nicht ganz leicht ist. Deshalb läuft
die Sache mit den Körpersignalen bei ihm etwas
anders. Sie signalisieren Unbequemes. Also neigt er
dazu, die Signale gern zu überhören.
**Wir waren viele Jahre lang dieselbe**
**Gewichtsklasse:** 1 Meter 80 groß, um die 70
Kilogramm schwer. Klar, mit den Jahren haben sich
Statur und Gewicht geändert. Wir legten ein bisschen zu, aber das ist ja normal. Mein Bruder, der
Nur-noch-selten-Läufer, legte allerdings ein bisschen sehr viel mehr zu. Wie viele Kilogramm genau,
darf ich nicht verraten. Mein Gewicht ist kein
Geheimnis: so um die 80 Kilogramm, seit Jahren
konstant. **Manchmal, wenn ich faul bin** und
zu sehr über die Stränge geschlagen habe, sind im
Nu zwei, drei Kilo mehr drauf. Kein Problem. Überflüssige Pfunde sind wieder runter, wenn ich laufe.
**Mein Bruder, der Viel-zu-selten-Läufer,**
hat ein konstantes Zu-viel-Kilo-Problem: Manchmal
plagt er sich mit Entsagungen, macht sogar den Diä-
tenunsinn mit. Wenn er Kohldampf schiebt, leiden er
und seine Genießerseele. Und das Schlimmste: Das
erhoffte Resultat bleibt aus. Wie gesagt, für mich ist
Askese ein Fremdwort. Ich kann genießen, weil ich
laufe. Ulrich Pramann

# Ernährungs-basics

## FÜR LÄUFER

Richtig tanken –
das Optimale
für Ihren Energie-
stoffwechsel

# Der
# **Energie**stoffwechsel

Woher wissen wir, was eine bessere Ernährung ist? Aus unserer eigenen Erfahrung als Spitzensportler haben wir gelernt, dass man mit der mäßigen »Nullachtfünfzehn-Kost« des Durchschnittsbürgers zwar noch trainieren kann, aber wenn man sich verbessern möchte, darf es schon ein bisschen mehr sein. Schon während eines langen Laufs träumen wir nicht mehr von Fleisch und Saucen, sondern von Nudelbergen, dampfenden Kartoffeln und Gemüse. Ohne eine vollwertige Ernährung, Gymnastik und mehr Schlaf hätten wir unsere Grenzgänge – Wochenkilometerleistungen von 200 bis 300 Laufkilometern – nicht geschafft. Wenn Sie beim Laufen, aber auch im Alltag, mehr als 70 bis 80 Prozent erreichen möchten, müssen Sie Ihre Ernährung optimieren.

## Der individuelle Bedarf

Zum Laufen, aber auch für den Aufbau von Körpersubstanz und zur Aufrechterhaltung der Körpertemperatur brauchen wir Energie. Grundlegende Kenntnisse zum Energiestoffwechsel helfen beim Verständnis der Trainings- und Ernährungslehre. Wer abnehmen möchte, muss wissen, in welchem Bereich er überhaupt den Fettstoffwechsel aktiviert. Wer als Marathonläufer den Fettstoffwechsel nicht richtig trainiert hat, dem geht der Sprit vorzeitig aus, auf ihn wartet jenseits der 30 Kilometer unweigerlich der »Mann mit dem Hammer«. Wie viele Kalorien ein Mensch umsetzt, ist von verschiedenen Faktoren abhängig. Man unterscheidet den Grundumsatz, der beim normalen Erwachsenen 60 bis 75 Prozent des Tagesumsatzes ausmacht, und den Leistungsumsatz. 8 bis 17 Prozent ist der Anteil für Umwandeln und Speichern der Nahrungsenergie, und 15 bis 30 Prozent gehen bei körperlichen Aktivitäten drauf.

Unter dem Grundumsatz versteht man die niedrigste Energiemenge, die ein unbekleideter Mensch in absoluter Ruhestellung bei einer Umgebungstemperatur von 20 bis 28 °C für verschiedene Körperfunktionen benötigt. Er variiert bereits bei geringfügigen Änderungen der Bedingungen (z. B. Atemunregelmäßigkeit).

## Wann der Grundumsatz steigt

Der Grundumsatz ist nicht konstant. Er korreliert zwar mit dem Gewicht, hängt aber auch von der fettfreien Körpermasse ab. Ein wichtiger Grund, den aktiven Körperanteil, also die Muskelmasse, zu erhalten. Er ist daher auch bei Frauen bei gleichem Gewicht wegen des höheren Fettanteils um ca. zehn Prozent niedriger. Ein durchschnittlicher Mann hat bei einer Größe von 1,76 Meter und 74 Kilogramm einen Grundumsatz von 1740 Kilokalorien, eine Frau bei 1,64 Meter Größe und 59 Kilogramm von nur 1340 Kilokalorien.

## So viele Kalorien verbrauchen Sie beim Laufen

Bei Leistungssportlern wird der sportspezifische Kalorienumsatz natürlich erheblich größer. Aber er wird auch überschätzt. Ein Tagesbedarf von bis zu 7000 Kilokalorien, wie er im Extremfall bei langen anstrengenden Bergetappen bei der Tour de France vorkommen kann, machen sogar Infusionen zur schnelleren Regeneration erforderlich. Ein Freizeitläufer verbraucht aber erheblich weniger. Eine einfache, aber recht präzise Formel besagt, dass man beim Laufen oder flotten Walking pro Kilometer ungefähr so viele Kilo-

### So setzt sich der Energiebedarf zusammen

Den täglichen Gesamtenergiebedarf kann man unter Berücksichtigung von körperlichen Aktivitäten als Vielfaches des Grundumsatzes abschätzen:

- Beim Schlafen ist der Grundumsatz mit 0,95 zu multiplizieren.
- Bei ausschließlich sitzender Tätigkeit wird multipliziert mit 1,2.
- Bei überwiegend sitzender Tätigkeit wird multipliziert mit 1,6.
- Bei überwiegend gehender und/oder stehender Tätigkeit wird multipliziert mit 1,85.
- Bei körperlich anstrengender Arbeit wird multipliziert mit 2,0 bis 2,4.

Unser Referenzmann (1,76 m groß, 74 kg schwer, Grundumsatz 1740 kcal) schläft acht Stunden, treibt zwei Stunden Sport und verbringt 14 Stunden überwiegend sitzend am Tag. Das bedeutet einen durchschnittlichen Multiplikator von 8 x 0,95 + 2 x 2,2 + 14 x 1,6 = 34,4. Geteilt durch 24 Stunden ergibt das 1,43. Diesen Stundendurchschnittswert multiplizieren wir mit dem Grundstoffwechsel von 1740 und erhalten einen Tagesbedarf von etwa 2500 Kilokalorien.

## So verteilen sich die Kalorien

Zusammensetzung der Tageskalorienaufnahme in Prozent:

|  | Kohlenhydrate | Eiweiße | Fette | Alkohol |
|---|---|---|---|---|
| Durchschnittsbürger | 35–40 | 10–15 | 40 | 12 |
| Ausdauersportler | 60–70 | 10–15 | 25–30 | 0–5 |

kalorien verbrennt, wie man in Kilogramm schwer ist. Eine 60 Kilogramm wiegende Läuferin verbraucht also bei einem Zehn-Kilometer-Lauf rund 600 Kilokalorien. Unser oben genannter Referenzmann hat mit 74 Kilogramm bei leichter Bürotätigkeit einen täglichen Kalorienbedarf von etwa 2500 Kilokalorien. Wenn er drei- bis viermal in der Woche für etwa eine Stunde joggt, kommen rund 3000 Kilokalorien in der Woche hinzu. Das sind mit 430 Kilokalorien täglich nur knapp 20 Prozent mehr. Man kann diesen leicht erhöhten Mehrbedarf eines Freizeitläufers an Kalorien, aber auch an Vitaminen und Mineralstoffen, nicht mit Werten von Weltklasseläufern vergleichen, die bis zu dreimal am Tag trainieren! Entsprechend ist es bei vollwertiger Ernährung gar nicht schwer, den mit der erhöhten Kalorienaufnahme gleichfalls ansteigenden Vitamin- und Mineralstoffbedarf zu decken.

## Ihre Spritquellen – Diesel und Super

Nur wenn Sie schon im Training das richtige Energiesystem ansprechen, bereiten Sie sich optimal auf den Wettkampf vor.

Das Auto hat nur einen Sprittank. Unser Körper ist da vielseitiger. Je nach Beanspruchung kann er verschiedene Energiequellen einsetzen. Es ist schon ein Unterschied, ob Sie sprinten oder Marathon laufen. Nur wenn wir im Training auch das richtige Energiesystem ansprechen, bereiten wir uns optimal auf den Wettkampf vor. Wer im Marathontraining immer flott rennt, weil er glaubt, damit schneller zu werden, begeht einen Fehler. Im Marathon ist er von zwei unterschiedlichen Energiesystemen abhängig, die bei unterschiedlicher Geschwindigkeit trainiert werden müssen.

Folgende Spritquellen stehen Ihnen zur Verfügung:

● Adenosintriphosphat (ATP) und Kreatinphosphat (Phosphagene)

● Das Fettdepot, ein relativ leichter, aber riesiger Energiespeicher, der für wenigstens 20 Marathons ausreichen würde

● Die Kohlenhydrate, deren Vorräte im so genannten Glykogendepot in Leber und Muskulatur nur begrenzt gespeichert sind

● Eiweiße oder Proteine, deren Einsatz als Spritquelle jedoch Körperstrukturen und Funktionen wie Muskulatur, Blutproteine und Antikörper angreift.

## ATP – Sofortenergie für den Körper

Adenosintriphosphat (ATP) und seine Speicherform Kreatinphosphat bilden das Energiesystem für kurzfristige Leistungen. Der Vorrat reicht nur für wenige Sekunden maximale Belastung. Dieses Energiesystem steht blitzschnell zur Verfügung und benötigt keinen Sauerstoff (anaerob). Im Sport ist es die Spritquelle für beispielsweise Kugelstoßen und 100-Meter-Sprints. Zunächst wird von der Muskulatur ATP als energiereiche Verbindung eingesetzt, dann seine Speicherform Kreatinphosphat. Vom ATP wird unter Energiefreisetzung zuerst ein Phosphatrest abgespalten. Es entsteht Adenosindiphosphat (ADP), was erneut einen Phosphatrest abgeben kann, wobei Adenosinmonophosphat (AMP) anfällt. Diese Schnellspeicher müssen bei längerer Belastung über den Energiegewinn aus Fetten, Kohlenhydraten oder Protein regeneriert werden. Pro Tag setzt ein Erwachsener nahezu unglaubliche 85 Kilogramm ATP um.

> ATP ist der wichtigste Energiespeicher und -überträger im Körper. Als Kreatinphosphat wird es im Muskel gespeichert.

### Warum Fett fetter macht

Der durchschnittliche Wirkungsgrad des Körpers von der Energieaufnahme bis zur Speicherung und Umwandlung in ATP beträgt etwa 40 Prozent. Das ist immerhin besser als eine Glühbirne, bei der nur ein kleiner Teil der Stromenergie in Licht umgewandelt wird, der größte Teil geht als Wärme verloren.

Die Energieverluste sind bei verschiedenen Individuen unterschiedlich. Das erklärt teilweise auch gute und schlechte Futterverwerter.

Bei der Nahrungsumwandlung beginnen die Verluste bereits im Darm, der durchschnittlich 95 Prozent der Kalorien aufnimmt. 50 Prozent werden letztlich in Wärme umgesetzt. Weitere Verluste entstehen beim Umbau und der Speicherung der Energieträger. Diese Verluste, die man auch Thermogenese oder spezifisch-dynamische Wirkung nennt, betragen beim Eiweiß 14 bis 20 Prozent, bei Kohlenhydraten vier bis zehn und beim Fett nur zwei bis drei Prozent. Das bedeutet: Aufgenommenes Fett macht fett. Es wird im Vergleich zu Kohlenhydraten oder Proteinen nahezu verlustfrei in Speicherfett umgewandelt. Beim Eiweiß geht ein Teil der Energie im Harnstoff über den Urin ungenutzt verloren, während Fette und Kohlenhydrate vollständig zu Kohlendioxid und Wasser verbrannt werden.

> Die Ernährung des Ausdauersportlers sollte einen hohen Anteil an langkettigen, komplexen Kohlenhydraten und weniger Ein- und Zweifachzuckern liefern.

## Superbenzin Kohlenhydrate

Kohlenhydrate werden von grünen Pflanzen bei der Photosynthese aus Kohlendioxid und Wasser mit Hilfe von Sonnenlicht gebildet. Durch Verknüpfung von Einfachzuckern wie Trauben- (Glukose) und Fruchtzucker (Fruktose) entstehen Zweifachzucker wie Rohr- oder Mehrfachzucker und langkettige Moleküle wie Stärke, Glykogen und die

**Das speichert der Körper besonders gern: Fett. Was sich heute als Wohlstandsspeck bemerkbar macht, war früher überlebenswichtig.**

teilweise unverdaulichen Ballaststoffe. Eine mittlere Stellung nehmen die mittellangen Oligosaccharide ein, denen eine Bedeutung bei der Sportlererernährung mit Fitnessdrinks zukommt. Kohlenhydrate sind auch Baustoffe (beispielsweise im Knorpel), dienen aber vorwiegend dem Energiestoffwechsel in der Muskulatur und sind der Nährstoff für Gehirn und Nervenzellen.

## Faserstoffe – eigentlich kein Ballast

Die Faser- oder Ballaststoffe wie Pektine, Zellulose oder Lignine lassen den Speisebrei quellen, sättigen dadurch mehr und sorgen für einen geregelten Stuhlgang. Sie binden Cholesterin im Darm und wirken gegen Dickdarmkrebs und Gallensteine. Von ihnen sollten Sie täglich über 30 Gramm in Ihrer Kost haben, allerdings nicht als isolierte Kleie. Isoliert zugeführte Fasern behindern die Aufnahme von Kalzium, Magnesium, Eisen und Zink. Am besten verzehren Sie Vollkornprodukte, Obst und Gemüse. Diese natürlichen Faserstoffquellen vermindern die Aufnahme nur gering, aber sie sind gleichzeitig in der Regel sehr gute Mineralstofflieferanten, was den Nachteil mehr als ausgleicht.

## Täglich nachtanken

Die Kohlenhydratspeicher (Glykogendepots) des Ausdauersportlers sind begrenzt und müssen auch im Training ständig neu aufgefüllt werden. Die Durchschnittskost enthält bei uns aber mit nur 35 Prozent einen viel zu geringen Anteil. Bei einem Sportprogramm von zwei Stunden täglich würden die Glykogenspeicher innerhalb weniger Tage verarmen.

## Die Kohlenhydratspeicher sind begrenzt

Die Kohlenhydratreserven des Körpers sind wesentlich größer als die ATP-Vorräte, aber auch erschöpfbar. Sie werden in der Muskulatur und Leber als Glykogen gespeichert. Hierbei handelt es sich um tierische Stärke, ein lang-

Um weiter trainieren zu können, muss beim engagierten Läufer der Kohlenhydratanteil der Nahrung auf 60 und mehr Prozent angehoben werden. Spitzensportler schaffen sogar noch mehr. Das Glykogendepot kann sich immer wieder auffüllen.

## Energiespeicher, Energieverbrauch und Marathonlauf (nach verschiedenen Autoren und eigenen Berechnungen)

| | Eliteläufer, idealgewichtig | Freizeitläufer, normalgewichtig | Untrainierter, übergewichtig |
|---|---|---|---|
| Gewicht in kg | 66 | 76 | 90 |
| Bodymass-Index (BMI)* | 20,8 | 24 | 28,4 |
| Energiebedarf für einen Marathon | 2800 | 3200 | 3800 |
| **Kohlenhydrate** | | | |
| Leberglykogenvorrat in kcal | 350 | 350 | 350 |
| Glykogenvorrat in g/kg Muskel | 30–40 | 20–30 | 10–20 |
| Muskelglykogenvorrat in kcal | 1900 | 1600 | 1200 |
| Das reicht für wie viele Marathonläufe | 0,68 | 0,50 | 0,32 |
| **Fette** | | | |
| Fett in % des Körpergewichts | 7 | 17 | 27 |
| Körperfett in kg | 4,6 | 12,9 | 24,3 |
| Fettreserven in kcal | 37000 | 103000 | 195000 |
| Das reicht für wie viele Marathonläufe | 13 | 32 | 51 |

*Zur Berechnung des BMI siehe Seite 149f.

kettiges Molekül aus verknüpften Glukoseeinheiten. Nur rund fünf Gramm Glukose sind im Blut gelöst. Ein Gramm Kohlenhydrate enthält etwa vier Kilokalorien. Das so genannte Glykogendepot ist bei durchschnittlichen Erwachsenen nur rund 400 Gramm schwer. Das kleinere Depot des Leberglykogens ernährt vor allem das Nervensystem und das Gehirn. Der größere Anteil des Muskelglykogens steht für Sport zur Verfügung und kann durch optimales Training und kohlenhydratreiche Ernährung bis auf das Doppelte vergrößert werden.

Ein einigermaßen trainierter Freizeitläufer mit 76 Kilogramm benötigt rund 3200 Kilokalorien für einen Marathon. Das Muskelglykogendepot allein liefert aber nur rund 1600 Kilokalorien, also die Hälfte. Der Rest wird über Fett- und zu einem geringen Anteil über Eiweißverbrennung gewonnen.

## Warum Untrainierte vorzeitig schlappmachen

Ein leichter Weltklasseläufer mit 66 Kilogramm verbraucht beim Marathon nur rund 2800 Kilokalorien. Er kann zwar pro Kilogramm Muskelgewicht relativ mehr Glykogen einlagern, aber sein absoluter Speicher ist wegen seiner geringeren Muskelmasse auch etwas kleiner. Er schafft es immerhin, zu rund zwei Drittel auf Glykogen zu laufen. Selbst ein Elitemarathonläufer könnte mit Glykogen allein keinen Lauf beenden! Der Gesamtbedarf muss also auch über die Verbrennung von Fetten gewährleistet werden. Die Glykogenspeicher eines untrainierten, übergewichtigen Zeitgenossen sind im Verhältnis zum Gewicht nicht groß, der Fettstoffwechsel ist nicht gut trainiert. Zudem isst der Durchschnittsmensch zu wenig komplexe Kohlenhydrate. Resultat: Unterzuckerung und vorzeitiger Leistungsabbruch. Hinzu kommen orthopädische Probleme. Theoretisch hätte er allerdings Fettreserven für viele Marathons.

## Im roten Bereich werden Kohlenhydrate verheizt

Kohlenhydrate setzt die Muskulatur überwiegend beim schnelleren Laufen ein, da deren Verbrennung um vier bis fünf Prozent ökonomischer ist als die aus Fettsäuren. Beim flotten Tempo, bei dem Sie außer Atem geraten, findet fast ausschließlich Glykolyse statt. Denn aus Kohlenhydraten kann man je nach eingesetzter Sauerstoffmenge mehr Energie gewinnen als aus Fetten. Da Sie mit Atmung und Sauerstoffzufuhr leicht an Grenzen kommen, bleibt nichts anderes übrig, als Kohlenhydrate zu verheizen. Das Muskelglykogendepot erschöpft vorzeitig. Man erlebt einen schlagartigen Leistungseinbruch.

Was Ihr BMI besagt: Unter 18 sind Sie untergewichtig, von 18 bis 20 sind Sie an der unteren Grenze, zwischen 20 und 25 liegen Sie im grünen Bereich, zwischen 25 und 30 haben Sie leichtes bis mittleres Übergewicht, zwischen 30 und 40 sehr deutliches Übergewicht, und über 40 heißt: Alarmstufe Rot in Sachen Gewicht!

## Der Kohlenhydrat- und Laktatstoffwechsel

Aus Kohlenhydraten, aber auch Fetten wird mit Hilfe von Sauerstoff (aerob) Energie gewonnen. Dabei entstehen als Abbauprodukte Kohlendioxid ($CO_2$) und Stoffwechselwasser. Über den anaeroben Kohlenhydratstoffwechsel (Glykolyse), bei der das Zwischenprodukt Milchsäure (Laktat) entsteht, kann im Zellplasma auch ohne Sauerstoff aus Kohlenhydraten noch zusätzlich Energie für einen kurzfristigen Spurt erzeugt werden. Die hohe Milchsäureanhäufung führt aber nach ein bis zwei Minuten zum Leistungsabbruch.

Marathonläufer versuchen, während des Rennens gar nicht erst zu übersäuern, ihre Blutlaktatkonzentration bleibt ganz deutlich unterhalb vier Millimol/Liter. 10 000-Meter-Läufer rennen im Wettkampf spätestens in der Endphase mit sechs bis acht Millimol/Liter über der anaeroben Schwelle, und 400-Meter-Läufer erreichen kurzfristig sogar 25 Millimol/Liter. Geringere Laktatmengen (0,7 bis 2 Millimol/Liter) entstehen auch beim ruhigen Dauerlauf; diese niedrigeren Milchsäuremengen werden aber in Leber, Nieren und nicht beanspruchter Muskulatur ständig wieder abgebaut.

Beim Marathon nennt man den plötzlichen Leistungsabfall mit »Hungerast« – meist um Kilometer 30 herum – »die Mauer« oder auch: »Hier steht der Mann mit dem Hammer!« (siehe S. 133).

## So nascht man sich mit Süßigkeiten dick

Das Gehirn ernährt sich fast ausschließlich von Glukose – rund 120 Gramm am Tag. Sie entstammt dem Leberglykogenspeicher, der den Blutzuckerspiegel reguliert. Wer bei Unterzuckerung im Büro Heißhunger auf Süßes bekommt, kann sich mit Schokolade und anderen Süßigkeiten regelrecht dick naschen. Ein- und Zweifachzucker gehen nämlich schnell ins Blut, der Blutzuckerspiegel schießt entsprechend rasch nach oben. Der Körper reguliert ihn schnell wieder runter, indem er Insulin ausschüttet. Insulin beseitigt den überschüssigen Zucker zunächst ins Leberglykogen und befördert den Rest ins Fettgewebe. Nach kurzer Zeit sinkt der Blutzucker wieder ab. Schnell haben Sie erneut Heißhunger, naschen wieder Süßes, und der Kreislauf beginnt von vorn.

# Fette – Dieselbenzin der Muskeln

Ein Fettmolekül besteht aus einem Anteil Glyzerin und drei daran gebundenen Fettsäuren. Diese können in ihrer Kohlenstoffatomkette Einfach- oder Doppelbindungen aufweisen. Bei keiner Doppelbindung spricht man von »gesättigten Fettsäuren«, bei einer von »einfach ungesättigten« und bei mehreren von »mehrfach ungesättigten Fettsäuren«.

Fett wird heute oft verteufelt, aber es gibt auch etliche sehr gute Argumente für Fette und Öle:

● Wir brauchen sie zur Aufnahme der fettlöslichen Vitamine A, D, E und K im Darm.

● Zum Aufbau beispielsweise von Zellmembranen benötigen wir so genannte essenzielle, mehrfach ungesättigte Fettsäuren als Bausteine, die unser Körper nicht selbst herstellen kann.

● Fette lösen nicht nur Vitamine, sondern auch Geschmacksstoffe; sie sind also Geschmacksträger.

> Das Fettdepot des Körpers ist riesig. Es würde für 20 Marathons und mehr ausreichen.

> Süßigkeiten führen zu einem schnellen Anstieg des Blutzuckers sowie zu einem ebenso raschen Abfall in den Bereich des Unterzuckers – die Heißhungerattacke droht! Apfel oder Brot halten den Blutzuckerspiegel länger oben.

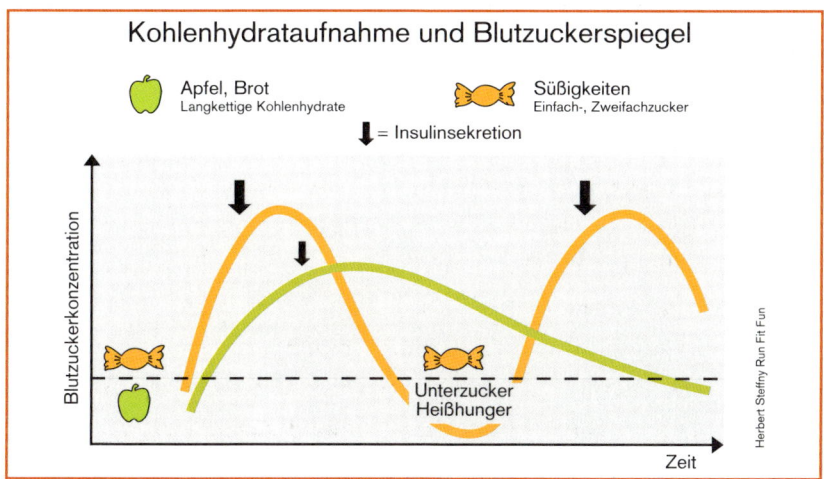

Kohlenhydrataufnahme und Blutzuckerspiegel

Apfel, Brot
Langkettige Kohlenhydrate

Süßigkeiten
Einfach-, Zweifachzucker

↓ = Insulinsekretion

Blutzuckerkonzentration

Unterzucker
Heißhunger

Zeit

Herbert Steffny Run Fit Fun

Fett ist mit neun Kilokalorien je Gramm ein sehr konzentrierter Energieträger – mit über doppelt so vielen Kilokalorien wie in einem Gramm Eiweiß oder Kohlenhydraten. Überzählige Fettkalorien werden direkt in Fettpolster umgewandelt, während überzählige Eiweiß- oder Kohlenhydratkalorien erst in Fette umgewandelt werden müssen. Sie setzen also nicht direkt an.

## Fett ja – aber das richtige

Das Problem in der heutigen Ernährung heißt: zu viel und die falschen Fette! Die schlechten Fette sind reich an gesättigten Fettsäuren wie der Palmitinsäure. Sie fördern eher eine Gefäßverkalkung und verzögern beim Ausdauersportler die Regeneration der Glykogenspeicher.

Gesättigte Fettsäuren kommen überwiegend in tierischen Fettquellen wie Butter, Milch, Käse, Eis, Schokolade, Wurst, Fleisch, aber auch im besonders ungünstigen pflanzlichen Kokosfett (Frittenfett, Myristinsäure) vor. Mit tierischen Fetten nimmt man meist auch Cholesterin als Begleiter auf. Künstlich

Fettreiche Ernährung fördert Arteriosklerose, Dickdarmkrebs sowie Fettsucht und verzögert zudem die Verdauung erheblich. Der Anteil der Fettkalorien sollte von derzeit rund 42 auf unter 30 Prozent gesenkt werden – das sind ca. 70 Gramm am Tag.

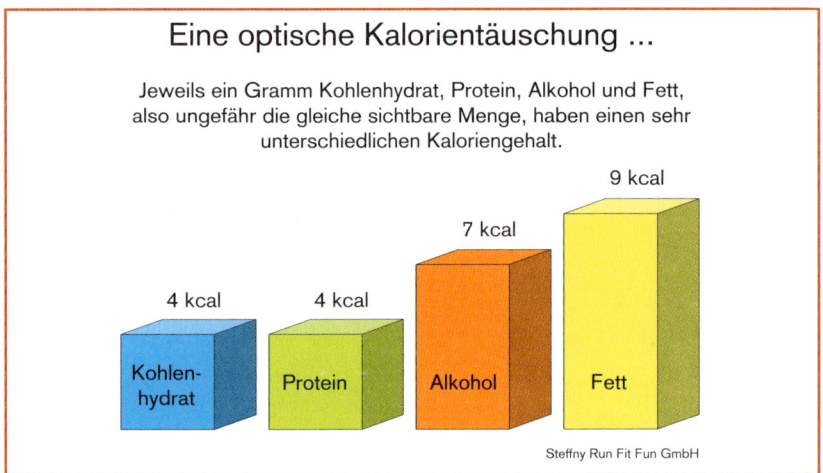

Eine optische Kalorientäuschung ...

Jeweils ein Gramm Kohlenhydrat, Protein, Alkohol und Fett, also ungefähr die gleiche sichtbare Menge, haben einen sehr unterschiedlichen Kaloriengehalt.

4 kcal — Kohlenhydrat
4 kcal — Protein
7 kcal — Alkohol
9 kcal — Fett

Steffny Run Fit Fun GmbH

gehärtete pflanzliche Fette enthalten Transfettsäuren. Sie sind in Fastfood und Fertigprodukten, aber auch in Frittenfett, Margarine und Saucen weit verbreitet und stehen im Verdacht, die Cholesterinwerte zu heben und Blutgefäße und Darmschleimhäute zu schädigen. Meiden Sie daher Produkte, auf deren Zutatenliste »gehärtete Fette« steht!

## Bevorzugen Sie ungesättigte Fettsäuren

Die guten Fette sind entweder wie die mehrfach ungesättigten Fettsäuren wichtige Bausteine, oder sie haben positive, beispielsweise cholesterinsenkende Wirkungen, wie die Ölsäure des Olivenöls, eine einfach ungesättigte Fettsäure. Die guten mehrfach ungesättigten Fettsäuren müssen wir mit der Nahrung aufnehmen. Man nennt sie daher auch essenzielle Fettsäuren. Unser Körper kann sie nicht selbst herstellen. Sie werden nach Stellung einer Doppelbindung in Omega-3- und Omega-6-Fettsäuren untergliedert. Erstere finden sich in Meeresfischen wie Hering und Makrele oder in Schwarzen Johannisbeeren. Die Omega-6-Fettsäuren wie die Linolsäure sind in vielen Pflanzenölen wie Sonnenblumen- und Distelöl und in Nüssen enthalten.

## Die Topstars – Fische, Oliven, Samen und Nüsse

Neuere Forschungen zeigen, dass insbesondere die einfach ungesättigten Fettsäuren, die beispielsweise in Oliven, Olivenöl oder Nüssen enthalten sind, und die Omega-3-Fettsäuren die besten Schutzfunktionen in Bezug auf Herz-Kreislauf-Erkrankungen bieten. Omega-3-Fettsäuren wirken zudem entzündungshemmend und stimulieren das Immunsystem. Olivenöl und Fisch sind auch Bestandteile der bekanntermaßen gesunden mediterranen Kost. Essen Sie also etwas mehr Fisch, und benutzen Sie eher Olivenöl für Salate und zum Braten. Es versteht sich natürlich von selbst, dass auch zu viel gute Fette dick machen können!

Zurzeit bestehen rund zwei Drittel der Fettkalorien aus den ungünstigen gesättigten Fettsäuren. Ernährungswissenschaftler fordern ein Verteilungsmuster von je einem Drittel gesättigten, einfach und mehrfach ungesättigten Fettsäuren in der Nahrung.

## Fettspeicher und Fettstoffwechsel

Die Fettvorräte sind im Vergleich zum Kohlenhydratspeicher riesig. Während die Glykogenspeicher je nach Trainingszustand und Muskelmasse nur rund 1500 bis 3000 Kilokalorien umfassen, hat selbst ein schlanker Mann mit zehn Prozent Körperfett in seinen Depots 60 000 Kilokalorien und mehr. Er könnte damit 20 Marathons laufen. Die Fettreserven sind nicht nur im Unterhautfettgewebe und innen im Bauchraum gespeichert. Vor allem bei Ultraläufern stehen direkt in den Muskelzellen Lipidtröpfchen als Zwischenspeicher und schnell verfügbare Fette bereit und werden wie Diesel als Dauerbrennstoff bei geringen bis mittleren Intensitäten eingesetzt. Glykogen hingegen ist ein Superkraftstoff, der fürs »Gasgeben«, also die mittlere bis hohe Intensität, reserviert bleibt. Pro eingesetztem Sauerstoff liefert Fett sechs Prozent weniger Energie als Kohlenhydrate – ein Grund, warum der Organismus, wenn die Atmung an ihre Grenzen stößt, Fett nicht mehr effizient einsetzen kann.

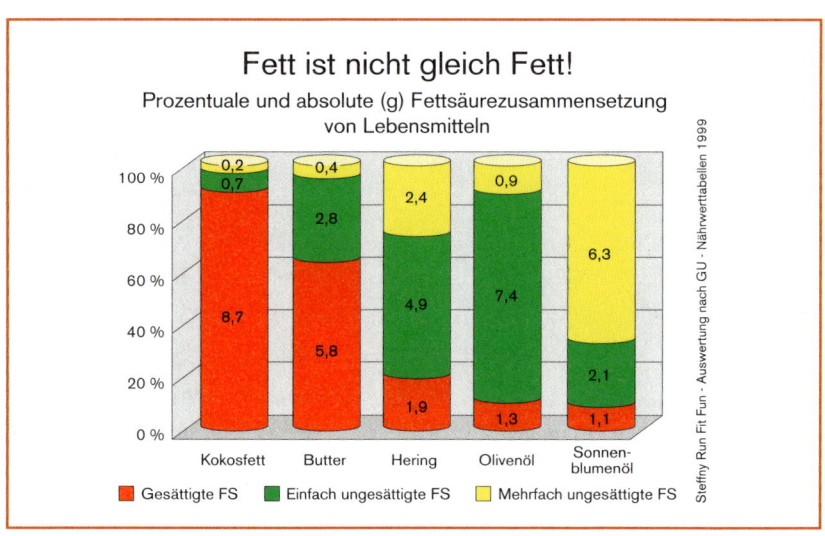

**Fett ist nicht gleich Fett!**
Prozentuale und absolute (g) Fettsäurezusammensetzung von Lebensmitteln

Steffny Run Fit Fun · Auswertung nach GU · Nährwerttabellen 1999

■ Gesättigte FS   ■ Einfach ungesättigte FS   □ Mehrfach ungesättigte FS

40

## Mitochondrien – Verbrennungsmotoren der Zelle

Der Fettabbau (Lipolyse) erfolgt durch Aufspaltung in Glyzerin und Fettsäuren, die mit Sauerstoff in den Mitochondrien zur Energiegewinnung oxidiert werden (Beta-Oxidation). Körpereigenes Karnitin fördert die Einschleusung der Fettsäuren in die Mitochondrien. Marathonläufer müssen neben einem großen Glykogentank auch über einen gut trainierten Fettstoffwechsel verfügen. Der Marathonlauf selbst, aber auch lange Triathlons oder Radtouren finden in einem Mischstoffwechsel aus Kohlenhydraten und Fetten statt. Profis schonen durch eine hervorragend im ruhigen Dauerlaufbereich trainierte Fettverbrennung ihre Glykogenspeicher. Das erlaubt sogar eine Temposteigerung im letzten Drittel des Rennens. Bei mehrstündigen Belastungen kann der Energiebedarf bis zu 90 Prozent aus dem Fettabbau gedeckt werden. Beim Marathonlauf sind es immerhin bis zu 70 Prozent. Dies unterstreicht die Bedeutung der ruhigen Dauerläufe für Langstreckler. Mitochondrien vermehren sich, sie werden größer und enthalten mehr und wirksamere fettverbrennende Enzyme.

> Wer Fett abbauen möchte, sollte langsam und länger laufen – auch aus orthopädischen Gründen.

## So laufen Sie Ihr Fett weg

Die Devise heißt: öfter, langsam und länger! Bei sehr intensivem Training, also einer starken muskulären Übersäuerung (Blutlaktatwerte über sieben Millimol/Liter), wird der Fettabbau gehemmt. Die Mitochondrien werden rückgebildet. Leider trainieren viele Freizeitsportler mit dem Ziel Gewichtsreduktion in dieser dafür unwirksamen Belastung. Bei hoher Intensität verbraucht man zwar mehr Energie in Form von Kalorien, aber leider die falschen. Es geht nicht an die Fettpolster, sondern es geht an die Glykogenvorräte. Sind diese Mitochondrien aber erst einmal durch Ausdauertraining in Ihren Muskeln vorhanden, verbrennen Sie auch bei Alltagstätigkeiten prozentual mehr Fett als Untrainierte.

# Proteine – Bausteine des Körpers

Aus Proteinen wird überwiegend Körpersubstanz aufgebaut. Zudem steuern sie Stoffwechsel- und Regulationsvorgänge, Sauerstoff- und Nährstofftransport. Aus Eiweißen bestehen z. B. Muskeln, Organe, Haut, Bindegewebe, Hormone, Blut, Immunkörper und Enzyme. Alle Eiweißstrukturen sind in einem ständigen Umbauprozess. Nach rund sieben Wochen ist die Hälfte des Muskelproteins ausgetauscht. Die entsprechende Halbwertszeit von Leberenzymen beträgt nur rund zehn Stunden. Rote Blutkörperchen halten durchschnittlich drei Monate. Die Eiweißreserven sind nicht sehr groß, daher sollte man auf eine gute Eiweißversorgung achten. Der Proteinanteil der täglichen Nahrungskalorien sollte rund 10 bis 15 Prozent betragen.

## Eine hochwertige Eiweißversorgung

Die Eiweiße des Menschen bestehen aus 20 Aminosäuren, von denen wir acht mit der Nahrung aufnehmen müssen. Je größer der Gehalt an diesen essenziellen Bausteinen im Lebensmittel, desto höher ist dessen »biologische Wertigkeit« für unsere Proteinversorgung. Tie-

Im Ausdauersport liegt der tägliche Eiweißbedarf bei rund 1,5 bis 2 Gramm pro Kilogramm Körpergewicht, den man leicht mit einer vollwertigen Ernährung (Eier, Milch, Fleisch, Magerquark und Fisch) abdecken kann.

**Energiestoffwechsel**

Kohlenhydrate
Glykogendepots

Fette
Fettdepot, Lipide

Proteine

Glykolyse   Lipolyse   Gluconeogenese
O₂

anaerobe Glycolyse

O₂

aerober Citratzyklus O₂

z.B. Enzyme Antikörper Muskeln Hormone Membranen

Sauerstoffschuld abtragen

CO₂   H₂O

Synthesen
Körperwärme

Laktat   Energie   Sport

Normalerweise liefern Fette und Kohlenhydrate den Sprit mit Sauerstoff. Reicht dieser bei hohem Tempo nicht aus, kann kurzfristig über das störende Nebenprodukt Laktat noch etwas Energie erzeugt werden.

*(Quelle: Steffny, Run Fit Fun, 1997)*

rische Quellen sind meist wertvollere Aminosäurelieferanten als pflanzliche Lebensmittel.

Aber auch pflanzliche Lebensmittel wie beispielsweise Amaranth, Vollkornreis, Hülsenfrüchte und Sojaprodukte sind gute Proteinquellen. Eine noch bessere Versorgung erzielen Sie durch geschickte Eiweißkombination von pflanzlichen mit tierischen Lebensmitteln, wobei der pflanzliche Anteil jeweils größer sein sollte. Besonders günstige Eiweißkombinationen sind z. B. Kartoffeln mit Quark oder Vollkornbrot mit Käse.

## *Gute Eiweißkombinationen*

- Kartoffeln mit Ei
- Kartoffeln mit Milch, Käse und Quark
- Hafer- und andere Getreideflocken mit Milchprodukten (Müsli)
- Vollkornbrot oder Getreide mit Quark, Käse, Fisch und Fleisch
- Bohnen mit Fisch oder Fleisch (Chili con Carne)
- Bohnen mit Vollkorngetreide, Weizen oder Roggen
- Mais mit Bohnen oder Milchprodukten

## Es muss nicht immer Fleisch sein

Viele der guten Eiweißkombinationen sind das Powerfood der afrikanischen Wunderläufer. Nahrungsmittelergänzungspräparate brauchen die Kenianer nicht. Bei uns ist eine Proteinunterversorgung selten. Eiweißdrinks und -pulver sind ziemlich überflüssige Erfindungen. Wer sich vollwertig ernährt – und das ist weder schwierig noch teuer –, kann getrost darauf verzichten.

## Verhindern Sie das Laufen auf dem Zahnfleisch

Auf einem Nebenweg des Energiestoffwechsels kann beim Sport aus Proteinen auch Glukose als Gehirn- und Nervennahrung erzeugt werden. Selbst in Ruhe werden allerdings nur geringe Mengen von Aminosäuren verheizt. Leeren sich bei sportlicher Belastung die Kohlenhydratspeicher, kommen bei schlechtem Trainingszustand Eiweiße zu zehn Prozent und mehr als Energielieferanten zum Einsatz. Das ist der Fall in der Endphase von Marathons, während Ultraläufen oder langen Radtouren und Triathlons, Nüchternläufen, aber auch bei extremen Hungerkuren und kohlenhydratfreien Diäten. Um das Nervensystem weiter zu ernähren, baut der Körper zunächst Bluteiweiße ab. Dauert der Zustand länger, wird sogar Muskeleiweiß, also Körpersubstanz, angegriffen. Bei einem gut trainierten 70-Kilogramm-Läufer kann das im Marathonlauf 160 der rund 3000 Kilokalorien, also etwas über fünf Prozent, ausmachen.

Keine Angst, Mutter Natur hat diesen Stoffwechselweg vorgesehen. Aus den Eiweißen werden bestimmte Aminosäuren in Glukose umgewandelt. Diese fehlen später allerdings z. B. für die Regeneration und den Aufbau von Immunkörpern; die Infektanfälligkeit ist erhöht. Umso wichtiger ist es, sich hinterher mit hochwertigem Eiweiß und kohlenhydrathaltigen Lebensmitteln zu versorgen. Während langer Wettkämpfe ist eine Kohlenhydratversorgung nicht nur zur Auffüllung der Glykogenspeicher, sondern auch zur Verhinderung des Aminosäurenverlusts notwendig. Auch ein trainierter Fettstoffwechsel »schont« Glykogenspeicher und indirekt Muskulatur und Immunabwehr.

# Vitamine – kleine Mengen ganz groß

Vitamine sind lebensnotwendig und Bestandteile der Nahrung. Man unterteilt sie in wasserlösliche (B-Komplex, C) und fettlösliche Vitamine (A, D, E, K). In der Schwangerschaft, bei Rauchern, bei Stress und beim Leistungssport ist der Bedarf erhöht. Die beim Sportler gleichzeitig erhöhte Kalorienzufuhr kann bei vollwertiger Ernährung diesen Mehrbedarf normalerweise aber ausgleichen.

## Leber und Fettgewebe als Vitaminspeicher

Die wasserlöslichen Vitamine können wie Mineralien bei der Zubereitung leicht ausgeschwemmt werden, bei Überdosierungen werden sie mit dem Urin ausgeschieden. Während die wasserlöslichen Vitamine ständig neu zugeführt werden müssen, können die fettlöslichen im Fettgewebe oder in der Leber gut

Skorbut, Beri-Beri und Rachitis waren früher bei uns schwere Vitaminmangelerkrankungen. Durch einseitige oder falsche Ernährung und Gewohnheiten wie Fastfood, Süßigkeiten, Fertigessen, Abführmittel, Diäten und hohen Alkoholkonsum kann es auch heute noch zur Unterversorgung kommen.

gespeichert werden. Andererseits sind dadurch bei Überdosierungen leichter toxische Nebenwirkungen möglich. Die durchschnittliche Reservekapazität beim Erwachsenen beträgt zwischen vielen Monaten und Jahren (Vitamin A, Vitamin B12) und 10 bis 20 Tagen (Vitamin B1, Thiamin). Vitamin C, Vitamin B1 und Folsäure können bei unsachgemäßer Zubereitung der Nahrung die größten Verluste aufweisen.

## So vermeiden Sie Vitaminverluste

Der Vitamingehalt der Nahrung hängt von der Art, Saison, Frische und Behandlung der Lebensmittel ab. Fast alle Vitamine sind hitze- oder lichtempfindlich. Allein beim Toasten von Brot gehen beispielsweise 40 bis 50 Prozent an Vitamin B1 verloren. Es ist an der Energiegewinnung aus Kohlenhydraten beteiligt und daher für Ausdauersportler besonders wichtig. Der Bedarf an Vitamin B1 ist bei kohlenhydratreicher Kost und starkem Alkoholkonsum erhöht.

Im Folgenden finden Sie ein paar Tipps, wie Sie Vitamin- und auch Mineralverluste bei Auswahl, Zubereitung und Lagerung von Lebensmitteln vermeiden können:

### Lakto-Ovo-Vegetarier und Veganer

Viele Ausdauersportler essen mehr oder weniger vegetarisch. Der Mensch ist von Gebiss und Verdauungssystem her eigentlich ein Gemischtköstler. Bei Naturvölkern, die angeblich nur Wurzeln, Beeren und Nüsse zu sich nehmen, wird oft übersehen, dass diese pflanzlichen Quellen auch Raupen und Käferlarven in nicht unerheblicher Menge enthalten, die einfach mitgegessen werden. So isst in Dritte-Welt-Ländern wie Kenia die Landbevölkerung Bohnen mit »Haut und Haaren«. Manche Ernährungswissenschaftler ignorieren diese natürliche tierisch-pflanzliche Eiweißkombination. Leistungssport und eine fleischlose Eiweißversorgung mit hochwertigen tierisch-pflanzlichen Kombinationen ist für Lakto-Ovo-Vegetarier kein Problem. Sie essen auch Milchprodukte und Eier. Bei Veganern, die überhaupt keine tierischen Lebensmittel verzehren, können Engpässe bei der Eisenaufnahme, Vitamin B12, Zink, Jod und Selen vorkommen. Auch bei der Proteinversorgung sollte auf hochwertige pflanzliche Eiweißquellen wie Soja, Hülsenfrüchte, Kartoffeln, Vollkornprodukte und Nüsse geachtet werden. Fitnesslaufen ist noch gut möglich, aber beim Leistungssport wird es für Veganer kritisch.

## *Vitamine im Überblick*

| | Säureempfindlich | Basenempfindlich | Sauerstoffempfindlich | Lichtempfindlich | Hitzeempfindlich | Maximale Verarbeitungsverluste | Speicherkapazität/Anmerkungen |
|---|---|---|---|---|---|---|---|
| **Fettlöslich** | | | | | | | |
| Vitamin A | + | - | + | + | + | -40% | Leberspeicher für Monate |
| Vitamin D | + | + | + | + | + | -40% | Körpereigene Produktion über Haut (Sonne) |
| Vitamin E | - | - | + | + | + | -55% | Gute Speicherkapazität im Fettgewebe |
| Vitamin K | + | + | - | + | - | -5% | Leberspeicher, geringe Darmproduktion |
| **Wasserlöslich** | | | | | | | |
| Vitamin B1 | - | + | + | - | + | -80% | Speicher nur für 10 bis 20 Tage |
| Vitamin B2 | - | + | - | + | + | -75% | |
| Vitamin B6 | | | | + | + | -40% | Reserve für 2 bis 6 Wochen |
| Vitamin B12 | - | - | + | + | - | -10% | Großer Leberspeicher für Monate bis Jahre, geringe körpereigene Produktion |
| Folsäure | + | - | + | + | + | -100% | Reserve bis 4 Wochen, geringe körpereigene Produktion |
| Biotin | - | - | - | - | + | -60% | Geringe körpereigene Produktion |
| Pantothensäure | + | + | - | - | + | -50% | |
| Vitamin C | - | + | + | + | + | -100% | Empfindlich gegen Metallionen (Eisen, Kupfer), Speicher für 3 bis 4 Wochen |

- Verarbeiten Sie frische Lebensmittel oder Tiefkühlkost (−18°C).
- Benutzen Sie dunkle, kühle oder kalte Aufbewahrungsorte für Ihre Vorräte.
- Dunkle Flaschen und Behälter schützen vor Lichteinwirkung.
- Folien und geschlossene Dosen verhindern die Oxidation von sauerstoff-empfindlichen Lebensmitteln.
- Kurzes Erhitzen ist besser als langes Warmhalten.
- Vermeiden Sie ein Überhitzen von Fetten und Ölen.
- Ausschwemmverluste wasserlöslicher Vitamine und Mineralien beim Kochen vermeiden Sie durch Dünsten und Mitverwendung des Kochwassers. Kartoffeln sollten Sie mit der Schale kochen.
- Gemüse sollte al dente und nicht zu Matsch gedünstet werden.
- Kurzes Blanchieren inaktiviert vitaminzerstörende Enzyme, die sich auf der Oberfläche von Gemüse befinden können.

## Mineralstoffe und Spurenelemente

Bei den Mineralstoffen unterscheidet man die Mengenelemente Kalium, Natrium, Phosphor und Magnesium, die der Körper täglich in größeren Mengen benötigt, und die Spurenelemente wie Eisen, Jod, Fluor, Mangan, Kupfer, Zink und Selen, bei denen schon geringste Spuren wirken. Mineralstoffe sind anorganische Bestandteile des Skeletts und der Zähne. Sie beeinflussen als gelöste Elektrolyte physikalische und biochemische Eigenschaften der Körperflüssigkeiten wie Nervenleitung, Muskelkontraktion und Pufferung gegen Säure-Basen-Schwankungen. Mineralstoffe sind auch Enzymbestandteile.

### Vielschwitzer für Hitzeläufe weniger geeignet

Beim Schwitzen verliert der Körper außer Wasser auch Mineralien und Spurenelemente (Elektrolyte). Das kann bei extremen Hitzeverhältnissen und in Abhängigkeit vom Körpergewicht und Anstrengungsgrad ein bis zwei Liter

Fettlösliche Vitamine wie Beta-Karotin aus Möhren werden nur in Gegenwart von Fett aufgenommen. Solche Gemüse also stets mit etwas Öl oder Butter zubereiten!

## Vitaminschonende Lagerung von Lebensmitteln

| Lebensmittel | Lagerung |
|---|---|
| Exotisches Obst, Auberginen | Viele exotische Obstsorten (Orangen, Ananas, Melonen, Bananen) und Auberginen sind kälteempfindlich, werden fleckig oder braun und nehmen Fremdgeschmack an. Daher nicht unter 13 °C lagern. |
| Äpfel, Birnen | Sind gut lagerfähig, sollten aber in leicht feuchter Umgebung wie im Keller oder in Beuteln mit Lüftungslöchern aufbewahrt werden. Äpfel und Birnen geben Äthylen ab. Dieses Gas lässt Salat und Gemüse schneller faulen. Letzteres sollte nicht zu Obst benachbart gelagert werden. |
| Beeren, Kirschen | Sind nur einige Tage lagerfähig. Beeren lassen sich im Gegensatz zu Kirschen und anderem Kernobst gut einfrieren. |
| Tomaten, Salatgurken, Zucchini | Nicht im Kühlschrank, sondern unter Folie bei 10 °C lagern. Tomaten reifen bei Lagerung nach. |
| Kartoffeln, Bohnen | Sollte man dunkel, luftig und kühl (im Keller) lagern und bald aus der Plastikverpackung herausnehmen, da sie sonst schimmeln und faulen. |
| Brokkoli, Paprika, Möhren, Kohlgemüse | Brokkoli hält sich im Kühlschrank unter Plastikfolie einige Tage, Paprika eine Woche, Möhren, Kohlrabi, Rosen- und Blumenkohl sogar wochenlang im Gemüsefach des Kühlschranks. |
| Spinat | Verliert frisch sehr schnell Vitamine, daher am besten tiefgefroren kaufen. |
| Hülsenfrüchte | Bohnen und Erbsen lassen sich gut einfrieren. |
| Salat | Sollte ohne Verpackung im Kühlschrank gelagert werden. |

**Schwitzen ist gut. Schweiß funktioniert wie eine clevere und sinnvolle Klimaanlage des Körpers.**

pro Stunde ausmachen. Der Schweiß ist im Verhältnis zur Körperflüssigkeit hypoton, das bedeutet, er enthält eine geringere Konzentration an Mineralsalzen. Genetisch bedingt gibt es Vielschwitzer, bei denen es nur so tropft, und ökonomische Schwitzer, die immer nur einen dünnen Feuchtigkeitsfilm auf der Haut haben. Sie sind für Hitzeläufe besser geeignet. Aber durch einen besseren Trainingszustand, Hitzeakklimatisation oder Sauna kann man zumindest lernen, dünnflüssiger zu schwitzen (siehe Tabelle auf Seite 49).

## Den Verlusten gegensteuern

An Natriumchlorid (Kochsalz) besteht bei uns eher eine Überversorgung. Kalium ist notwendig zur Bildung des Glykogendepots. Magnesium ist ein wichtiger Enzymaktivator im Energiestoffwechsel. Es gilt als die Zündkerze des Stoffwechsels. Der Körper kann, im Gegensatz zu Kochsalz, bei Magnesium nicht lernen, dünnflüssiger zu schwitzen. Kalzium, Vitamin-B1-Mangel, Alkohol und fettreiche Nahrung beeinträchtigen die Aufnahme von Magnesium im Darm. Es ist das Zentralatom des grünen Blattfarbstoffs (Chlorophyll) und daher in Pflanzen, aber auch in Vollkornprodukten reichlich vorhanden. Eine weitere gute Quelle sind magnesiumreiche Mineralwässer (mit einem Gehalt von über 100 Milligramm pro Liter), Bananen, Kartoffeln, Kohlrabi, Rote Beete und Spinat.

Kalzium bildet mit Phosphat die Knochensubstanz. Einem Abbau von Knochen (Osteoporose), insbesondere bei Frauen nach der Menopause, kann man durch Bewegung und rechtzeitige Kalziumaufnahme bereits in jüngeren Jahren vorbeugen.

> Mit dem Schweiß verliert man vor allem Kochsalz, in geringeren Mengen aber auch Magnesium, Kalium, Kalzium, Eisen, Kupfer und Zink sowie Aminosäuren und Vitamine.

### *Schweißverluste beim Laufen in Milliliter/Stunde*

| Körpergewicht (in kg) | Anstrengung (% VO2max) | ml/h bei 10 °C | ml/h bei 20 °C | ml/h bei 30 °C |
|---|---|---|---|---|
| 60 | 70% | 770 | 930 | 1260 |
| 60 | 85% | 1020 | 1195 | 1545 |
| 70 | 70% | 945 | 1120 | 1470 |
| 70 | 85% | 1250 | 1440 | 1815 |

(Verändert nach W. Feil & T. Wessinghage, 2000)

## Vergleich des Elektrolytgehalts in Blut und Schweiß

| Elektrolyt | Blut (g/l) | Schweiß (g/l) | | |
|---|---|---|---|---|
| | | Nicht akklimatisiert, untrainiert | Nicht akklimatisiert, trainiert | Hitzeakklimatisiert, trainiert |
| Natrium | 6,1 | 3,5 | 2,6 | 1,8 |
| Kalium | 0,1 | 0,2 | 0,15 | 0,1 |
| Magnesium | 0,1 | 0,1 | 0,1 | 0,1 |
| Chlorid | 2,9 | 1,4 | 1,1 | 0,9 |

(Verändert nach T. Noakes, 1991)

## Eisen – der Sauerstoffspender

Eisen ist als Zentralatom des Farbstoffs Hämoglobin in den roten Blutkörperchen wesentlich am Transport des Sauerstoffs im Organismus und an dessen kurzfristiger Speicherung in den Muskeln (durch den Eiweißkörper Myoglobin) beteiligt.

Eisenmangel (Anämie) hat daher fatale Folgen für Ausdauersportler. Beim Laufen werden zudem in geringem Umfang auch rote Blutkörperchen regelrecht zertreten. Bei Ausdauersportlern wird eine Sportleranämie beschrieben, bei der es sich aber nicht zwingend um eine echte Blutarmut im klinischen Sinn handeln muss. So lief beispielsweise Herbert Steffny beim Marathonweltcup 1985 in Hiroshima trotz zu niedriger Hämoglobinwerte mit 2 Stunden 11 Minuten 49 Sekunden sogar persönliche Bestzeit.

Die erniedrigten Hämoglobinwerte im Blut sind, wenn die anderen Blutwerte wie Ferritin (eine Eisen-Eiweiß-Verbindung als Speicherform) im Normbereich sind, oft lediglich Ausdruck einer Blutvolumenzunahme. Bei dieser Scheinanämie wird das Blut dünnflüssiger, weil das Plasma stärker als

Frauen haben einen höheren Bedarf an Eisen, denn durch die Monatsblutung geht dem Körper zusätzlich Eisen verloren.

die roten Blutkörperchen zunimmt. Lassen Sie im Zweifelsfall die Ferritinwerte vom Arzt bestimmen, die über 30 Mikrogramm pro Liter liegen sollten.

### Was die Eisenaufnahme behindert oder fördert

Aus tierischen Lebensmitteln wie Fleisch wird Eisen drei- bis viermal besser aufgenommen als aus pflanzlichen. Bei Vegetariern können daher Engpässe auftreten. Gute pflanzliche Eisenquellen sind Vollkornprodukte und Hülsenfrüchte. Vitamin C und Fruchtsäuren aus Obst fördern die Aufnahme von Eisen im Darm, Gerbstoffe des Kaffees und schwarzen Tees behindern sie dagegen. Der Bedarf lässt sich theoretisch auch gut mit Leber decken. Das zentrale Entgiftungsorgan ist aber aufgrund der heutigen Bedingungen in der Tiermast sehr schadstoffbelastet und sollte nur noch selten gegessen werden.

Der angeblich hohe Eisengehalt des Spinats beruht auf einem Übertragungsfehler. Er ist als Eisenquelle wegen seines durch Überdüngung zu hohen Nitratgehalts nur noch bedingt zu empfehlen.

Ein russisches Sprichwort sagt: »Nicht das Pferd, der Hafer zieht den Wagen.«

## Essen Sie möglichst naturbelassen

Die Nahrung sollte so wenig wie möglich industriell aufbereitet sein. Haferflocken sind besser als hochverarbeitete Cornflakes, die im Nachhinein wieder künstlich mit Vitaminen aufgepäppelt werden. Ein weiteres Beispiel ist die Kartoffel. Es ist ein riesiger Unterschied, ob Sie die gesündeste Version in Form der Pellkartoffeln essen oder Kartoffelchips knabbern: Letztere enthalten reichlich Fett, Kochsalz, Geschmacksverstärker und Konservierungsstoffe.

Zum Erhalt eines möglichst hohen Gehalts an Mineralien und Vitaminen ohne Kochverluste sollte ein Teil der pflanzlichen Nahrung roh verzehrt werden. Am einfachsten: Rohkostsalat mit etwas kaltgepresstem Olivenöl. Der Salat kann mit frisch gezogenen Keimlingen, wahrhaft natürlichen »Vitaminbomben«, und frischen Kräutern angereichert sein.

## Nährstoffdichte pro 100 Gramm

| | Colagetränke | Orangensaft | Weizenbrötchen | Weizenvollkornbrot | Milchschokolade | Trockenfeige |
|---|---|---|---|---|---|---|
| Portion | 0,25 l | 0,21 l | 1 Stück | 1 Scheibe | 1 Riegel | 2 kleine Stücke |
| Kohlenhydrate (g) | 25 | 25 | 21 | 20 | 10,6 | 22,2 |
| Vitamin B1 (µg) | 0 | 167 | 39 | 115 | 19 | 47 |
| Vitamin C (mg) | 0 | 127 | 0 | 0 | 1,2 | 0,1 |
| Kalzium (mg) | 0 | 23 | 10 | 31 | 47 | 79 |
| Eisen (mg) | 0 | 0,42 | 0,47 | 0,96 | 0,6 | 1,3 |
| Magnesium (mg) | 0 | 34 | 12 | 44 | 8 | 29 |
| Kalium (mg) | 0 | 334 | 45 | 130 | 76 | 350 |

## Nährstoffdichte – mehr als nur Kalorien

Wir können viele Kalorien essen und trotzdem wenig Mineralien und Vitamine aufnehmen. Ernährungswissenschaftler sprechen von einem Mangel im Überfluss. Die Qualität der Lebensmittel wird daher nach ihrer Nährstoffdichte bewertet. Sie gibt an, wie viele Vitamine, Mineralstoffe und Spurenelemente wir pro Kilokalorie aufnehmen. Vergleicht man beispielsweise Colagetränke mit Orangensaft, Weißbrot mit Vollkornbrot oder Schokolade mit Trockenfeigen bei gleicher Kalorienzahl, so wird schnell deutlich, welche Produkte für die Ernährung wertvoller sind. Naschen Sie in Zukunft also auch vollwertiger! Von Trockenfeigen können Sie im Vergleich zu Vollmilchschokolade bei gleicher Kalorienzahl doppelt so viel essen. Sie haben zehnmal weniger Fettanteil, aber doppelt so viele Kohlenhydrate, Eisen und Kalzium. Der Faserstoffanteil ist sogar 41-mal höher, von Kalium und Magnesium ist viermal so viel drin.

Naschen ist nicht verboten. Aber wenn Sie naschen, sollten Sie in Zukunft einfach vollwertiger naschen.

# Sekundäre Pflanzenstoffe
# aus der natürlichen Apotheke

»An apple a day keeps the doctor away!« So lautet die amerikanische Redensart dafür, dass ein Apfel am Tag den Arztbesuch erspart. Es darf auch gern ein bisschen mehr sein. »Take five!«, lautet der neue Slogan, mit dem u. a. die Deutsche Gesellschaft für Ernährung die Menschen zu mehr Obst- und Gemüsekonsum auffordert. Fünf frische Portionen Obst und Gemüse über den ganzen Tag verteilt versorgen uns nicht nur mit genügend Vitaminen, Mineralstoffen, Spurenelementen und Faserstoffen, sondern auch mit sekundären Pflanzenstoffen – bioaktive Substanzen, die erst in den letzten Jahren mehr ins Blickfeld der Wissenschaft und öffentlichen Diskussion gerückt sind. Sekundäre Pflanzenstoffe geben Chilis die Schärfe und Grapefruits den bitteren Geschmack; Rosmarinduft lässt nicht nur das Wasser im Mund zusammenlaufen, sondern die enthaltene Carnosolsäure ist auch ein potentes Antioxidans, das u. a. gegen Viren wirkt. Durch die pharmakologischen Wirkungen verschwimmen bei den sekundären Pflanzenstoffen die Grenzen zwischen Ernährung und Medizin.

## Von der Natur lernen

Diese bioaktiven Substanzen gibt es schon seit Jahrmillionen in der Apotheke der Natur. Viel Wissen ist uns leider verloren gegangen. Zu sehr vertrauen wir heute leichtgläubig modernen Zusatzstoffen aus der Retorte.

Doch wir können von den Tieren lernen. So beobachteten beispielsweise Forscher in Tanzania, wie Schimpansen sich bei parasitären Durchfallerkrankungen gezielt mit Blättern des Baumes Vernonia amygdaloides kurierten. Man fand darin später antiparasitäre und antimikrobielle Inhaltsstoffe. Dieselbe Pflanze wird in der südafrikanischen Volksmedizin schon lange gegen Magen- und Darmbeschwerden eingesetzt.

Grizzlybären wurden beobachtet, wie sie bei Zahnschmerzen Weidenrinde abknabberten. Weiden (wissenschaftlich Salicaceae) enthalten Salizylsäure, bekannt durch das Schmerzmittel Aspirin.

## Sekundäre Pflanzenstoffe

Nach Struktur und funktionellen Eigenschaften unterscheidet man:

- Karotinoide
- Phytoöstrogene
- Glucosinolate
- Proteaseinhibitoren
- Phytosterine
- Polyphenole
- Monoterpene
- Saponine
- Sulfide
- Flavonoide

## Essen Sie viel Obst und Gemüse

Man schätzt die Gesamtzahl der sekundären Pflanzenstoffe auf 60 bis 100 000. Und noch sind längst nicht alle Pflanzen wissenschaftlich untersucht. Außerdem sind die Wirkmechanismen, die Interaktionen und der Stoffwechsel der sekundären Pflanzenstoffe bis heute noch gar nicht oder lediglich teilweise geklärt. Daher ist eine Nahrungsergänzung über Pillen und Tabletten nur sehr unvollständig. Aber lassen Sie sich von alledem nicht verwirren. Die Grundbotschaft ist und bleibt ganz einfach: Essen Sie viel Obst und Gemüse! Der Apfel oder Brokkoli ist eben viel mehr als die Summe der uns derzeit bekannten Bestandteile. Essen Sie also lieber gleich das Original und nicht das Plagiat aus der Retorte.

In Deutschland hat sich seit den 1950er Jahren erfreulicherweise der Pro-Kopf-Verbrauch an Gemüse pro Jahr von 50 auf 90 und der Obstverzehr von 42 auf 144 Kilogramm gesteigert. Experten fordern aber nochmals eine Verdopplung des Konsums.

Schon vor 2400 Jahren forderte der griechische Arzt Hippokrates: »Eure Nahrungsmittel sollen eure Heilpflanzen und eure Heilpflanzen eure Nahrungsmittel sein!«

## Auf die Dosis kommt es an

Auch bei den sekundären Pflanzenstoffen macht die Dosis das Gift. Bei Überdosierungen mit Pillen wie beim Beta-Karotin kann es sogar zu toxischen Nebenwirkungen kommen. Durch den Verzehr von natürlichen Lebensmitteln kommt das aber bei normalen Ernährungsgewohnheiten nicht vor.

Wissenschaftlich unbestritten ist die Wirkung der Phytochemikalien bei der Vorbeugung von Krebserkrankungen, Herz- und Kreislaufkrankheiten, Entzündungen und bei der Stärkung des Immunsystems.

# Sekundäre Pflanzenstoffe

| | Karotinoide | Phytosterine | Saponine | Glucosinolate | Polyphenole | Proteaseinhibitoren | Monoterpene | Phytoöstrogene | Sulfide |
|---|---|---|---|---|---|---|---|---|---|
| **Medizinische Wirkung** | | | | | | | | | |
| Antikanzerogen | + | + | + | + | + | + | + | + | + |
| Antimikrobiell | − | − | + | + | + | − | − | − | + |
| Antioxidativ | + | − | − | − | + | + | − | + | + |
| Entzündungshemmend | − | − | − | − | + | − | − | − | + |
| Blutzuckerregulierend | − | − | − | − | + | − | − | − | − |
| Cholesterinsenkend | − | + | + | + | − | + | − | − | + |
| Blutdruckregulierend | − | − | − | − | + | − | − | − | + |
| Immunmodulierend | + | − | + | − | + | − | − | − | + |
| Antithrombotisch | − | − | − | − | + | − | − | − | + |

(Verändert nach Watzl/Leitzmann, DGE)

| | Karotinoide | Phytosterine | Saponine | Glucosinolate | Polyphenole | Proteaseinhibitoren | Monoterpene | Phytoöstrogene | Sulfide |
|---|---|---|---|---|---|---|---|---|---|
| **Vorkommen** | | | | | | | | | |
| Aprikose | + | − | − | − | + | − | + | − | − |
| Brokkoli | + | − | − | + | + | − | − | − | + |
| Gerste | − | + | + | − | + | + | − | + | − |
| Grünkohl | + | − | − | + | + | − | − | − | + |
| Knoblauch | − | − | + | − | + | − | − | − | + |
| Leinsamen | − | + | − | − | + | − | − | + | − |
| Möhre | + | − | − | − | + | − | − | − | − |
| Sojabohne | − | + | + | − | + | + | − | + | − |
| Tomate | + | − | − | − | + | − | − | − | − |
| Weizen | − | + | + | − | + | + | − | + | − |
| Zitrone | − | − | − | − | + | − | + | − | − |
| Zwiebel | − | − | + | − | + | − | − | − | + |

## Tomatensauce und Kohlgemüse gegen Krebs

Lassen Sie sich die Tomatensauce ruhig schmecken! Langfristig angelegte Studien zeigten den Zusammenhang von hohem Verzehr karotinoidreicher Gemüse wie Tomaten und Möhren und weniger häufigen Krebs-, Herz- und Kreislauferkrankungen. Lycopine und Beta-Karotin sind zwei wichtige Vertreter dieser Stoffgruppe. Bei reichlichem Tomatenverzehr wirken die fettlöslichen Lycopine vorbeugend gegen Prostatakrebs und schützen die Haut vor UV-Schäden. Aber auch Spinat und Grünkohl enthalten diese Naturmedizin reichlich.

Die Phytosterine sind chemisch dem Cholesterin verwandt. Die Verwechslungsmöglichkeit ist in diesem Fall günstig: Wegen ihrer Ähnlichkeit vermindern sie die Cholesterinaufnahme im Darm. Man findet sie beispielsweise in Nüssen und Samen. Die Saponine aus Getreide, Sojabohnen und Zwiebelgewächsen wirken cholesterinsenkend, ebenso antikanzerogen und immunstimulierend.

Glucosinolate aus Kreuzblütlern wie Kohl, Rettich und Senf aktivieren entgiftende Enzyme. Hier gibt es einen direkten quantitativen Zusammenhang zwischen dem Verzehr von Kohlgemüsen und Krebserkrankungen.

Tomaten aus der Dose sollten ausschließlich für Saucen verwendet werden.

## Kaiser Wilhelm und Rotwein für die Gesundheit

Flavonoide, die man bereits in über 5000 phenolischen Verbindungen kennt, regulieren das Zellwachstum und haben eine antioxidative Wirkung. Sie hemmen Arteriosklerose und Krebsentstehung. Polyphenole wie Chlorogensäure finden sich in Erdbeeren und Äpfeln, vor allem in alten Kultursorten wie »Kaiser Wilhelm«. Rotweinfreunde trinken mit einem polyphenolhaltigen Viertele auf ihre Gesundheit. Man schreibt den Polyphenolen fast alle präventiven Wirkungen zu. Leider werden sie zur Vermeidung einer Bräunung bei der konventionellen Saftherstellung zu 70 bis 80 Prozent herausgefiltert. So genannte Proteaseinhibitoren hemmen tumorspezifische Enzyme und wirken antioxidativ. Monoterpene wie Limonen und Menthol kommen beispielsweise in Zitronenschalen vor. Diese ätherischen Öle regeln das Zellwachstum und verhindern die Krebsentstehung.

## Mit Knoblauch Cholesterin senken

Phytoöstrogene aus Getreide und Sojabohnen können sich mit etwas geringerer Wirkung wie die körpereigenen Östrogene chemisch an dieselben Rezeptoren binden. Dadurch wird die Vorbeugung von Brust- und Prostatakrebs, Herz-Kreislauf-Erkrankungen und Osteoporose günstig beeinflusst.

Sulfide wie Allizin geben zwar Knoblauch, Zwiebeln und Lauchgemüse den strengen Geruch. Sie wirken aber auch antimikrobiell, antikanzerogen, antioxidativ und entzündungshemmend. Knoblauch & Co. senken zudem den Cholesterinwert, vermindern den Blutdruck und stärken das Immunsystem.

Auch bei den sekundären Pflanzenstoffen lassen sich wieder Vorzüge einer mediterran getönten Kost herauslesen: Viel Salat, Gemüse, Knoblauch, Kräuter (z. B. Rosmarin), Getreideprodukte und ein Gläschen Rotwein sind nicht nur gesund, sondern auch für Ausdauersportler ein vollwertiges Powerfood. Schlemmen Sie also wie am Mittelmeer!

> Viel Salat, Gemüse, Knoblauch, Kräuter, Getreideprodukte und ein Gläschen Rotwein sind nicht nur gesund, sondern auch für Ausdauersportler ein vollwertiges Powerfood.

# Was Läufern
## GUT TUT

**Ein Speiseplan, der fit macht und fit hält: Die richtige Auswahl der Lebensmittel macht's!**

# Schmeckt und bringt
# auf Trab

## Die besten Lebensmittel für Läufer

Sie sind wichtig für die Gesundheit. Sie liefern den nötigen Treibstoff. Und sie enthalten wertvolle Substanzen für mehr Leistung und Wohlbefinden. Diese Topnahrungsmittel sollten möglichst oft auf Ihren Teller kommen.

### Äpfel

Äpfel sind eine Art biologisches Kombipräparat: gut für die Verdauung, senkt den Cholesterinspiegel, vernichtet Bakterien, putzt die Zähne. Kraftvoll zubeißen: Äpfel versorgen uns reichlich mit Vitaminen (B, C), Kalium, Kalzium, Phosphor, Eisen und Bioflavonoiden (s. Rezepte S. 194, 222 und 225).

**Was Äpfel so wertvoll macht** Besonders reich an Nährstoffen (Pektin) ist die Schale. Der Apfel enthält 300 wertvolle Biostoffe, u. a. organische Säuren, die die Leber entgiften helfen, Gerbstoffe, ätherische Öle, wertvolle ungesättigte Fettsäuren, Magnesium, Karotene und Eisen.

**Was 1 Apfel enthält** Kohlenhydrate: 11,8 g; Eiweiß: 0,3 g; Fett: 0,4 g; Kilokalorien: 60

### Bananen

Diese praktische Frucht ist ein sättigender, vitaminreicher Kohlenhydratsnack. Sie ist für den Läufer schnell verfügbar. (s. Rezepte S. 194, 222, 226, 227 und 228).

**Was Bananen so wertvoll macht** Sie enthalten reichlich Natrium, Kalium, außerdem Jod, Eisen und die Vitamine A, C, E und B6. Dazu ist der Sattma-

Biobombe Apfel: »An apple a day keeps the doctor away.« In diesem Spruch steckt viel Wahrheit.

**Für Läufer besonders wertvoll: Bohnen regen die Eiweißsynthese im Körper an.**

cher leicht verdaulich. Bananen neutralisieren die Magensäure, wirken leicht antibakteriell und schleimbildend. Das ist für Läufer gut, weil Bananen das unangenehme Gefühl eines trockenen Mundes verhindern.

**Was 1 Banane enthält** Kohlenhydrate: 26,7 g; Eiweiß: 1,2 g; Fett: 0,5 g; Kilokalorien: 100

## Bohnen

Frische Bohnen (auch Linsen, Erbsen, Kidneybohnen) sind reich an hochwertigen pflanzlichen Proteinen, aber praktisch fettfrei. Sie regen Erneuerungs- und Zellteilungsprozesse im Körper an. (s. Rezepte S. 186, 200, 208 und 218).

**Was Bohnen so wertvoll macht** Sie sind reich an Eisen, Kalzium, Kalium, Vitamin D, verschiedenen B-Vitaminen und Ballaststoffen.

**Was 1 Tasse Bohnen enthält** Kohlenhydrate: 40,8 g; Eiweiß: 15,2 g; Fett: 0,9 g; Kilokalorien: 227

## Brokkoli

Gehört zu den gesündesten Gemüsesorten. Gedünstet mit etwas Zitrone ist dieses Grüngemüse eine attraktive Beilage, die den Stoffwechsel ankurbelt und die Muskelarbeit stärkt (s. Rezepte S. 169, 172, 178, 182, 186, 190, 199 und 219).

**Was Brokkoli so wertvoll macht** Er enthält rund 15-mal so viel Karotin, fünfmal so viel Kalzium und doppelt so viel Eisen wie sein Vetter, der

Nukleinsäuren und Eiweiß machen Bohnen so wertvoll. Nukleinsäuren sind wichtige Lebensbausteine, die für die Reparatur und Regeneration der Zellen wichtig sind.

Blumenkohl. Er ist ein guter Lieferant auch von Vitamin A und B, Magnesium und Kalium, hat einen hohen Anteil an Ballaststoffen (für die Verdauung) und schützt die Schleimhäute. Das enthaltene Sulforan wirkt krebsmindernd.

**Was 1/2 Tasse Brokkoli enthält** Kohlenhydrate: 2,3 g; Eiweiß: 1,3 g; Fett: 0,2 g; Kilokalorien: 22

## Erdbeeren

Hmm – Erdbeerzeit symbolisiert den Frühsommer. Frisch vom Feld schmecken diese saftigen, zuckersüßen Früchtchen, die zu 90 Prozent aus Wasser bestehen, unvergleichlich aromatisch. Genau die richtige Zutat für ein Luxusmüsli oder einen köstlichen Obstsalat! (s. Rezepte S. 221 und 228).

Vorsicht bei importierten Erdbeeren! Die werden häufig von der Saat über Wachstum, Transport und Lagerung mit Pestiziden, Herbiziden, Insektiziden, Wachstumsreglern und dergleichen mehr hochgezüchtet.

**Was Erdbeeren so wertvoll macht** Über 300 Substanzen wurden bereits isoliert, Säuren und ätherische Öle, Pektin, Flavone und Gerbstoffe. Sie sind reich an Folsäure (wichtig für Blutbildung und Zellwachstum), Vitamin C (fürs Immunsystem) und Kalium (wirkt entwässernd, blutdrucksenkend). Besonders reich sind sie auch an Mangan (gut für die Libido).

**Was 1 Hand voll Erdbeeren enthält** Kohlenhydrate: 10,5 g; Eiweiß: 1 g; Fett: 0,5 g; Kilokalorien: 45

## Haferflocken

Sie sind vor allem eine mehr oder weniger beliebte Frühstückskost. Haferflocken haben einen hohen Gehalt an wasserlöslichen Ballaststoffen, füllen die Kohlenhydratspeicher in den Muskelzellen auf, sättigen sehr schnell, setzen aber nicht an (s. Rezepte S. 186 und 194)

**Was Haferflocken so wertvoll macht** Hafer ist die pure Naturmedizin. Er unterstützt die Arbeit von Bauchspeicheldrüse, Leber und Verdauungsorganen. Haferflocken, besonders Vollkornhaferflocken, versorgen den Körper mit Eisen und senken den Cholesterinspiegel.

**Zwei auf einen Streich:**
**Ein Erdbeermüsli ist nicht nur gesund,**
**sondern auch ausgesprochen köstlich!**

**Was 1/2 Tasse Haferflocken enthält** Kohlenhydrate: 27 g; Eiweiß: 5,5 g; Fett: 3 g; Kilokalorien: 148

## Hirse

Als »vollkommene Nahrung« wurde Hirse von amerikanischen Ernährungsgurus gepriesen. Bei uns ist das Getreide unterschätzt – dabei ist es für ein Drittel der Menschheit unentbehrliche Energie- und Eiweißquelle. Hirse ist (wie Hafer, Dinkel und Gerste) ein Spelzgetreide und muss geschält werden (s. Rezepte S. 170f.).

**Was Hirse so wertvoll macht** 50 Gramm Hirse decken den Tagesbedarf eines Erwachsenen an Eisen (wichtig für die Blutbildung); sie ist reich an B-Vitaminen, Linol- und Pantothensäure, Fluor (für die Knochen) und Kieselsäure (für schöne Haut und Nägel).

**Was 100 Gramm Hirse enthalten** Kohlenhydrate: 68,8 g; Eiweiß: 9,8 g; Fett: 3,9 g; Kilokalorien: 350

## Joghurt

Gut, wenn man Joghurt mag. Und regelmäßig isst. Besonders die neue Generation der weißen Riesen (LCI, Vifit, Actimel & Co.) verfügt über ein Heer spezieller Milchsäurebakterien, die der Darmflora helfen (s. Rezepte S. 211 und 222).

**Was Joghurt so wertvoll macht** Er ist kalziumreich und liefert den

> Bei uns wird Hirse immer noch unterschätzt. Amerikanische Ernährungsgurus preisen das Getreide als geradezu »vollkommene Nahrung«.

Ein Kernstück der gesamten Ernährung sollte die gute alte Kartoffel sein. Sie ist ein wichtiger Lieferant von Stärke und hochwertigem pflanzlichen Eiweiß.

Muskeln Eiweiß. Sorten, die »unter Verwendung von Lebendkulturen hergestellt« sind, unterstützen und stärken das Immunsystem.

**Was 100 Gramm (fettarmer) Joghurt enthalten** Kohlenhydrate: 15 g; Eiweiß: 6 g; Fett: 1,5 g; Kilokalorien: 50

## Kartoffeln und Süßkartoffeln

Rundum eine tolle Knolle: kalorienarm, nährstoff- und stärkereich – und vielseitig (als Gemüse, Salat, Pell- und Salzkartoffeln). Die meisten Vitamine und Mineralstoffe stecken direkt unter der Schale, also sollte man sie möglichst ungeschält vertilgen. Besondere Gesundheitshits sind Süßkartoffeln (Batate) aus Südamerika (s. Rezepte S. 173, 178, 179, 180, 181, 183, 185 und 199).

**Was Süßkartoffeln so wertvoll macht** Die Süßkartoffel ist der bedeutendste Kohlenhydratlieferant. Bis auf Selen sind fast alle wichtigen Mineralien und Spurenelemente drin, außerdem reichlich Vitamin C.

**Was 1 gebackene Süßkartoffel enthält** Kohlenhydrate: 27,7 g; Eiweiß: 2 g; Fett: 0,1 g; Kilokalorien: 117

### Sind Eier gesund?

Ja. Eier gehören aufgrund ihres hohen Eiweißgehalts zu den biologisch wertvollsten Nahrungsmitteln. Der menschliche Körper kann das Eiweiß von Hühnereiern zu fast 100 Prozent verwerten. Eier sind reich an Vitaminen, Kalzium und Phosphor, allerdings auch an Cholesterin.

Wie viele Eier darf ich essen? Die Empfehlungen gehen auseinander. Manche Experten raten zu maximal drei bis vier Eiern pro Woche. Andere halten das tägliche Ei oder sogar mehr für unbedenklich. Wenn Ihr Cholesterinspiegel nicht erhöht ist und Sie wenig Fleisch und Butter essen, ist das sicherlich kein Problem.

## Kiwis

Dieses sehr Vitamin-C-reiche, süß-säuerliche Früchtchen ist ein idealer Snack für Läufer. Weil sie ursprünglich aus China stammt, wird sie auch chinesische Stachelbeere genannt. Heute sind Kiwis ein Exportschlager aus Neuseeland.

**Was Kiwis so wertvoll macht** Sie werden als wahre Vitaminbomben

**Kiwis stimulieren die Muskeltätigkeit und festigen Gefäße und Bindegewebe.**

geschätzt. Die Kiwi enthält ein Enzym, das den Stoffwechsel in Gang bringt und die Verdauung anregt, außerdem Gerbsäure, die Viren hemmt, und das eiweißspaltende Enzym Actinidin. Im grünen Farbstoff steckt außerdem viel Magnesium.

**Was 1 Kiwi enthält** Kohlenhydrate: 11 g; Eiweiß: 0,8 g; Fett: 0,3 g; Kilokalorien: 46

## Knoblauch

Das zwiebelartige Lauchgewächs enthält eine intensive Mischung von Wirkstoffen. Wofür dieser Stinker, über den man die Nase rümpft, doch alles gut ist: Er bringt die Säfte im ganzen Körper zum Fließen, er verbessert die Durchblutung, beugt Arteriosklerose vor, stärkt Herz und Kreislauf, unterstützt die Gewichtsreduktion und zögert den Alterungsprozess hinaus.

**Was Knoblauch so wertvoll macht** Allizin tötet Bakterien und Pilze und senkt den Cholesterin- und Blutfettspiegel.

**Was 100 Gramm Knoblauch enthalten** Kohlenhydrate: 11,1 g; Eiweiß 4,1 g; Fett: 0,6 g; Kilokalorien: 66

Knoblauch wirkt nicht nur blutdrucksenkend, sondern sorgt als »Rohrputzer« der Blutgefäße auch dafür, dass das Risiko einer Schädigung der Blutgefäße reduziert wird.

## Keimlinge

Wenn aus Samenkörnern Sprösslinge werden, entfalten sie explosionsartig wichtige Vitalstoffe. Gleichzeitig schrumpfen die Kilokalorien auf ein Mini-

**Frische Kresse**
Junge, frische Kresse hat einen sehr hohen Vitamin- und Mineralsalzgehalt. Sie eignet sich besonders gut als Rohkost. Diese Kresse wurde auf ungedüngten Spezialboden unter natürlichen Wachstumsbedingungen kultiviert. Wenn der Nährboden stets feucht gehalten wird, ist die Kresse 10 Tage haltbar. Vor Gebrauch gut waschen. Inhalt biologisch abbaubar.

Natürliches Anti-
biotikum: Kresse
wirkt antibakteriell.

mum. Man kann die urgesunden Keimlinge (z.B. Kresse, Sojasprossen, Weizengras) auch auf der Fensterbank selbst ziehen (s. z.B. Rezept S. 228).

**Was Keimlinge so wertvoll macht** Sie haben einen hohen Vitamingehalt (B, E und C) und enthalten zudem reichlich Mineralien: Magnesium, Kalium, Kalzium, Eisen und lebenswichtige Aminosäuren.

**Was 100 Gramm Sojakeimlinge enthalten** Kohlenhydrate: 5,9 g; Eiweiß: 5,3 g; Fett: 1,2 g; Kilokalorien: 56

## Lachs

Der beliebte Edelfisch kann vielseitig zubereitet werden: gegrillt, gebraten, gedünstet, geräuchert oder gebeizt. Sein Fettanteil ist relativ hoch, aber es sind gesunde mehrfach ungesättigte Fettsäuren, und die fettlöslichen Vitamine A, D und E sind darin gespeichert (s. Rezepte S. 176, 177, 192, 198, 200 und 206).

**Was Lachs so wertvoll macht** 200 Gramm Lachs decken den Tagesbedarf eines Erwachsenen an Vitamin A, B12, D, Niazin und an Omega-3-Fettsäuren, die das Immunsystem stärken, den Blutfluss erhöhen und so die Ausdauerleistung verbessern.

**Was 100 Gramm Lachs enthalten** Kohlenhydrate: 0 g; Eiweiß: 20 g; Fett: 13,6 g; Kilokalorien: 202

## Laugenbrezeln

Fast alle Kleinkinder mümmeln genüsslich an ihnen herum – sie wissen instinktiv, was gut ist. Auch für Läufer sind Laugenbrezeln die beste Alternative zum Brötchen.

**Was Laugenbrezeln so wertvoll macht** Das knusprige Gebäck ist natrium- und kohlenhydratreich, dabei zugleich fettarm.

**Was 1 Laugenbrezel enthält** Kohlenhydrate: 40 g; Eiweiß: 8 g; Fett: 1,2 g; Kilokalorien: 220

## Milch (fettarm)

Die Milch macht's: als Shake, im Müsli oder pur. Milch enthält fast alle Nähr-stoffe, die wir zum Leben brauchen. Ein halber Liter deckt zwei Drittel des Tagesbedarfs an Kalzium. Aber bitte vor dem Training keine Milch trinken – das könnte Seitenstechen verursachen (s. Rezepte S. 173, 178, 182, 183, 185, 187, 194, 197, 222, 224 und 228).

**Was Milch so wertvoll macht** Sie enthält reichlich Eiweiß und vor allem das für Läufer wichtige Kalzium (für Knochenbildung, Muskelbewegung, Ner-venimpulse). Der Milchzucker (Laktose) bringt die Darmbakterien auf Trab und sorgt dafür, dass Kalzium vom Körper besser aufgenommen werden kann.

**Was 1/4 Liter Milch enthält** Kohlenhydrate: 12 g; Eiweiß: 9 g; Fett: 3 g; Kilokalorien: 108

## Mineralwasser

Der natürliche Drink aus der Tiefe ist der ideale Durstlöscher und Treibstoff für den Organismus. Mineralwasser wird vom Körper problemlos aufgenom-men und enthält bei guter Auswahl (achten Sie beim Einkauf auf das Fla-schenetikett) wertvolle Mineralien, die für die einwandfreie Funktionsfähig-keit der Körperzellen notwendig sind.

**Was Mineralwasser so wertvoll macht** Gute Mineralwässer enthalten reichlich Magnesium, Kalzium und Kalium.

**Was 100 Milliliter Mineralwasser enthalten** Die Nährstoffbilanz ist gleich null, aber als Getränk bleibt es unersetzlich (siehe auch Seite 84 und 99): Kohlenhydrate: 0 g; Eiweiß: 0 g; Fett: 0 g; Kilokalorien: 0

Einen sehr geringen Gehalt an Mineralstof-fen hat ein Wasser mit höchstens 50 Milli-gramm pro Liter, einen geringen Gehalt bei höchstens 500 Milli-gramm, einen hohen Gehalt bei mindestens 1500 Milligramm.

## Müsli

Das ideale Läuferfrühstück: schnell zubereitet, mit (fettarmer) Milch oder Joghurt und frischen Früchten. Am gesündesten ist selbst gemachtes Müsli aus vollem geschroteten Korn (mindestens vier Stunden einweichen), ohne Zucker, ohne geschwefelte Trockenfrüchte, ohne behandelte Nüsse (s. Rezept S. 194).

**Was Müsli so wertvoll macht** Das Powerfrühstück ist ballaststoffreich. Langkettige Kohlenhydrate des Vollkorngetreides gehen allmählich ins Blut. So halten sie den Blutzuckerspiegel über einige Zeit konstant, machen satt und liefern Langzeitenergie. Müsli enthält alle Nährstoffe, die wir täglich brauchen. Zusammen mit Milch oder Joghurt ist es eine wertvolle tierisch-pflanzliche Eiweißkombination.

**Was 1 Portion Müsli enthält** Kohlenhydrate: 25 g; Eiweiß: 4 g; Fett: 1 g; Kilokalorien: 80

## Muscheln

Ozeanisches Kraftfutter: Muscheln sind eine konzentrierte kulinarische Eiweißquelle aus dem Meer. In Sud gekocht sind sie sehr fettarm.

**Was Muscheln so wertvoll macht** Sie enthalten eine geballte Portion Eisen (28 Milligramm, mehr als den Tagesbedarf) und reichlich Zink (stärkt das Immunsystem), Selen und Jod, das die Schilddrüsenfunktion und den Stoffwechsel reguliert.

**Was 100 Gramm Muscheln enthalten** Kohlenhydrate: 5 g; Eiweiß: 25 g; Fett: 2 g; Kilokalorien: 146

## Nudeln

Pasta: Kaum ein Lebensmittel kann so einfach vielseitig, schnell und schmackhaft zubereitet werden wie Spaghetti & Co. Grundrohstoffe sind Grieß, Mehl, Wasser, Eier, eventuell natürliche Farbstoffe (z. B. aus Spinat oder Paprika). Für Vollkornnudeln wird Weizenvollkornmehl verwendet, der Ballaststoffgehalt (sechs bis acht Prozent) ist doppelt so hoch wie bei herkömmlichen Nudeln (s. z. B. Rezepte S. 168, 172 und 177).

**Für Läufer ein Muss: die Pastaparty.
Hier werden die Glykogendepots
optimal aufgefüllt.**

**Was Nudeln so wertvoll macht** Sie sind ein Kohlenhydratturbo. Von wegen Dickmacher – Nudeln können in einer fettbewussten Küche energiereiche und leichte Fitmacher sein.

**Was 100 Gramm Nudeln enthalten** Kohlenhydrate: 84 g; Eiweiß: 14 g; Fett: 1 g; Kilokalorien: 360

## Nüsse

Nein, sie sind nicht gerade kalorienarm, aber die enthaltenen Öle sind gesund. Also sollte sich niemand Knabberkerne wie Mandeln, Cashewkerne, Pistazien, Erd-, Wal- oder Haselnüsse verkneifen. Denn sie sind Energie pur – und außerdem Balsam für die Nerven (s. Rezepte S. 194, 216, 219 und 226).

**Was Nüsse so wertvoll macht** Sie enthalten ungesättigte Fettsäuren, Magnesium (ein Schutzschild gegen Stress), Zink, Kalzium, B-Vitamine und Vitamin E.

**Was 100 Gramm geröstete Erdnüsse enthalten** Kohlenhydrate: 13,4 g; Eiweiß: 25,6 g; Fett: 49,4 g; Kilokalorien: 601

## Oliven

Die mediterrane Frucht und das aus Oliven kaltgepresste Öl besteht zu 20 Prozent aus gesättigten und zu 80 Prozent aus einfach ungesättigten Fettsäuren – das sind hochkarätige Inhaltsstoffe. Übrigens: 100 Gramm Oliven

Sie sind zwar nicht gerade kalorienarm, aber dafür sehr gesund: Nüsse sind Energie pur – und Balsam für die Nerven.

haben knapp 200 Kilokalorien, während 100 Gramm Olivenöl 900 Kilokalorien haben.

**Was Oliven so wertvoll macht** Sie sind eine bioaktive Mischung aus kostbaren essenziellen Fettsäuren (die unser Organismus nicht selbst herstellen kann), Folsäure und Vitamin E (kräftigt das Immunsystem, schützt die Zellen). Außerdem enthalten sie viele Mineralien: Kalium, Magnesium, Kalzium, Phosphor, Schwefel und Eisen.

**Was 1 Hand voll Oliven enthält** Kohlenhydrate: 26,7 g; Eiweiß: 1,2 g; Fett: 0,5 g; Kilokalorien: 105

**Mediterrane Köstlichkeit: Oliven sind besonders reich an ungesättigten Fettsäuren.**

## Orangen

Diese allseits beliebte Frucht beugt nicht nur im Winter der lästigen Erkältung vor. Die Südfrucht kurbelt den Zellstoffwechsel an, kräftigt das Bindegewebe, fördert die Blutbildung und vitalisiert. Frisch gepresster Orangensaft ist köstlich – und leicht verdaulich (s. Rezepte S. 224, 226 und 227).

**Was Orangen so wertvoll macht** Eine 180 Gramm schwere Frucht enthält rund 70 Milligramm Vitamin C – drei decken großzügig den Tagesbedarf. Außerdem enthalten sie pro Frucht 50 Milligramm Kalium, reichlich Magnesium und Folsäure (stabilisiert den sauerstoffbindenden Hämoglobinwert) und Selen (stärkt die Abwehr).

**Was 1 Orange enthält** Kohlenhydrate: 15 g; Eiweiß: 1,2 g; Fett: 0,1 g; Kilokalorien: 60

**Achten Sie darauf, dass Sie in Ihrer Küche ausschließlich kaltgepresstes Olivenöl verwenden. Warmgepresstes Öl ist von minderer Qualität.**

## Paprika

Knallrot, grün oder gelb – die knackige Hohlfrucht ist ein Heilgemüse erster Güte. Paprika, regelmäßig und ausreichend verzehrt, kräftigt Herz und Kreislauf, stärkt die Schleimhäute im Körper, festigt das Bindegewebe und wirkt vorbeugend gegen Migräne (s. Rezepte S. 169, 184, 188 und 190).

**Was Paprika so wertvoll macht** Die Pflanzenfarbstoffe und Bioflavone wirken wie ein Antioxidanziencocktail, sie enthalten reichlich Karotene, Provitamin A (für gesunde Augen, Zellvitalität), Vitamin B6 (aktiviert den Eiweißstoffwechsel), Zink und vor allem Vitamin C.

**Was 1 mittelgroße Paprika enthält** Kohlenhydrate: 3 g; Eiweiß: 0,4 g; Fett: 0,1 g; Kilokalorien: 14

## Popcorn

Popcorn ist gesünder als alle anderen Knabbereien, wenn Sie selbst bestimmen, wie es zubereitet wird. Außerdem ist es ein Heidenspaß, Popcorn aus einer speziellen pufffreudigen Maissorte selbst zu produzieren.

**Was Popcorn so wertvoll macht** Mais enthält reichlich Mineralien und als einziges Getreide größere Mengen an Karotin, dem Provitamin A, das seltene Vitamin K und B-Vitamine.

**Was 100 Gramm Popcorn enthalten** Kohlenhydrate: 64,7 g; Eiweiß: 9 g; Fett: 5 g; Kilokalorien: 385

## Rotwein

Gegen den Genuss eines guten Tröpfchens Rotwein ist grundsätzlich nichts zu sagen. Ganz im Gegenteil. Die Heilkräfte des Rebensafts sind wissenschaftlich erwiesen. Doch man sollte dabei beachten: Die Dosis macht's natürlich! Maßvoll getrunken fördert Rotwein die Gesundheit, zu viel ist und bleibt aber schädlich.

**Was Rotwein so wertvoll macht** Die Traubenbestandteile Schale, Stil und Kern enthalten Bioflavonoide, die eine zellschützende Wirkung haben und eine Vielzahl von Mineralien enthalten.

**Was 1/4 Liter trockener Rotwein enthält** Kohlenhydrate: 0,75 g; Eiweiß: 0,5 g; Fett: 0 g; Kilokalorien: 200

Im Handel sind preisgünstige Maschinen zu bekommen, die bei der problemlosen Popcornherstellung völlig ohne Fett arbeiten. Außerdem können Sie selbst entscheiden, ob Sie die Knabberei süß oder lieber pikant genießen wollen.

Und es stimmt doch: Schokolade macht glücklich! In Maßen genossen streichelt sie die Seele und schadet dem Körper nicht.

## Schokolade

Unsinn, wenn Sie sich die schmelzige Stimmungsbombe völlig verkneifen. Ein, zwei Riegel sind okay. Je höher der Kakaoanteil (am besten über 60 Prozent), desto wirkungsvoller die Schokolade – und umso weniger Kalorien liefert sie.

**Was Schokolade so wertvoll macht** Schokolade enthält hochwirksame Stoffe, die sich positiv auf die Psyche auswirken. Zucker hebt wie Bananen und Jogging den Serotonin- und Endorphinspiegel im Blut, beides Nervenbotenstoffe, die für unsere Stimmung verantwortlich sind. Zudem ist ein weiterer Wirkstoff, das so genannnte Phenylethylamin (PEA), enthalten, den das Gehirn freisetzt, wenn wir uns verlieben. Der Genuss von Schokolade wirkt also durchaus belebend.

**Was 1 Tafel Schokolade enthält** Kohlenhydrate: 60 g; Eiweiß: 6 g; Fett: 34 g; Kilokalorien: 540

Kakao schützt das Bindegewebe. Er wirkt bakterizid und antioxidativ, weil er viele Bioflavonoide enthält. Damit Kakao gesundheitsfördernd wirkt, sollte der Anteil in Schokolade mehr als 60 Prozent betragen.

## Spinat

Das Grüngemüse genießt den Ruf einer gesunden Powernahrung – zu Recht. Spinat aktiviert den Kohlenhydratstoffwechsel, unterstützt Muskel- und Herzfunktionen und wirkt beruhigend auf die Nerven. Auch tiefgefroren ist Spinat empfehlenswert, zumal tiefgekühltes Gemüse im Allgemeinen noch einen akzeptablen Vitamingehalt aufweist. Manchmal ist er höher als bei frischem Gemüse, das bei Zimmertemperatur lagert (s. Rezepte S. 173, 180, 183 und 198).

**Was Spinat so wertvoll macht** Er enthält hochwertiges Eiweiß, jede Menge Chlorophyll und Enzyme, zehn Vitamine und 13 Mineralstoffe: beispielsweise hohe Anteile an Biotin (wichtig für die Muskelzellen), Niazin (für Zellenergie, Herz, Schlaf), Magnesium und Mangan. Er ist reich an Vitamin E, Kalzium, Kupfer, Eisen, Kalium (entwässert) und Ballaststoffen (entgiftet, gut gegen Darmträgheit).

**Was 1 Portion Spinat enthält** Kohlenhydrate: 1 g; Eiweiß: 0,8 g; Fett: 0,1 g; Kilokalorien: 6

## Steak

Ja, das legendäre Sportlersteak sollten sich auch Läufer ab und zu einverleiben. Es ist kein absolutes Muss, aber es stellt einen wichtigen Baustein für die Fitness dar. Ebenso hochwertig ist rotes Muskelfleisch, beispielsweise auch in Form von Tatar.

**Was Steak so wertvoll macht** Mageres rotes Fleisch ist Träger der fettlöslichen Vitamine A, D und E, außerdem ist es eine bedeutende Quelle für hochwertiges tierisches Eiweiß und lebensnotwendige Mikronährstoffe, z. B. resorbierbares Eisen (baut die sauerstofftransportierenden roten Blutkörperchen auf).

**Was 100 Gramm Steak enthalten** Kohlenhydrate: 0 g; Eiweiß: 27 g; Fett: 16 g; Kilokalorien: 261

Ab und zu sollten sich Läufer auch das legendäre Sportlersteak einverleiben. Fleisch ist ein wichtiger Baustein für die Fitness.

## Tofu

Tofu ist der japanische Name für Sojamilchquark. Man kann ihn kochen, überbacken, Suppen oder Gemüsepfannen beimengen, marinieren, panieren und wie ein Schnitzel braten (s. Rezepte S. 186 und 189).

**Was Tofu so wertvoll macht** Nicht nur Vegetarier schätzen Tofu als die beste nichtfleischliche Eiweißquelle. Es ist reich an Mineralien (besonders Kalzium, Eisen, Magnesium) und Vitaminen (besonders B-Vitamine).

**Was 100 Gramm Tofu enthalten** Kohlenhydrate: 5,4 g; Eiweiß: 20 g; Fett: 11 g; Kilokalorien: 76

## Tomaten

Wenn Tomaten bei viel Sonne und gutem Boden reifen, tragen sie zu Recht den Namen »Paradiesäpfel«. Sie sind voller antioxidativ wirksamer Vitamine (A, C, E) und B-Vitamine (s. Rezepte S. 179, 183, 189, 192, 203, 204, 206, 212 und 217).

**Was Tomaten so wertvoll macht** Sie enthalten Antikrebswirkstoffe (vor allem Karotin, Lycopin). Ihr Reichtum an organischen Säuren regt die Verdauungssäfte an, ihre Ballaststoffe unterstützen die Darmtätigkeit. Ihre Mineralien sind ein wichtiger Faktor bei der Blutbildung, Kalium senkt den Blutdruck. Außerdem sind Tomaten kalorienarm, sie entwässern, sind also heilsam für Herz und Nieren. Mehr noch: Sie vermehren den Gallenfluss und helfen der Leber bei Reinigungsarbeiten.

**Was 100 Gramm Tomaten enthalten** Kohlenhydrate: 3,0 g; Eiweiß: 1,0 g; Fett: 0,2 g; Kilokalorien: 19

Tatsächlich genossen Tomaten mal keinen besonders guten Ruf: gentechnisch behandeltes »Plastikgemüse« aus Massentreibhäusern, das verdächtigt wurde, Gicht auszulösen oder gar Krebs fördernd zu sein. Zahlreiche Studien beweisen: Das Gegenteil ist richtig.

## Trockenfrüchte

Getrocknete Datteln, Feigen, Aprikosen, Rosinen oder Apfelringe versüßen schon seit Tausenden von Jahren den Speiseplan. Trockenfrüchte enthalten nur noch rund 20 Prozent Wasser (s. Rezepte S. 196 und 224).

**Was Trockenfrüchte so wertvoll macht** Sie enthalten wertvolle Vitamine, Mineralstoffe und Ballaststoffe, die förderlich für die Verdauung sind. Bitter ist immer noch der Zuckeranteil: 60 Prozent. Trotzdem gehören inzwischen auch Bananenchips, Sultaninen, Korinthen und Mangos zur beliebten Naschalternative.

**Was 100 Gramm Trockenfrüchte enthalten** Kohlenhydrate: 26,7 g; Eiweiß: 1,2 g; Fett: 0,5 g; Kilokalorien: 105

## Vollkornbrot

Die Fitmacherstoffe des Getreidekorns sitzen in den Randschichten und im Keim. Weil sie im Vollkornbrot erhalten bleiben, ist das knackige, körnige Kraftpaket allen Produkten aus Weißmehl überlegen. Natursauerteigbrot ist eine Delikatesse (s. z. B. Rezept S. 193).

**Was Vollkornbrot so wertvoll macht** Es ist bester Lieferant für B-Vitamine, den Radikalefänger Vitamin E, Eisen, Zink und Selen, reich an Ballaststoffen und sekundären Pflanzenstoffen. Seine komplexen Kohlenhydrate liefern für längere Zeit Energie.

**Was 1 Scheibe Vollkornbrot enthält** Kohlenhydrate: 19 g; Eiweiß: 2,7 g; Fett: 1,2 g; Kilokalorien: 69

*Wer sich Spitzenleistungen abverlangt, sollte nur das Beste essen – z. B. hochwertiges Vollkorn.*

## Vollkornreis

Weil beim polierten weißen Reis die meisten Inhaltsstoffe entfernt sind, sollten Sie besser auf ungeschälten braunen Reis setzen (s. Rezepte S. 169, 176 und 188).

**Was Vollkornreis so wertvoll macht** Er hat einen hohen Gehalt an Vitamin A, B-Vitaminen und Spurenelementen. Außerdem ist er besonders nährstoffreich und wirkt blutdrucksenkend

**Was 100 Gramm Vollkornreis enthalten** Kohlenhydrate: 75 g; Eiweiß: 10 g; Fett: 2 g; Kilokalorien: 400

*Wer auf bequeme Art ein paar Pfunde loswerden will, sollte sich ein paar Reistage verordnen. Denn Reis sättigt gut, ist leicht verdaulich und wirkt entwässernd.*

# **Trinken** – wie Sie es richtig laufen lassen

Vitamine, Kohlenhydrate, Eiweiß, Fett – für generelle Informationen und spezielle Ernährungsfragen sind die meisten Läuferinnen und Läufer inzwischen sehr aufgeschlossen. Aber die wenigsten tauchen ernsthaft in ein Thema ein, das ebenso wichtig ist für die Leistungsfähigkeit: unser Flüssigkeitshaushalt. Wasser als Lebenselixier.

## **Der Wasserträger für unsere Leistung**

Ohne Wasser läuft nichts im Leben. Wir könnten über 60 Tage ohne Nahrung überleben, aber nur drei Tage ohne Flüssigkeit. Denn ohne Wasser können die Milliarden von Körperzellen nicht mehr die lebenswichtigen Stoffwechselprozesse erledigen. Flüssigkeit ist der Wasserträger für unsere Leistung. Tatsache ist: Fast zwei Drittel unseres Körpers bestehen aus Wasser. Bei Männern ist der Wassergehalt des Körpers übrigens höher als bei Frauen, bei muskulösen Menschen ist er höher als bei Dicken.

Unser täglicher Wasserbedarf hängt davon ab, wie groß und schwer wir sind und unter welchen klimatischen Bedingungen wir leben. Faustregel: Wir brauchen täglich rund 40 Milliliter Wasser pro Kilogramm Körpergewicht. Der Bedarf eines 80 Kilogramm schweren Mannes: 3,2 Liter; der Bedarf einer 50 Kilogramm leichten Frau: 2,0 Liter.

Fest steht: Wenn wir zu wenig trinken oder durch starkes Schwitzen zu viel Flüssigkeit verlieren und diese nicht ersetzen, kann unser Körper sein volles Potenzial einfach nicht ausschöpfen. Unsere Leistungsfähigkeit ist dann erheblich eingeschränkt.

Etwa die Hälfte des Körperwassers sitzt in den Muskeln. Aber auch im Gehirn steckt reichlich Wasser – es besteht zu 75 Prozent aus Flüssigkeit. Ebenso die Leber (70 Prozent) und unser Blut: Es besteht sogar zu 90 Prozent aus Wasser.

## Trinken, bevor der Durst sich meldet

Die meisten Menschen trinken zu wenig: morgens ein, zwei Tassen Kaffee, mittags etwas zum Essen, nachmittags wieder Kaffee und abends Alkohol. Keine gute Bilanz, denn diese Flüssigkeiten bringen dem Körper nicht viel. Im Gegenteil. Kaffee und Alkohol wirken harntreibend. Wussten Sie, dass exzessive Bier- und Kaffeetrinker innerlich regelrecht austrocknen können? Der Körper leidet dann an Wasser- und Mineralstoffmangel.

Die meisten Menschen trinken auch deshalb zu wenig, weil in puncto Durst unser Körpergefühl leider versagt. Das Durstgefühl meldet sich nämlich erst dann, wenn es bereits zu einem Wasserdefizit im Körper gekommen ist.

### *Warum ist Flüssigkeit so wichtig?*

- Wasser ist für die gesunde Funktion von Herz, Kreislauf und Nieren zuständig.

- Wasser ist elementares Kühlmittel für den Stoffwechselmotor und sorgt bei warmem Wetter (als Schweiß) dafür, dass die Betriebstemperatur des Körpers im grünen Bereich bleibt.

- Wasser schmiert die Gelenke und bettet das Gewebe und die Organe ein.

- Wasser löst Nährstoffe auf und transportiert sie über das Blut zu allen Körperzellen und Organen.

- Wasser hilft bei der Müllentsorgung: Es schwemmt die Stoffwechselreste (Kohlendioxid, Milchsäure) aus, die dann über die Nieren durch den Urin ausgeschieden werden. Allerdings müssen diese Abfallprodukte in einer bestimmten Konzentration in Wasser gelöst sein, damit die Nieren sie aussondern können.

## Wie entsteht Durstgefühl?

Die Signalgeber sind bestimmte Rezeptoren, die an den großen Blutbahnen sitzen. Diese Sensoren sollen bei Flüssigkeitsmangel einen Druckabfall im Kreislaufsystem registrieren und dies dem Gehirn melden. Auch im Hypothalamus, einer wichtigen Kontrollstation im Zwischenhirn, sind Rezeptoren für den Wasserhaushalt verantwortlich. Außerdem beteiligen sich auch noch bestimmte Hormone (ADH bzw. Adiuretin) als Durstmelder. Vereinfacht aus-

*Der Organismus kann nur reibungslos funktionieren, wenn der Wasserhaushalt ausgeglichen ist.*

## Folgen von Flüssigkeits-mangel

- Das Blut dickt ein.
- Das Herz muss schneller schlagen.
- Das dickflüssige Blut fließt langsamer.
- Muskeln werden schlecht mit Sauerstoff und Nährstoffen versorgt.
- Der Abtransport von Stoffwechselmüll sowie die Wärme-regulation verschlechtern sich.

gedrückt: Im Durstzentrum Zwischenhirn wird Alarm geschlagen, wenn durch einen Wassermangel der Salzgehalt im Blut und in der Zellflüssigkeit gestiegen und das Blut zu dickflüssig ist. Eine Mangelsituation ist aber nicht sofort und nicht klar erkennbar, sondern ist vielmehr ein fließender Übergang. Anders als das Hungergefühl wird der Durst deshalb erst relativ spät von uns wahrgenommen. Meist zu spät. Trinken Sie also immer schon rechtzeitig, d.h. bevor der Durst sich meldet.

### Was passiert bei Flüssigkeitsmangel?

Wenn wir zu wenig trinken, trocknet der Körper regelrecht aus. Da läuft dann eine fatale Kettenreaktion ab (siehe Kasten oben). Es können Kopfschmerzen und Schwindelgefühle auftreten.

Bereits fünf Prozent weniger Flüssigkeit im Körper machen sich sehr negativ bemerkbar: Die Konzentration und die Koordination, der Antrieb und die Leistung lassen rasant nach. Je mehr Wasser der Körper verliert, umso mehr ist seine Funktionsfähigkeit beeinträchtigt.

*Nehmen Sie zwei Flaschen Mineralwasser mit ins Büro, und trinken Sie jede halbe Stunde ein Glas. Auch, wenn Sie im Moment vielleicht wenig Durst verspüren.*

- Bereits bei zwei Prozent (leichtes Durstgefühl) vermindert sich unsere Ausdauer- und Denkfähigkeit.
- Bei vier Prozent lässt die Kraftleistung deutlich nach.
- Bei sechs Prozent (starkes Durstgefühl) spüren wir Schwäche, Reizbarkeit und Erschöpfung.
- Bei acht Prozent spüren wir Übelkeit, motorische Fähigkeiten sind gestört.
- Bei einem Wasserdefizit von mehr als 10 bis 15 Prozent wird eine Grenze

überschritten, die lebensbedrohend sein kann. Mögliche ernste Anzeichen dafür: Krämpfe, eine geschwollene Zunge, verschleiertes Sehen, empfindungslose Haut, Schwerhörigkeit, die Unfähigkeit zu schlucken, schmerzhaftes Harnlassen, Delirium.

Wenn wir nicht regelmäßig nachtanken, sind bereits die Voraussetzungen für einen Leistungsabfall erfüllt.

Zwei Prozent Flüssigkeitsverlust – bei einer 70 Kilogramm schweren Person sind das 1,4 Liter – ist rasch erreicht. Wenn wir beispielsweise bei Hitze eine Stunde lang trainieren.

Wenn wir nicht nachtanken, sind bereits die Voraussetzungen für einen beginnenden Leistungsabfall erfüllt. Erstes äußeres Anzeichen: Die Herzfrequenz erhöht sich.

## Wie unser Kühlsystem funktioniert

Wenn wir laufen, läuft auch das Körpersystem auf Hochtouren. Dabei entsteht Wärme. Um nicht zu überhitzen, schwitzen wir. Über zwei Millionen Schweißdrüsen haben wir dafür. Schweißperlen sind das Endprodukt eines Kühlsystems, das nach dem Verdunstungsprinzip funktioniert. Bei hartem

### In- und Output von Flüssigkeit

| Was dem Körper pro Tag zugeführt wird | Was der Körper pro Tag abgibt |
|---|---|
| 0,4 Liter Oxidationswasser (entsteht beim Stoffwechsel) | 0,1 Liter über den Stuhlgang<br>0,5 Liter über die Atmung |
| 0,6 Liter durch die Nahrung | 0,4 Liter über die Haut |
| 1,5 Liter durch Getränke | 1,5 Liter über den Urin |
| + rund 2,5 Liter | – rund 2,5 Liter |

## Schweißverluste (ml/h)

| Grad der Anstrengung | Körpergewicht | Bei 10 °C | Bei 15 °C | Bei 20 °C | Bei 25 °C | Bei 30 °C |
|---|---|---|---|---|---|---|
| 70 Prozent | 60 kg | 770 | 770 | 930 | 1095 | 1260 |
| 70 Prozent | 70 kg | 945 | 945 | 1120 | 1295 | 1470 |
| 85 Prozent | 60 kg | 1020 | 1020 | 1195 | 1370 | 1545 |
| 85 Prozent | 70 kg | 1250 | 1250 | 1440 | 1525 | 1815 |

(Quelle: Dr. W. Feil/Dr. T. Wessinghage, Ernährung und Training fürs Leben, 2000)

Training kann der Körper bis zu 20-mal mehr Wärme erzeugen als im Ruhezustand. Schweiß kühlt die Haut und reguliert somit die Körpertemperatur. Männer schwitzen von Natur aus mehr als Frauen.

## Unsere tägliche Wasserbilanz

Schon unter normalen Bedingungen verlieren wir täglich ca. zweieinhalb Liter Flüssigkeit – über Urin, Stuhl, Schweiß und Atmung.

● Trinken Sie also morgens als Erstes ein großes Glas Leitungswasser, Mineralwasser oder Saftschorle.

● Nehmen Sie an heißen Tagen zwei Flaschen Mineralwasser mit ins Büro, trinken Sie jede halbe Stunde ein Glas – auch wenn Sie nicht durstig sind.

● Machen Sie reichliches Wassertrinken zu einer festen Gewohnheit.

## Wie viel Flüssigkeit Läufer ausschwitzen

Je mehr wir wiegen, je mehr wir uns anstrengen und je heißer es ist, desto höher ist auch unser Schweißverlust (siehe Tabelle oben). Aus Untersuchungen und aus Erfahrung wissen wir: Sportler, die mehr trinken, schwitzen weni-

Wie viel wir ausschwitzen, ist abhängig vom Körpergewicht, vom Grad der Belastung und davon, welche Temperaturen beim Training herrschen.

ger – weil ihre Blutgefäße besser gefüllt sind und mehr Wärme abstrahlen. Mithin muss der Körper weniger Wärme durch die Schweißverdunstung abgeben.

## Was tun, um nicht heißzulaufen?

Wenn wir trainieren, besonders, wenn wir einen stundenlangen Lauf oder gar einen Marathon bestreiten, reichen 1,5 Liter Flüssigkeit bei weitem nicht. Bei sehr heißem Wetter kann der Körper mehrere Liter pro Stunde ausschwitzen.

Hitze ist für den Körper eine besondere Herausforderung. Hitze bedeutet Stress. Bei Hitze steigt der Puls um bis zu 15 Schläge pro Minute. Der Körper versucht, durch verstärkte Hautdurchblutung und vermehrte Schweißproduktion überschüssige Wärme abzugeben. Nieren, Leber und die Muskulatur – all das wird jetzt weniger gut durchblutet. Wir bekommen weniger Sauerstoff und übersäuern also schneller. Die Leistungsfähigkeit nimmt ab.

Hinzu kommt: Bei jeder körperlichen Belastung atmen wir häufiger. Mit jedem Atemzug wird also auch vermehrt Wasser über die Lunge abgegeben (diese Flüssigkeitsfahne lässt sich bei kalter Witterung besonders deutlich beobachten.)

**Bei längeren Läufen: den Flüssigkeitsverlust während des Laufens ausgleichen.**

## Wann ist der Wasserhaushalt ausgeglichen?

Noch einmal: Verlassen Sie sich nicht auf Ihr Durstgefühl. Es signalisiert nicht zuverlässig, ob die Flüssigkeitsbilanz stimmt. Allerdings: Sie können es sehen. Und zwar an der Farbe und der Menge Ihres Urins. Diese Selbstbeobachtung ist eine zuverlässige Wasserstandsmeldung. Ein weiteres Merkmal: Wenn Sie etwas trinken und es »fließt« nach kurzer Zeit wieder raus, dann sind Sie auch gut hydriert.

Normal ist, wenn Sie am Tag bis zu fünfmal müssen. Wenn Sie wenig Urin produzieren, heißt das: Sie haben zu sparsam getrunken. In der Regel ist unser

*Verlassen Sie sich nicht auf Ihr Durstgefühl. Denn es signalisiert leider nicht zuverlässig, ob die Flüssigkeitsbilanz wirklich stimmt.*

Urin strohgelb. Dunkler Urin ist immer ein Hinweis auf eine (zu) hohe Konzentration von Stoffwechselendprodukten und hoher Vitaminausscheidung aus Tabletten. Das bedeutet: Auch in diesem Fall hat der Körper zu wenig Flüssigkeit, und Sie sollten mehr trinken!

Sie können eventuell zu hohen Wasserverlust auch leicht auf der Waage feststellen. Vor und nach einer harten Trainingseinheit sollten Sie sich wiegen. Für jedes Pfund weniger sollten Sie einen halben Liter Flüssigkeit nachfüllen.

> Saftschorlen löschen nicht nur den Durst, sie enthalten auch wichtige Mineralstoffe. Apfelsaft z. B. liefert Kalium für Muskeln und Nerven.

## Was tun, wenn ich dehydriert bin?

Der Fachausdruck für erhöhten Flüssigkeitsverlust lautet Dehydration. Dieser Wassernotstand mindert die Leistung erheblich. Klar, besonders im Sommer oder in trockenerer Bergluft laufen wir Gefahr zu dehydrieren. Aber Dehydration ist kein Schönwetterphänomen. Dehydration ist immer ein Zeichen dafür, dass wir schludrig mit dem Lebenselixier Flüssigkeit umgegangen sind. Das Defizit zeigt sich so: Schwindelgefühl, Schwäche, Krämpfe, Schüttelfrost, Brechreiz.

● Wenn Sie erste Anzeichen bemerken, stoppen Sie Ihren Lauf!

● Suchen Sie sich sofort ein schattiges Plätzchen.

● Setzen Sie sich hin. Trinken Sie erst mal reichlich!

● Wenn möglich, vermeiden Sie eiskalte Getränke. Die bekömmlichste Trinktemperatur: 10 bis 15 °C.

### Allgemeine Trinktipps für Läufer

- Trinken Sie vor dem Training bis zu einen halben Liter.
- Trinken Sie lieber kleine Schlucke als zu viel auf einmal und zu hastig.
- Wenn Sie länger als eine Stunde laufen oder wenn es heiß ist: Tanken Sie nach. Nehmen Sie eine Trinkflasche am Gürtel mit, oder deponieren Sie unterwegs Ihr Getränk. Oder nehmen Sie Trink-Geld mit.
- Wichtig ist ein hoher Natriumanteil im Getränk (400 Milligramm pro Liter, also rund ein Gramm Kochsalz).
- Füllen Sie nach dem Training den Flüssigkeitsverlust wieder auf.
- Kühlen Sie sich mit Wasser über den Kopf – Sie sparen dadurch einen Teil der Schweißproduktion.

# Welche Getränke?

Nicht allein die Trinkmenge macht's. Reichlich trinken ist wichtig, aber es muss auch das Richtige sein. Bei Belastungen bis zu einer Stunde reicht es aus, wenn Sie den Wasserverlust durch Leitungs- oder Mineralwasser ausgleichen. Die bessere Alternative wären Apfelsaft- oder Traubensaftschorlen. Mischen Sie eine Schorle aus einem Teil Saft und rund zwei Teilen Mineralwasser. Geben Sie außerdem noch eine Messerspitze Jodsalz dazu.

## Die Rolle von Mineralien & Spurenelementen

Wie gesagt: Bei einem einstündigen Trainingslauf verlieren wir rund einein-halb Liter Schweiß. Mit dem Schweiß werden auch wichtige Mineralstoffe (Natrium, Kalium, Kalzium und Magnesium) und Spurenelemente (Elektro-lyte) ausgeschieden. Mineralien und Spurenelemente sind – ähnlich wie Vit-amine – unverzichtbare Substanzen. Sie sind für den Stoffwechsel lebensnot-wendig, weil sie an fast allen Stoffwechselvorgängen beteiligt sind. Sie können im Körper nicht produziert werden. Doch jede Körperzelle ist auf bestimmte Mineralstoffe angewiesen.

## Natriummangel und die Folgen

Wenn wir schwitzen, verlieren wir mengenmäßig am meisten von dem wichti-gen Mineralstoff Natrium. Ein Liter Schweiß enthält rund ein Gramm Natrium. Bei ungewohnt langen Belastungen (Marathon, Ultralanglauf) und bei großer Hitze kann es im Körper zu einem Natriummangel (Hyponatrium-ämie) kommen. Die Anzeichen dafür: steife Muskeln, starker Harndrang, Übelkeit, Muskelkrämpfe.

Wenn Sie beim Laufen von Muskelkrämpfen geplagt werden, lassen sich die nur mit Wasser und Natrium beheben, nicht aber etwa mit Magnesium, wie manche immer noch meinen.

Übrigens: Wir spre-chen von Mineralien, wenn der tägliche Bedarf über 100 Milli-gramm liegt. Wenn er unter 100 Milligramm liegt, sprechen wir von Spurenelementen.

## Empfehlenswerte Getränke

- Früchte- und Kräutertees
- Grüner Tee (ist antioxidativ wirksam)
- Gemüsesäfte und Fruchtsäfte. Achten Sie auf die Qualität (naturrein, ohne Zuckerzusatz); so genannte Fruchtsaftgetränke oder Nektare sind viel zu zuckerhaltig.
- Fettarme Milch. Wer Milch mag, versorgt sich gut mit Kalzium. Allerdings ist Milch kein wirklicher Durstlöscher.

Wer während einer Belastung Magnesium einnimmt, tut sich nichts Gutes – es kann Magenkrämpfe und Durchfall verursachen. Allerdings ist magnesiumreiche Kost nach einem Wettkampf durchaus sinnvoll. Magnesiumsubstitution sollte prinzipiell immer langfristig (also über mehrere Wochen hinweg) laufen. Nur so ist gewährleistet, dass sich die Muskulatur auf einen höheren Magnesiumspiegel einstellt.

## Was ist wichtig bei Mineralwasser?

Mineralwasser muss einen gleichbleibenden Mineralgehalt haben und aus einem einzigen unterirdischen Vorkommen stammen, frei von Bakterien und chemischer Verunreinigung. Der Mineralstoffgehalt muss auf dem Etikett ausgewiesen sein. Laut Statistik trinkt jeder Mensch in Deutschland über 100 Liter Mineralwasser pro Jahr. Man kann, wenn man durstig ist, ganz beruhigt Wasser aus der Leitung trinken. Die Qualität ist hierzulande gut bis sehr gut. Natürliches Mineralwasser enthält im Allgemeinen allerdings deutlich mehr gelöste Mineralsalze. Wählen Sie am besten ein Mineralwasser, das reich an Magnesium ist (möglichst über 100 Milligramm pro Liter). Im günstigsten Fall sollte es zudem doppelt so viel Kalzium enthalten.

Die liebe Statistik: Im Mittel trinkt der Deutsche pro Jahr 140 Liter Bier, 18 Liter Wein, 89 Liter Erfrischungsgetränke, 170 Liter Kaffee und 21 Liter Tee.

## Durstlöscher Limonade?

Limonade und Colagetränke sind eigentlich flüssige Süßigkeiten. Für den ersten Durst sind diese Brausen jedenfalls nicht empfehlenswert. Denn Limonaden enthalten sehr viel Zucker, aber kaum Mineralien.

Studien haben gezeigt, dass eine hohe Kohlenhydratkonzentration (über acht Prozent) die Magenentleerungsgeschwindigkeit, also die Flüssigkeitsabgabe, hemmt. Kennen Sie sicher, wie sich das unangenehm im Magen bemerkbar macht: Es schwappt. Tatsächlich vergrößern die vermeintlichen Durstlöscher Limo und Colagetränke nur die Gefahr einer Dehydration. Denn der Körper scheidet bei diesen Getränken mehr Flüssigkeit aus, als ihm zugeführt wird.

*Warten Sie nach dem Laufen eine, besser zwei Stunden, ehe Sie ein Bier zischen. Denn die Leber ist nach der körperlichen Anstrengung ohnehin schon gestresst.*

## Wie schädlich ist ein kühles Bier?

Mit einem Bier (auch mit einem Weizenbier) als Erfrischung sollten Sie nach dem Laufen besser zwei Stunden warten. Warum? Weil gerade die Leber nach der körperlichen Anstrengung schon gestresst genug ist. Das Glykogendepot der Leber ist geleert, Sie sollten es besonders nach einem langen, harten Lauf zunächst wieder auffüllen.

Fest steht: Jede Art von Alkohol fordert die ohnehin strapazierte Leber. Beim Bier stammen über 60 Prozent der Kalorien vom Äthanol, beim Wein sogar 84 Prozent. Äthanol ist nicht nur eine leere Kalorienquelle, sondern ein Stoffwechselgift, das bereits im Magen schnell resorbiert wird. Außerdem fördert Alkohol bekanntlich die Entwässerung. Der Körper verliert also zusätzlich wertvolle Flüssigkeit (und Mineralien), statt sie zu ersetzen. Allerdings: In geringen Mengen (ein Viertel Wein, ein halber Liter Bier täglich) kann Alkohol durchaus gesund sein – das wurde mittlerweile in vielen Studien nachgewiesen.

### Trinkempfehlung für Läufer

| Dauer | Getränk |
|---|---|
| Bis 45 Min. | Nach der Belastung: Mineralwasser und Saftschorle |
| 45 bis 120 Min. | Während der Belastung: isotone Getränke, danach Mineralwasser und Saftschorle |
| Über 120 Min. | Während der Belastung: hypotone Elektrolytgetränke, danach: Mineralwasser und Saftschorle |

## Was bringen Energydrinks?

Verleihen die modischen Energydrinks wirklich Flügel? Kurzfristig ja. Aber Energydrinks sind keinesfalls Sportgetränke. Herkömmliche Energiegetränke (Red Bull, Flying Horse & Co.) enthalten keine günstige Zusammensetzung von Mineralstoffen, aber dafür Kohlenhydrate, reichlich Koffein und vor allem eine beträchtliche Menge der Aminosäure Taurin. Dieser aufputschende Eiweißstoff soll der Hirnanhangsdrüse helfen, Hormone (vor allem das Wachstumshormon HGH) auf den Weg zu bringen. Stimmt, Koffein (nicht Taurin) peppt zunächst auf. Außerdem mischt Taurin im Gallensäurestoffwechsel mit. Die Säure spielt bei der Fettverdauung eine entscheidende Rolle.

Langfristig bringen Energydrinks aber keine Energie. Denn die Nebenwirkung von Koffein ist ja bekannt: Es regt die Nieren zu erhöter Wasserausscheidung an. Alle koffeinhaltigen Getränke sind also wenig geeignet, wenn Ausdauerleistungen erbracht werden sollen.

## Wie viel Kaffee ist gut für mich?

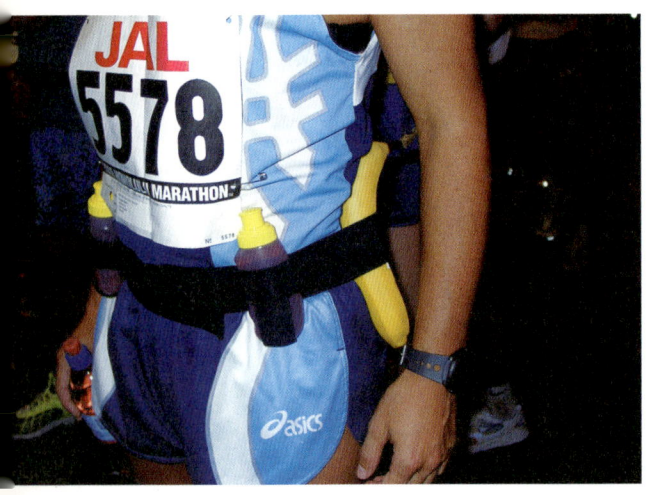

Kaffee ist so beliebt, weil er munter macht. Tatsächlich vertreibt er Schläfrigkeit, regt die Gehirntätigkeit an und hilft über Leistungstiefs hinweg. Koffein wirkt über das zentrale Nervensystem und stimuliert den Herzmuskel zu stärkerer Pumpleistung: Die Nebennieren schütten vermehrt das Hormon Nor-

**Food-Gurt und praktisches Trinksystem in einem: So bleiben Sie während langer Läufe optimal versorgt.**

adrenalin aus. Der Blutdruck erhöht sich leicht. Der gesamte Stoffwechsel nimmt Fahrt auf, die Organe werden besser durchblutet. Die Bronchien dehnen sich aus, die Atmung beschleunigt sich. Auch die Nierentätigkeit nimmt zu – die Harnausscheidung wird angeregt.

**Wie viel ist zu viel?** Leider lässt sich nicht allgemein beantworten, wie viel Kaffee wir bedenkenlos genießen dürfen. Manche vertragen überhaupt keinen Kaffee, weil sie sonst an Herzrasen,

| Ideale Getränkzusammensetzung | |
|---|---|
| Inhaltsstoff | Pro 0,1 Liter |
| Kohlenhydrate (Maltodextrin, Glukose, Saccharose) | 2,5–10 g |
| Natrium | 3,3–4,5 mg |
| Magnesium | rund 2,5 mg |
| Kalzium | rund 8 mg |
| Kalium | rund 1,15 mg |

Nervosität, Kopfschmerzen oder Schlaflosigkeit leiden. Andere gönnen sich schon morgens fünf, sechs Tassen. Jeder muss seine eigene Toleranzschwelle herausfinden. Allerdings: Sie sollten Ihren Kaffeekonsum möglichst auf zwei bis vier Tassen täglich beschränken. Auch, um eine Übersäuerung des Körpers zu vermeiden. Denn Kaffee ist ein Basenräuber. Und: Kaffee dehydriert, d. h., er regt die Wasserausscheidung an. Trinken Sie daher möglichst zu jeder Tasse Kaffee auch ein Glas Wasser.

## Welches Getränk fördert die Ausdauer?

Wer seinen Körper intensiv belastet, wer also beispielsweise einen Über-zwei-Stunden-Trainingslauf oder einen Marathon absolviert, sollte auf getunte Sportgetränke zurückgreifen. Sie sollen schnell durch den Magen gehen und gut verträglich sein. Wichtig ist, dass die Glykogenerschöpfung hinausgezögert wird und die Natriumkonzentration im Blut stabil bleibt. Empfehlenswert wäre eine Zusammensetzung des Getränks, wie Sie sie aus der Tabelle oben ersehen können.

Kaffee ist für Läufer unbedenklich. Es kommt allerdings auf die Menge an. Beschränken Sie Ihren Konsum auf täglich zwei bis vier Tassen.

# Top oder Flop? Nahrungsergänzung

Ist unsere Ernährung nicht mehr komplett? Hat sich Mutter Natur geirrt? Stellen einige Jahrzehnte Lebensmittelforschung Jahrmillionen Evolution von Ernährungsweisen infrage? Die einen vertreten die Natur als Apotheke und reisen ins Trainingslager mit Körnermühle und Keimlingszuchtgerät. Die anderen gehen auf Nummer sicher und haben eine bunte Palette von Mineralstoffen, Spurenelementen, Vitaminen, Aminosäuren, Kreatin und mehr dabei. Sie schlucken gezielt oder vorsichtshalber Nahrungsergänzungsmittel, um der Natur auf die Sprünge zu helfen.

Was bringen diese kleinen Helferlein vom harmlosen Multivitaminpräparat bis zum blutbildenden Hormon Erythropoetin Epo und »Gorillasaft« im Fitness- und Leistungssport wirklich?

## Powern um jeden Preis?

Die Übergänge von Substitution zum Doping sind nicht nur im Sport fließend. Wenn die Tasse Kaffee nicht mehr reicht, werfen nicht wenige stressgeplagte Manager schnell mal ein Aufputschmittel ein. Immerhin soll nach einer Studie von Lübecker Ärzten jeder vierte in Fitnessstudios trainierende männliche Freizeitsportler beim Traum vom omnipotenten Supermann oder von der ewigen Jugend auf illegale anabole Steroide oder andere magische Muskelpillen zurückgreifen. Eine finnische Studie bescheinigt Anabolikasündern eine erhöhte Sterblichkeit. Rund 200 000 Sportler sollen in Deutschland Hormonpräparate schlucken. Auch bei Marathonläufen förderten Stichproben selbst bei Breitensportlern Aspirin bis Testosteron zu Tage.

## Geschluckt wurde schon immer

Schon die Sagenhaften der nordischen Mythologie sollen mit Fliegenpilzextrakten ihre Kampfkraft gesteigert haben, und zu Anfang des Jahrhunderts

schluckten Sprinter zur Leistungsexplosion Nitroglyzerin. Boxer lösten Strychnin und Kokain in Schnaps auf.

Viele schadeten sich auf der Suche nach Hilfe von außen mehr, als es nutzte – teilweise mit Todesfolge. 1868 fällt der Engländer Linton beim Rennen Paris–Bordeaux tot vom Rad. Rund 100 Jahre später führt während der Tour de France der Tod seines Landsmanns Tom Simpson am Mont Ventoux zu ersten ernsthaften Antidoping-Richtlinien. Bei den Olympischen Spielen 1968 gab es die ersten Dopingkontrollen.

## Im Vorfeld des Dopingsumpfs

Nahrungsergänzungsmittel – dazu gehören Vitamin- und Mineralstoffpräparate oder Kreatin – unterliegen im Gegensatz zu Arzneimitteln keiner staatlichen Kontrolle. Es gibt keine Melde- oder Registrierpflicht. Die Hersteller müssen weder Wirksamkeit noch Unbedenklichkeit nachweisen. Die Bezugsquellen sind Supermarkt, Fitnesscenter oder Internet. Bei illegalen Mitteln wie Anabolika kursieren »Schwarze Bibeln«. Sportler oder dubiose Berater aus dem halbwissenschaftlichen Umfeld geben den Ton an und die Mittelchen weiter. Am Schwarzmarkt besteht die Gefahr der Überdosierung und Verunreinigung mit toxischen Nebenwirkungen. In jüngster Zeit zeigte sich, dass selbst Nahrungsergänzungsmittel wie Kreatin in Spuren undeklarierte Anabolika wie Nandrolon enthalten, was zu Dopingsperren bis hin zur Aberkennung von Olympiasiegen geführt hat. Kreatin und koffeinhaltiges Guarana können als Einstiegsdrogen zum Doping gelten.

## Der Schluckspecht als Vorbild?

Pseudowissenschaftliche Artikel und häufig von den geschäftstüchtigen Herstellern selbst finanzierte zweifelhafte Studien, Anzeigen in Sport- und Freizeitmagazinen sowie die bezahlten Aussagen und Sponsorenaufdrucke vieler

**Auch eine Orange ist mehr als die Summe ihrer Bestandteile. Greifen Sie lieber zur echten Frucht, und verzichten Sie auf die Pille!**

Soll die Frage von Nachwuchsathleten lauten: »Was soll ich trainieren?« oder: »Was soll ich schlucken«?

erfolgreicher Sportler erwecken oft den Anschein, als ob eine Apotheke von Antioxidanzien, Blütenpollen, Gelée royale, Koenzym Q10, Karnitin, Taurin, Guarana, Melatonin, Kolostrum, Kreatin, »Iso-Power-Sonstwas« und anderen aufbauenden Präparaten unbedingt zur Grundernährung des erfolgreichen Athleten gehört. Auch das schürt in gewissem Umfang eine unterschwellige Dopingmentalität bzw. -bereitschaft.

Dopingskandale wie im Radsport oder zuletzt im Skilanglauf um Johann Mühlegg bei den Olympischen Spielen 2002 in Salt Lake City, aber auch zunehmend beim Langstreckenlauf erwecken den Eindruck: Spitzensport ist Spritzensport! Nicht zuletzt auch eine fatale »Vorbildfunktion« für Freizeit- und Jugendsportler.

> Substanzen wie Karnitin oder Koenzym Q10 produziert der Körper selbst und nimmt sie mit Milch und Fleisch auf. Ein Versorgungsengpass kommt im Normalfall gar nicht vor.

## Der Isodrink macht noch keinen Sportler

Vitamin- und Mineralstoffgaben nutzen immer nur dann, wenn wirklich ein Mangel vorhanden ist. Je schlechter die Grundernährung, desto eher wird eine Substitution tatsächlich etwas bringen.

Besser wäre es aber, die Ernährung zu optimieren, also die Ursachen für einen Mangel zu bekämpfen. Eine Gabe über den Bedarf hinaus geht nämlich in die Toilette, belastet Stoffwechsel und Geldbeutel.

Außerdem: Aus natürlichen Lebensmitteln werden die Vitamine und Mineralien durch gleichzeitig auftretende, aber künstlich schwer herzustellende Kofaktoren in der Regel viel effizienter aufgenommen.

## Pro und kontra Nahrungsmittelergänzung

Eine latente Pillenschluckermentalität ist weit verbreitet. Sie reicht vom Appetitzügler über Abführmittel bei Verstopfung bis zum Säurepuffer bei Sodbrennen. Meist werden nur Symptome bekämpft, aber nicht die Ursachen. Eine schwierige Frage: Soll ich oder soll ich nicht zu Ergänzungsmitteln greifen?

**Pro**

● Nahrungsergänzungsmittel sind kein Doping und somit kein Problem.

● Die Böden bei uns sind ausgelaugt, der Nährwert der Lebensmittel durch Lagerung und Zubereitung mangelhaft.

● Es ist kaum möglich, mit einer normalen Ernährung die notwendigen essenziellen Nährstoffe aufzunehmen.

● Beim Sport reicht es nicht, nur einen Mangel auszugleichen, sondern zur optimalen Funktion sind viel höhere Dosierungen anzusetzen.

● Ohne Substitution entstehen im Körper beim Sport hochreaktive Zwischenprodukte (Radikale), die Folgen wie Zellschäden und langsamere Regeneration bis hin zu Krebserkrankungen und vorzeitiges Altern haben können.

**Kontra**

● Der Mensch ist seinem biologischen Erbe nach auf Bewegung eingestellt. Die notwendige Zufuhr an Nährstoffen kann im Breiten- und auch fast immer im Spitzensport mit einer vollwertigen Ernährung gedeckt werden.

● Die industrieunabhängigen Nährstoffempfehlungen der Deutschen Gesellschaft für Ernährung enthalten Sicherheitsaufschläge und berücksichtigen auch Verluste bei Lagerung, Aufnahme und Zubereitung von Lebensmitteln.

● Das von der Pharmaindustrie immer wieder vorgebrachte Argument der ausgelaugten Böden bei uns zieht nicht, denn nie war die Obst- und Gemüseversorgung internationaler als heute.

● Es können bei hohen Dosierungen einzelner Substanzen und insbesondere bei Polymedikationen (Präparatecocktails) durch Wechselwirkungen schädigende Nebenwirkungen bis hin zum Tod auftreten.

● Der Körper verlernt bei Substitution eine effiziente Eigenproduktion und Aufnahme, man wird abhängig von den jeweiligen Präparaten.

● Wer mit Substitution (Softdoping) oder gar Doping beginnt, gibt vorzeitig eine persönliche Bankrotterklärung ab: »Ich allein kann das nicht mehr.«

> Der Glaube versetzt Berge: Viele »Wirkungen« der Substitution beruhen auf reinen Plazeboeffekten, wie in zahlreichen gründlich durchgeführten Studien aufgezeigt werden konnte.

● Nach einer im Auftrag des IOC durchgeführten und 2002 veröffentlichten Studie hätte die Einnahme von 634 in 13 Ländern untersuchten Nahrungsergänzungsmitteln (z. B. Kreatin) bei 15 Prozent zu einem positiven Dopingtest geführt. Es wurden undeklarierte Substanzen wie Testosteron und Nandrolon gefunden. Auch in Deutschland waren zwölf Prozent der Präparate, in den Niederlanden sogar 26 Prozent verunreinigt.

● Der Körper schützt sich bei sorgfältigem Trainingsaufbau durch eigene sich mitentwickelnde und schützende Enzymsysteme effizient vor hochreaktiven und gefährlichen Radikalen.

● Supplemente gaukeln nur eine Scheinvollständigkeit vor, denn in natürlichen Lebensmitteln ist eine noch bei weitem nicht erforschte Vielfalt von sekundären Pflanzenstoffen enthalten. Die Kenntnis über die Wechselwirkungen der Stoffe untereinander steckt noch in den Kinderschuhen.

● Substitution ist ein kostspieliges Geschäft mit der Angst vor Mangelerscheinungen, vor körperlichen oder seelischen Missständen. Diese Angst wird von den Pillenproduzenten und -vertreibern geschürt – für deren eigenen Profit natürlich. Geboten wird alles, was verlockend klingt: von der ewigen Jugend bis zur Glückseligkeit durch Happyhormone.

> Substitution ist eine heikle Sache. Der Körper verlernt eine effiziente Eigenproduktion und Aufnahme, man wird abhängig von den jeweiligen Präparaten.

## Kleines Abc der Hilfsmittelchen

### Aminosäuren (AS)

**Versprochene Wirkung** Bausteine für Muskelaufbau, schnellere Regeneration, Alternative zu Anabolika, verhindern Muskelabbau, regen körpereigene Wachstumshormone an

**Kommentar** Zu hoch dosiert (über sechs Gramm täglich) belasten sie Nieren und führen zu Magen-Darm-Problemen und Durchfall. Überschüssige Aminosäuren werden in Fett umgebaut. Verzweigtkettige Aminosäuren (Leuzin,

Isoleuzin, Valin) können Muskelabbau verhindern, werden aber besser besonders mit Käse und Fleisch aufgenommen. Glutamin fördert die Muskel- und Glykogenbildung, es findet sich aber billiger im Milch-, Weizen- und Sojaeiweiß. Bei vollwertiger Ernährung mit Fleisch, Fisch, Milchprodukten, Eiern und Hülsenfrüchten kommt eine Unterversorgung mit Aminosäuren normalerweise nicht vor.

## Bienenpollen

**Versprochene Wirkung** Steigerung der Leistungsfähigkeit und schnellere Regeneration

**Kommentar** Als natürliches Wundermittel der »fleißigen Bienchen« gepriesen, enthält Pollen zahlreiche Vitamine, Aminosäuren und Mineralien. Aber in seriösen Untersuchungen konnte kein leistungssteigernder Effekt auf Ausdauer oder Regeneration nachgewiesen werden. Dazu kommt das Allergierisiko.

Aspirin wird neben seinem schmerzstillenden Effekt auch als »Blutverdünner« empfohlen. Das kann aber die Wasseraufnahme im Wettkampf nicht ersetzen und auch zu Nierenversagen führen.

Bienenpollen verleihen Flügel? Ihnen leider nicht – ein leistungssteigernder Effekt konnte bislang nicht nachgewiesen werden.

Wenn regelmäßig Fisch auf Ihrem Speiseplan steht, brauchen Sie sich über einen
Chrommangel keine Gedanken zu machen.

## Chrom

**Versprochene Wirkung** Stimuliert Fettabbau, Glykogenaufbau und Aminosäureeinlagerung

**Kommentar** Ein Muskelaufbau konnte nicht nachgewiesen werden. Zwar ist Chrom ein wichtiger Kofaktor im Kohlenhydratstoffwechsel, aber bei vollwertiger Ernährung (Käse, Pilze, Fisch, Vollkornprodukte u. a.) ist kein Mangel vorhanden.

## CLA – konjugierte Linolsäure

**Versprochene Wirkung** Antikanzerogen, baut Fett ab, Stressabbau

**Kommentar** CLA kann den Muskelabbau bremsen und Körperfett reduzieren. Ein Gramm pro Tag wird empfohlen, was aber auch über Milchprodukte wie Käse, Joghurt, Butter, aber auch Fleisch, Mais- und Leinsamenöl sehr gut möglich ist.

Elektrolytgetränke sind vor allem praktisch. Zu hoch dosiert können sie jedoch Durchfall auslösen. Eine Fruchtsaftschorle ist oft besser geeignet.

## Elektrolytgetränke

**Versprochene Wirkung** Verhinderung von Krämpfen, allgemeine Leistungsverbesserung

**Kommentar** Kohlenhydratdrinks mit Mineralien können zum Mitnehmen praktisch sein und werden während vieler Wettkämpfe angeboten. Sie sind

ganz unterschiedlich, oft sehr unvollständig zusammengesetzt und meist zu hoch dosiert, was zu Durchfall führen kann. Achten Sie darauf, dass der Kohlenhydratgehalt sieben Prozent nicht übersteigt und dass auch Kochsalz (ein Gramm pro Liter) enthalten ist. Eine gute Fruchtsaftschorle ist oft besser.

## Koffein, Guarana

**Versprochene Wirkung** Soll die Fettverbrennung deutlich ankurbeln, Aufputschmittel

**Kommentar** Getränke wie Kaffee, Tee und Cola, Schokolade und das Aufputschmittel Guarana enthalten Koffein. Diese legale Droge steht auf der Dopingliste (ca. fünf bis sechs Tassen Kaffee in zwei bis drei Stunden konsumiert reichen bereits für einen positiven Test aus). Eine Tasse Kaffee enthält 100 bis 150, Tee 20 bis 50, ein Glas Cola 35 bis 55 Milligramm Koffein. Es stimuliert Nervensystem und Adrenalinfreisetzung (um 200 Milligramm eher stimulierend, ab 400 Milligramm wird man eher nervös). Fettsäuren werden zwar mobilisiert, aber nur bei Bewegung vermehrt verheizt, nicht aber im Sitzen. Bei Langstrecklern hebt Koffein die Stimmung und macht wach. Daher werden Colabeimischungen im Wettkampfgetränk in der zweiten Hälfte eines Marathons eingesetzt. Als Alltagsgetränk nur in Maßen genießen! Koffein wirkt harntreibend, was einen Wasser- und Mineralverlust bedeutet.

> Koffein wirkt harntreibend. Das bedeutet nicht nur Wasserverlust, Sie verlieren auch wichtige Mineralien.

## Kreatin

**Versprochene Wirkung** Steigert Kraft, Schnellkraft und Muskelaufbau, beschleunigt Erholung bei intensivem Training, Maximalkraftsteigerung

**Kommentar** Kreatin kann der Körper selbst herstellen und nimmt es zudem aus Fisch und Fleisch auf. Es dient zum Aufbau von ATP und den kurzzeitigen Kreatinphosphatspeichern, die für Sprinter und Kraftsportler entscheidend sind. Hier kann eine Substitution etwas bringen. Im Ausdauersport ist sie wenig sinnvoll. Sie kann zu Nierenschäden, Muskelverhärtungen und somit zu gesteigerter Verletzungsanfälligkeit führen. Durch künstliche Zufuhr geht die körpereigene Produktion über Wochen zurück. Kreatinpräparate selbst stehen nicht auf der Dopingliste, enthielten in der Vergangenheit aber häufig Verunreinigungen (Anabolika), was zu Dopingsperren führte. Langfristige gesundheitliche Nebenwirkungen sind noch nicht geklärt. Ob Kreatin auf die Dopingliste soll, ist heftig umstritten.

## L-Karnitin

**Versprochene Wirkung** Steigert Fettverbrennung und Ausdauerleistung, empfohlen zum Abnehmen

**Kommentar** Karnitin wird vom Körper selbst produziert und über tierische Quellen wie (Lamm-)Fleisch, Fisch und Milch aufgenommen. Es schleust Fettsäuren in die Mitochondrien. Ein Mangel kommt, wenn überhaupt, höchstens bei Veganern vor. Es ist nicht nachgewiesen, dass Karnitinmangel zu einem Engpass im Fettstoffwechsel führen kann. Überdosierungen führen zu Durchfall und Wasserverlust über den Schweiß.

## Magnesium

**Versprochene Wirkung** Verhinderung von Krämpfen

**Kommentar** Dass Magnesium Krämpfe verhindert, ist ein weit verbreitetes Märchen. Hauptursache für Krämpfe sind vielmehr Wasser- und Kochsalzmangel (durch Schweißverluste und Wettkampfgetränke ohne Kochsalz), mangelnde Dehnungsübungen und schlichtweg die Leistungsgrenze der Muskulatur. Magnesiumgaben kurz vor oder während des Sports werden ohnehin nicht mehr aufgenommen und führen zu Durchfall. Nächtliche Wadenkrämpfe sind ein Indiz für »echten« Magnesiummangel. Magnesium ist in den meisten vollwertigen Lebensmitteln in ausreichender Menge enthalten.

> Für viele Präparate gilt: Investieren Sie lieber in ein Paar gute Laufschuhe.

### Powerriegel

**Versprochene Wirkung** Lieferung von Energie

**Kommentar** Sie können ernährungsphysiologisch Studentenfutter, Trockenfrüchte oder Bananen nicht ersetzen, sind aber zum Mitnehmen praktisch konfektioniert.

### Protein

**Versprochene Wirkung** Kraft- und Muskelaufbau

**Kommentar** Für Ausdauersportler weniger interessant als für Kraftsportler. Bei höherem Eiweißkonsum sind die Kalzium- und Phosphatausscheidung und der Flüssigkeitsbedarf erhöht, ebenso langfristig das Gicht- und Rheumarisiko. Überschüssiges Eiweiß setzt als Fett an. Proteinmangel kommt normalerweise bei vollwertiger Mischkost nicht vor. Wer unbedingt substituieren möchte, kann auf günstigere Molke aus dem Supermarkt zurückgreifen.

Quadratisch, praktisch, gut – ohne Müsliriegel geht's oft nicht.

### Soda-Loading, Natriumbikarbonat

**Versprochene Wirkung** Verbesserung der anaeroben Ausdauer

**Kommentar** Backsoda (Natriumbikarbonat) ist ein alkalisches Salz, das auch natürlich im Körper vorkommt. Es wirkt als Puffer und kann somit überschüssige Säure ausgleichen. Bei hochintensiven Mittelstreckenläufen entstehen hohe Milchsäurewerte, die in Experimenten durch Natriumbikarbonat tatsächlich vermindert wurden, was zu einer Leistungsverbesserung führte. Dazu wurden zwei Stunden vor dem Wettkampf 20 bis 25 Gramm Soda ver-

Powerriegel passen in jede Sportlertasche. Aber ernährungsphysiologisch sind Trockenfrüchte, Bananen oder Studentenfutter sinnvoller.

abreicht. Nebenwirkungen sind Übelkeit und Durchfall, bei Überdosierung auch Muskelkrämpfe. Marathonläufern bringt es keinen Vorteil. Soda-Loading wird als Vorstufe zum Doping diskutiert.

## Taurin

**Versprochene Wirkung** Verstärkte Flüssigkeits- und Glykogeneinlagerung im Muskel

**Kommentar** Zweifelhaft. Kommt natürlich in Milchprodukten vor. Verbesserung der Ausdauerleistungsfähigkeit, Verringerung der Stresshormone und vermehrte Ausschüttung von Wachstumshormonen wurden bisher nur im Tierversuch nachgewiesen, nicht aber beim Menschen.

## Q10 (Koenzym)

**Versprochene Wirkung** »Herzwunder«, Energievitamin, Zellenergie für mehr Vitalität

**Kommentar** Das Koenzym Q10 oder Ubichinon ist kein echtes Vitamin. Es ist in Lebensmitteln (Fleisch, Leber, Fisch, Eiern) weit verbreitet, zudem kann der Körper Q10 aus den Aminosäuren Tyrosin und Phenylalanin selbst herstellen. Wichtig für den Energiestoffwechsel und als Antioxidans. Die bisherigen Untersuchungen können noch nicht als ausreichende Basis für eine Substitution angesehen werden.

## Ein Fazit

Eine nicht unerhebliche Vitaminzufuhr erhalten wir oft ohne unser Wissen aus Zusatz- und Konservierungsstoffen in Lebensmitteln. Der Ernährungsbericht der Deutschen Gesellschaft für Ernährung im Auftrag des Bundesgesundheitsministeriums kam ebenfalls zu dem Ergebnis, dass im Breitensport auf Zusatznahrung jedweder Art, insbesondere Mineralstoffe, verzichtet wer-

> Mittelchen machen noch keinen Meister. Die wahre Leistungsfähigkeit kommt immer noch von Talent, Motivation und Trainingsfleiß.

den kann. Auch aus eigener Erfahrung möchten wir sagen: Erfolge sind im Ausdauersport mit vernünftigem Essen völlig ohne Zusatzpräparate bis in die Weltspitze möglich. Eine zusätzliche moderate Versorgung mit Eisen kann bei Frauen, Vegetariern oder beim Höhentraining angebracht sein.

Nichts spricht gegen die gelegentliche Einnahme eines Multivitaminpräparats in niedriger Dosierung, also etwa in Höhe des Tagesbedarfs, eines Sportriegels oder Isodrinks, aber die wahre Leistungsfähigkeit kommt noch immer von Talent, Motivation und Trainingsfleiß und lässt sich mit keinem chemischen Wundermittelchen erzwingen!

Vorsicht! Falls Sie unter Nierensteinen leiden, ist nicht jedes Mineralwasser gleich gut für Sie geeignet. Sprechen Sie mit Ihrem Arzt darüber.

## *Mineralwässer sind besser als Pillen*

Wer Angst vor Magnesiummangel hat, sollte ein gutes magnesiumreiches Mineralwasser mit Fruchtsaft trinken. Da ist mehr drin, es ist billiger und natürlicher als jedes Präparat. Gute Mineralwässer mit über 100 Milligramm pro Liter sind beispielsweise:

- Gerolsteiner: 108 mg/l
- Appolinaris: 130 mg/l
- Dauner-Sprudel: 173 mg/l
- Heppinger: 164 mg/l
- Dreiser-Sprudel: 289 mg/l
- Nürburg-Quelle: 337 mg/l

Schauen Sie doch einfach bei Ihrem Getränkehandel nach, und vergleichen Sie die Analysen auf den Etiketten. Eine Flasche Dreiser-Sprudel oder Nürburg-Quelle genügt, um den Tagesbedarf an Magnesium zu decken. Die slowenische Rogaska-Quelle enthält 859 mg/l. Den Rekord hält das ungarische Wunderwasser Hunyadi Janos mit 2242 mg/l. Der hohe Gehalt ist des Guten zu viel: Es verlässt den Körper schnell, denn es wirkt sehr stark abführend. Zum Essen wird Magnesium schlechter aufgenommen, denn fett-, eiweiß- und kalziumreiche Lebensmittel behindern die Aufnahme. Stellen Sie eine Flasche Wasser neben Ihr Bett.

# So läuft es
## TAG FÜR TAG

**Die richtige
Ernährung im
Trainingsalltag –
so sind Sie
immer auf
dem Laufenden**

# Richtig **ernährt** im **Trainings**alltag

Mit halb leerem Tank lässt sich lange Leistung nicht bringen. Mit vollem Bauch aber auch nicht. Wenn der Magen überlastet ist oder knurrt, ist kaum einer zu seiner Höchstleistung fähig. Nichts läuft so, wie es eigentlich könnte: weder die Muskel- noch die Denkarbeit. Die Konzentration leidet, und das körperliche Potenzial kann nicht in vollem Umfang ausgereizt werden.

Erster Kardinalfehler: Die meisten haben beim Essen das falsche Timing. Morgens und tagsüber essen sie zu wenig und abends zu reichlich und oftmals auch zu spät. Fatal. Denn unsere Energiekurve und das Leistungsvermögen sind ohnehin über den Tag hinweg schon Schwankungen unterworfen, die vom Biorhythmus diktiert werden.

Wann und wie viel Sie bei jeder Mahlzeit essen, hat einen großen Einfluss auf das Wohlbefinden und die Laufleistung. Mit dem richtigen Timing, also der richtigen Nahrung zur richtigen Zeit, können Sie Ihre persönliche Leistungskurve wirksam unterstützen.

> Wann und wie viel Sie essen, hat großen Einfluss auf das Wohlbefinden und die Laufleistung. Mit dem richtigen Timing können Sie die persönliche Leistungskurve wirksam unterstützen.

## Die Fitnesskurve unterstützen – Durchhänger vermeiden

Stimmen Sie Ihre Mahlzeiten grundsätzlich auf die Anforderungen des Tages ab. Die drei traditionellen Mahlzeiten (Frühstück, Mittag-, Abendessen) sollten Sie unbedingt noch ergänzen: durch zwei Zwischenmahlzeiten. Wenn Sie statt dreimal täglich fünfmal essen, wird der Organismus nicht mit zu großen Portionen belastet oder gar überfordert.

Folgende Verteilung des Energienachschubs über den Tag wird Ihre individuelle Fitnesskurve günstig beeinflussen:

● *Morgens:* Um gut in den Tag zu starten, sollten Sie kohlenhydratreich frühstücken und trinken.

● *Vormittags:* Um für besseres Durchhaltevermögen zu sorgen, sollten Sie einen Snack als Zwischenmahlzeit aus Kohlenhydraten und Eiweiß futtern.

● *Mittags:* Um nicht ins Mittagstief zu fallen, sollten Sie leicht essen: möglichst fettarm, kohlenhydrat- und eiweißreich.

● *Nachmittags:* Um Energie für einen eventuellen Abendlauf zu haben, sollten Sie einen kohlenhydratreichen Snack essen.

● *Abends:* Um gut schlafen zu können, sollten Sie den Magen nicht mehr allzu sehr belasten und deshalb leicht essen (möglichst Kohlenhydrate).

### Die typischen Müdemacher

- Helles Brot, polierter Reis (verfeinerte Kohlenhydrate)
- Zucker, Süßigkeiten, süße Getränke
- Kaffee – ganz besonders mit Zucker
- Alkohol und Nikotin
- Zu viel Salz
- Zu Fettes

## Formtiefs – Folge falscher Ernährung

Müdigkeit ist die biochemische Antwort unseres Körpers, wenn wir uns ungesund und unnatürlich ernähren. Unsere Ernährung ist ungesund und unnatürlich, wenn sie zu einem Großteil aus schnelllöslichen Kohlenhydraten besteht: also jede Menge Süßigkeiten (Zucker), Pizza, Alkohol, süße Softdrinks (Colagetränke, Limos & Co.), Fertiggerichte, Kekse, Torten, Süßgebäck – Sie wissen schon.

Im Nu werden die Glukosemoleküle freigesetzt und ins Blut geschleust. Daraufhin pumpt die Bauchspeicheldrüse große Mengen Insulin ins Blut. Das Hormon soll dafür sorgen, die energiereiche Glukose in unsere Körperzellen einzubauen: entweder für die sofortige Energieproduktion oder als Kohlenhydratreserve (Glykogen).

Müdigkeit ist eine biochemische Antwort – da zeigt sich unmissverständlich, dass wir uns ungesund und unnatürlich ernähren.

## Der Blutzucker diktiert unseren Energiezustand

Nein, die Gehirn- und Nervenzellen und auch die anderen Körperzellen werden nicht müde wegen Glukosemangels. Die Ursache: Der Blutzuckerspiegel sackt ab. Darauf reagiert der Organismus intelligent. Ab sofort geizt er nämlich mit Energie, der Stoffwechsel schaltet auf Sparflamme: Er will die letzten Glukosereserven sparen.

Folge: Wir werden träge, schläfrig, antriebsarm, manchmal kommt es zu Kopfschmerzen, es fehlen Konzentration und geistige Frische. Instinktiv verlangen wir nach Süßem oder Alkohol, um das Blut – und damit Gehirn und Nerven – schnell mit Glukose zu versorgen.

## Was im Trainingsalltag Energie gibt

Prinzipiell gilt: Unmittelbar vor dem Laufen sollten Sie nicht mehr viel essen. Das müssen Sie in Ihrem Trainingsplan berücksichtigen: Die letzte Mahlzeit sollte spätestens zwei, besser drei Stunden vor dem Training eingenommen werden. Sie muss leicht und möglichst reich an Kohlenhydraten sein, sie sollte schnell verdaulich und wenig belastend sein. Da bieten sich beispielsweise folgende kleine Gerichte an:

- 1 Banane
- 1 Scheibe Vollkornbrot mit Honig
- 1 Stückchen Obstkuchen
- 1 Ofenkartoffel
- 1 Portion Müsli, Haferflocken oder Grießbrei
- 1 Reiswaffel

Vermeiden Sie auf jeden Fall fette oder zu ballaststoffreiche Lebensmittel. Anders als bei der Alltagskost, bei der Vollkornprodukte wertvoller sind, belasten und verzögern Ballaststoffe vor einem Training (oder Wettkampf) unnötig die Verweildauer des Essens im Magen und die Verdauung.

> Die letzte Mahlzeit sollte spätestens zwei, besser drei Stunden vor dem Training eingenommen werden. Sie muss leicht und möglichst reich an Kohlenhydraten sein, sie sollte schnell verdaulich und wenig belastend sein.

# Das Powerfrühstück

Beginnen Sie den Tag mit einem vernünftigen Frühstück. Dieser Energieschub am Morgen bringt den ganzen Tag ins Gleichgewicht. Wer regelmäßig frühstückt, hat nicht nur mehr Energie, sondern auch einen niedrigen Cholesterinspiegel. Zudem können Vitamine und Mineralstoffe aus der Nahrung vom Organismus besser verwertet werden.

Ein ausgewogenes Frühstück sollte nicht zu fett und nicht zu schwer sein – das ist der beste Start in den Tag. Ideal ist eine Kombination aus Getreide, Früchten und einem Eiweißträger. Im Klartext: z. B. Müsli mit Milch, Molke, Joghurt oder Buttermilch, frischen Früchten (Apfel, Banane, Birne, Beeren, am besten je nach Saison) oder etwas Trockenobst wie z. B. Feigen, Aprikosen oder Apfelringe. Probieren Sie z. B. das Früchte-Vollkorn-Müsli von S. 194.

Ein clever zusammengestelltes Müsli versorgt den Körper mit hochwertigen Kohlenhydraten und liefert gleichzeitig reichlich lösliche und unlösliche Ballaststoffe, die dazu beitragen, den Blutzucker für längere Zeit stabil zu halten: bester Schutz gegen die gefürchtete Heißhungerattacke!

## Wie lange was im Magen liegt

- 15–30 Minuten: Kohlenhydrathaltige Getränke (Isodrinks, Fruchtschorlen, gesüßter Tee, Honig)
- 1–2 Stunden: Wasser, Kaffee, fettarme Brühe, Bier, Säfte, Buttermilch, Magermilch, gekochter Reis, Kartoffelbrei ohne Butter, Porridge, Zwieback, geschälte Äpfel, Banane, weich gekochte Eier, Kochfisch
- 2–3 Stunden: Joghurt, Sauermilchprodukte (bis 10% Fett), Kaffee mit Milch, gekochte Kartoffeln, eifreie Nudeln, gegarte Zucchini, Tomaten, junge Möhren und Kohlrabi, Spargel, Weißbrot, Brötchen, Vollkorntoast, Misch- und Knäckebrot, Müsli mit feinen Flocken, gedünsteter Fisch, gekochtes, mageres Fleisch, fettarmer Käse (bis maximal 30% Fett i.Tr.), Tatar
- 3–4 Stunden: Milch, gegrilltes Fleisch, magerer Schinken, Rührei, Omelett, Vollkornbrot, Käsesorten (ab 40% Fett i.Tr.), rohes Obst, gedünstetes Gemüse, Brokkoli, Paprikaschoten, Radieschen, Spinat, Bratkartoffeln, Hühnerfleisch, Buttergebäck
- 4–5 Stunden: Gebratenes Fleisch (Schnitzel, Steak, Rinderbraten), Bratfisch, Hülsenfrüchte (Erbsen, Linsen, Bohnen), Maiskörner, süße Sahne, Gurkensalat, Weiß- und Rotkohl, Buttercremetorte
- 6–7 Stunden: Speck, Räucherlachs, Grünkohl, Pilze, Matjes, Thunfisch in Öl, Fettgebackenes (Pommes frites)
- 7–8 Stunden: Fettes Fleisch (Gänsebraten, Schweinshaxe), Sauerkraut, Ölsardinen

No sugar! Eine Heiß-
hungerattacke mit
Süßem zu bekämp-
fen führt nur zu einer
neuen Heißhunger-
attacke – ein im
wahrsten Sinn
des Wortes bald
schwer wiegender
Teufelskreis.

## Wie Heißhunger gar nicht erst entsteht

Der Grund für eine Hungerattacke ist Unterzuckerung. Ein- und Zweifachzucker stecken z. B. reichlich in Marmelade, süßem Gebäck, aber auch in
gezuckerten Fertigmüslis. Vollkornbrot und Müsligetreideschrot liefern dagegen Stärke, die der Körper sehr langsam aufnimmt und für seinen Bedarf
umbaut: Die langen Molekülketten der Getreidestärke müssen erst in einfache
Zuckermoleküle zerlegt werden, bevor sie klein genug sind, um die Darmwand
als Traubenzucker (Glukose) zu passieren. Ist diese Hürde genommen, gelangen sie nach und nach ins Blut.

Mit einem vernünfti-
gen Frühstück schaf-
fen Sie sich eine wich-
tige Grundlage. Lassen
Sie das Frühstück bloß
nicht ausfallen, um
etwa ein paar Kalorien
zu sparen!

Während der Körper damit zu tun hat, stellt sich kein Hungergefühl ein.
Denn solange der aus der Stärke langsam umgewandelte Traubenzucker im
Blut mitschwimmt, werden Muskeln, Gehirn und die anderen Organe bestens
mit der nötigen Energie versorgt. Müsli macht's: Sie bleiben für lange Zeit leis-
tungsfähig, weil die Zutaten, insbesondere die komplexen Kohlenhydrate aus
den Getreideflocken, erst nach und nach aufgeschlossen werden und auf diese
Weise dem Körper stetig Power liefern.

## Worauf kommt es beim Müsli an?

Wer sein Müsli mit fettarmen Milchprodukten und frischem Obst isst, tut etwas für seine Figur und sorgt durch wichtige Pflanzenstoffe außerdem für einen gesunden Hormonstoffwechsel. Nuss- und Samenkerne liefern eine günstige Fettzusammensetzung und gemeinsam mit Getreideflocken eine ansehnliche Portion hochwertiges Pflanzeneiweiß. Außerdem ist Müsli wunderbar bequem, denn es ist ruckzuck angerührt und schmeckt richtig gut – nicht nur morgens.

Müsli kann manchmal auch mittags oder abends eine wunderbare Alternative sein, besonders für Übergewichtige. Beispielsweise eine kleine Portion am Abend, direkt vor dem Zubettgehen. Der hohe Gehalt an Ballaststoffen hilft auch hier, nächtliche Heißhungerattacken zu vermeiden, und die dicke Portion Kohlenhydrate sorgt für einen guten Schlaf.

Gut, wenn Sie Ihr Müsli selbst mixen; Fertigmüslis wird meist sehr viel Zucker zugesetzt. Das gilt auch für Cornflakes & Co. Wer nicht auf Fertig-

Sparen Sie mit Zucker: Süße Gelüste können Sie auch mit getrockneten Pflaumen, Aprikosen oder Feigen stillen. Trockenfrüchte sind zwar nicht kalorienarm, dafür liefern sie aber wertvolle Mineralien, Vitamine und Ballaststoffe.

## *Was morgens sonst noch Power gibt*

Immer noch besser als ein zu süßes Müsli ist auf jeden Fall die Frühstücksschnitte aus Vollkorn. Hier einige Zubereitungsvorschläge:

- 2 Scheiben Vollkornbrot mit Magerquark, Honig und 1 Banane
- 2 Scheiben Vollkornbrot mit kaltem Braten und Ei
- 2 Scheiben Vollkorntoast mit Avocadofruchtfleisch
- 1 Vollkornbrötchen mit 2 hart gekochten Eiern und Kräutern
- 2 Scheiben Vollkornbrot mit Tomaten

## Zwölf Grundsätze für die Trainingskost

- Versuchen Sie, wenn Sie regelmäßig laufen (drei- bis viermal pro Woche) und wenn Sie einen Trainingslauf eingeplant haben, möglichst mehrere Einzelportionen und Zwischenmahlzeiten über den Tag verteilt zu essen. Der Darm, die Leber, die Verdauungsorgane und – als letztes Glied in der Kette – das Bindegewebe bedanken sich dafür durch eine vollständige Verarbeitung und ausgeglichene Balance zwischen Angebot, Verarbeitung, Nachfrage und Ausscheidung.

- Essen Sie viel Obst und Gemüse (auch roh und als Saft). Die Faustregel lautet: Five a day – fünf Portionen pro Tag.

- Essen Sie zweimal in der Woche Fisch (am besten gegrillt oder gedünstet). Fisch ist kalorienarm, spendet hochwertiges Eiweiß und enthält wertvolle Omega-3-Fettsäuren. Wer regelmäßig Fisch isst, vermeidet zudem Jodmangel.

- Wählen Sie beim Einkauf möglichst fettreduzierte Milchprodukte (Joghurt, Hüttenkäse, Magerquark, Kefir, Käse). Wer täglich Milchprodukte verzehrt, versorgt den Körper mit hochwertigem Eiweiß, ausreichend mit Kalzium für Knochen und Zähne sowie Vitamin B2 (Riboflavin) für ein stabiles Nervenkostüm.

- Kontrollieren Sie den Fettkonsum. Günstig sind Pflanzenöle mit einfach (Oliven-, Rapsöl) und mehrfach ungesättigten Fettsäuren (Distel-, Weizenkeimöl), den lebensnotwendigen, sprich essenziellen Fettsäuren. Bei Fleisch, Wurst und Käse möglichst zu fettarmen Sorten (Putenschinken) greifen.

- Gehen Sie mit Zucker sparsam um. Schokolade, Kuchen, Kekse ganz bewusst nur in kleinen Mengen naschen – dann aber mit Genuss. Auch Colagetränke und Limonaden sollten die Ausnahme bleiben.

- Verzichten Sie möglichst nicht auf das Frühstück. Auch wenn Sie es morgens eilig haben: Für einen Früchtejoghurt, ein Glas Orangensaft, Mineralwasser – oder besser noch: für ein Müsli – sollten Sie sich immer die Zeit nehmen.

- Planen Sie je nach Trainingszeitpunkt das Mittagessen als Hauptmahlzeit ein. Läufer sollten Kohlenhydrate (Pasta, Kartoffeln, Obst) und hochwertiges Eiweiß (Fisch, mageres Rindfleisch, Geflügel, Hülsenfrüchte) bevorzugen.

- Stellen Sie auf Vollkornprodukte um, besonders beim Brot. Vermeiden Sie Weißmehlprodukte, wo immer es möglich ist. Körner- und samenreiche Brotsorten enthalten eine Fülle von Vitaminen und Spurenelementen, sie erleichtern die Verdauung, beugen Verstopfung vor, sie sättigen lang anhaltend und sind, wie der Name andeutet, wirkliche Kraftpakete.

- Am Nachmittag, jedenfalls zwei bis drei Stunden vor dem Trainingslauf, wäre eine Zwischenmahlzeit (Obst, Gebäck, ein Energieriegel) günstig. Mit fünf kleinen Mahlzeiten kommt Ihr Körper meist besser zurecht als mit drei großen.

- Trinken Sie über den ganzen Tag verteilt immer reichlich (am besten Wasser oder verdünnte Fruchtsäfte, z. B. Apfelsaftschorle). Zwei Liter sind optimal. So können Sie auch dem Phänomen Heißhunger vorbeugen.

- Bleiben Sie besonders beim Abendessen maßvoll. Essen Sie Leichtverdauliches. Essen Sie nicht zu spät. Unsere Natur verübelt nächtliche Schlemmereien (nach 21 Uhr). Die Verdauung verzögert sich. Der Organismus soll nachts nicht auf Höchststufe arbeiten, sondern regenerieren.

produkte verzichten möchte, sollte zumindest zuckerarme und ballaststoffreiche Sorten kaufen. Die Zutaten müssen der Menge nach aufgeführt werden. Je weiter vorne der Zucker aufgeführt ist, umso mehr ist drin. Bitte beachten Sie: Auch hinter den Begriffen Glukose, Maltose, Dextrose, Fruktose und Saccharose verbirgt sich nichts anderes als Zucker.

## Wenn Sie einen langen Lauf einlegen

Läufer sollten, müssen und können auch eine leistungsfördernde Nahrungsaufnahme trainieren. Manche klagen z. B. über Magenkrämpfe, wenn sie während eines langen Laufs futtern. Essen Sie also schon vor dem Lauf vernünftig. Experimentieren Sie, testen Sie, finden Sie heraus, was Ihrem Magen und schließlich auch den Beinen gut tut.

Für die meisten erweisen sich Früchte wie Bananen, Weintrauben oder Apfelsinen als magenfreundliche Basis vor einer sportlichen Belastung. Allerdings sollten Sie auch Früchte langsam essen, also gut durchkauen – denn das fördert immer den Verdauungsprozess.

Ein Joghurt, vermischt mit Früchten, kann noch bis zu 15 Minuten vor dem Training gegessen werden. Magerer Joghurt ist leicht, er besteht vor allem aus Wasser (89 Prozent), Eiweiß (vier Prozent) und Kohlenhydraten (vier Prozent).

> Achtung: Unmittelbar vor dem Laufen sollten Sie mit dem Trinken Maß halten, sonst kann Seitenstechen drohen.

## Wasserreserven vorher auffüllen

Auf jeden Fall sollten Sie immer gut hydriert loslaufen. Das bedeutet praktisch: Laufen Sie nie los, ohne vorher reichlich getrunken zu haben. Bei kühlem Wetter reicht ein halber Liter in den letzten zwei Stunden vor dem Lauf. Bei Wärme und vor längeren Distanzen (über eine Stunde) sollten Sie sogar noch mehr Flüssigkeit aufnehmen. Trinken Sie vorher vielleicht zusätzlich auch zwei Becher eines Sportgetränks (mit einem Kohlenhydratanteil von maximal sechs Prozent, leicht verdaulich).

Wenn Sie länger als eine Stunde laufen wollen, sollten Sie eine Trinkflasche dabeihaben oder irgendwo an der Strecke ein Getränk deponieren. Als Prinzip gilt: alle 15 bis 20 Minuten einen Viertel Liter trinken; wenn es heiß ist, sogar noch mehr. Denn die Muskelzellen funktionieren bereits deutlich schlechter, wenn sie nur fünf Prozent weniger Flüssigkeit enthalten. Jede Stunde sollten Sie außerdem 30 bis 60 Gramm Kohlenhydrate nachlegen (das sind 120 bis 240 Kilokalorien). Am einfachsten geht das in Form einer Banane; die enthält etwa 100 Kilokalorien. Oder essen Sie einen Energieriegel (rund 230 Kilokalorien).

## Nach dem Laufen

Auch wenn Sie sehr durstig sind: Bitte nicht zu schnell trinken, nicht zu viel und nicht zu kalt!

Nach einem Lauf, besonders wenn er anstrengend war, muss zunächst die Flüssigkeit wieder aufgefüllt werden, die der Körper verloren hat. Auch hier ist Apfelsaftschorle günstiger als Wasser, weil Sie mit der Flüssigkeit auch Kohlenhydrate und Mineralien aufnehmen. Äpfel liefern Kalium für Nerven und Muskeln, Mineralwasser liefert Magnesium und Kalzium.

Füllen Sie Ihre Glykogendepots möglichst bald auf, denn das unterstützt die körperliche Regeneration. Die Nahrungsaufnahme möglichst kurz nach der Belastung (schon nach einer guten halben Stunde) trägt zur Leistungsverbesserung am Folgetag bei. Da bietet sich beispielsweise Obst an; 100 Gramm reichen fürs Erste schon. Danach empfehlen sich vor allem Kohlenhydrate, aber auch Eiweiß.

Der Nutzen wurde in Studien eindrucksvoll bestätigt. An der englischen Universität Loughborough ließ man trainierte Sportler so lange auf einem Band laufen, bis sie vor Erschöpfung abbrechen mussten. Kurz darauf wurde ihnen kohlenhydratreiche Nahrung (600 Gramm) verabreicht, verteilt über die nächsten 22 Stunden. Anschließend ließ man sie wieder bis zur Erschöpfung laufen. Im Vergleich zu einem identisch angelegten Versuch, bei dem sie

bloß 400 Gramm Kohlenhydrate gefuttert hatten, liefen die Probanden diesmal deutlich besser und deutlich länger.

## Regenerieren nach einem harten Training

Im Rahmen einer Studie an der Universität von Austin (Texas) traten Ausdauersportler harte zwei Stunden lang auf Ergometern in die Pedale, um ihre Glykogenvorräte aufzubrauchen. Unmittelbar danach erhielt eine Gruppe ein Drittel Liter eines Kohlenhydrat-Eiweiß-Getränks (53 Gramm Kohlenhydrate, 14 Gramm Eiweiß); die andere Gruppe wurde mit einem kohlenhydratreichen Mineralgetränk (20 Gramm Kohlenhydrate, kein Eiweiß) versorgt. Zwei Stunden später tranken die Sportsleute noch einmal die gleiche Portion. Als man ihr Muskelgewebe untersuchte, kam heraus: Die Glykogenspeicher waren mit dem Kohlenhydrat-Eiweiß-Getränk um 28 Prozent mehr gefüllt als bei jenen, die auf Eiweiß verzichtet hatten.

**Besser geht's nicht: Die Apfelschorle ist und bleibt das beste Getränk für Läufer!**

## Bessere Erholung bedeutet bessere Leistung

Die Schlussfolgerung: Mit einem Gemisch aus Kohlenhydraten und Eiweiß können Sie die Erholungsphase nach einem harten Training verkürzen. Zunächst bieten sich Getränke an, weil die schneller durch den Magen gehen und damit die Energie dem Körper schneller zur Verfügung stellen als feste Mahlzeiten. Trinken Sie also unmittelbar nach einem harten Trainingslauf – noch vor der Dusche. Spätestens eine Stunde nach Trainingsende sollten Sie etwas essen. Ideal wären z. B. eine Banane, ein Apfel oder Pfirsich, dazu ein Vollkornbrot mit Thunfisch. Oder ein eiweißreicher Energieriegel und ein Glas eines Sportgetränks. Günstig ist es auch, wenn Sie in dieser frühen Regenerationsphase Magnesium (etwa 200 bis 300 Milligramm) und Zink (etwa fünf bis zehn Milligramm) zuführen, entweder mit der Nahrung oder in Form von Nahrungsergänzung (als Kapsel oder Brausetablette).

Magnesium wirkt bekanntlich als Zündfunke für viele Körpervorgänge. Zink fördert den Aufbau von Eiweißstrukturen (Muskulatur, Sehnen, Bänder, Immunsystem).

111

Nüchtern oder nur mit einem Glas Saft im Magen zu trainieren macht Sie nicht leistungsfähiger.

Ohne Frühstück trainieren? Da leidet das Befinden, die Ermüdung setzt schneller ein – besonders, wenn Sie längere Distanzen laufen.

# Wenn Sie morgens laufen

Essen oder lieber doch nichts essen – diese Frage beschäftigt jeden, der seinen Trainingslauf in die frühen Morgenstunden legt. Wir empfehlen: Ja, essen Sie vor dem Laufen eine Kleinigkeit. Wir wissen das aus der Praxis. Außerdem deckt sich dieser Rat mit wissenschaftlichen Studien. Ein ums andere Mal wurde der Zusammenhang zwischen Nahrungsaufnahme vor dem Laufen und Leistungsfähigkeit ermittelt und mit Läufern verglichen, die vor dem Training zwölf Stunden lang gefastet hatten.

Mit Frühstück läuft es sich leichter. Erstens brauchen die Muskeln, die für die Laufarbeit zuständig sind, schnell verfügbare Energie. Und zweitens braucht auch der Körper, insbesondere das Gehirn, den Nachschub.

## Auf nüchternen Magen laufen?

Die Empfehlung, morgens mit nüchternem Magen zu trainieren, wird vor allem von der Hoffnung genährt, dadurch besonders rasch abzunehmen. Die Spekulation: Weil über Nacht der Nachschub an Nahrung ausgeblieben ist, sind morgens die Glykogenspeicher stark geleert – also muss der Körper, um sich die nötige Energie zu holen, rascher auf Fettverbrennung umschalten.

Tatsächlich aber setzt die Ermüdung schneller ein, insbesondere bei längeren Distanzen. Außerdem spielt mitunter der Stoffwechsel verrückt; es kann sogar zu einer gefährlichen Unterzuckerung kommen. All das hängt mit dem Blutzuckerspiegel zusammen. Ein ausreichender Blutzuckerspiegel ist für jeden wichtig, ja lebensnotwendig. Von besonderer Bedeutung für die Aufrechterhaltung des Blutzuckers sind die Glykogenspeicher in der Leber. So auch bei längeren sportlichen Belastungen, wenn sich die Muskulatur in zunehmendem Maß am Blutzucker bedient. Ein nennenswerter Abfall des Blutzuckers, also das Auftreten einer Hypoglykämie, tritt während der Belastung somit erst dann auf, wenn auch die Speicher der Leber zur Neige gehen.

## Blutzuckerabfall bedeutet Leistungsabfall

Dieser Zustand ist immer mit einem deutlichen Leistungsabfall verbunden. Die Symptome: Zittern, Störungen in der Koordination, Nachlassen der Konzentration und Heißhunger. In extremen Fällen kann es zu starken Krämpfen, ja sogar zur Bewusstseinstrübung und Verwirrtheit kommen.

Viele Radfahrer, die längere Touren ohne ausreichenden Nahrungsnachschub gemacht haben, mussten mit dieser Situation schon unliebsame Bekanntschaft machen: wenn der gefürchtete »Hungerast« das Weiterfahren zur unsäglichen Tortur macht.

So viel steht fest: Wer morgens nüchtern läuft, wird Gefahr laufen, das Phänomen Blutzuckerabfall kennen zu lernen. Sie werden deutliche Leistungseinbußen spüren und schneller ermüden als sonst.

## Das richtige Frühstück für Frühaufsteher

Wenn Sie Frühaufsteher sind, ist es unproblematisch, ein bis zwei Stunden vor dem Training Treibstoff zu tanken. Trinken Sie morgens mindestens einen halben Liter, um den Flüssigkeitsverlust (durch Schwitzen und durch Abatmen), der in der Nacht unvermeidlich ist, auszugleichen und um gut hydriert zu starten. Zum Frühstück sollten Sie zwischen 400 und 800 Kilokalorien zu sich nehmen. Beispielsweise so:

- 1 Schale Müsli mit fettarmer Milch oder fettarmem Joghurt und Obst
- 1 Tasse Kraftbrühe, 1 Scheibe Toast und 1 Apfel
- 1 Vollkornbrötchen, belegt mit Käse (fettarm) und Tomaten
- 1 Vollkornbrötchen, dünn mit Honig bestrichen

## Das richtige Frühstück für Langschläfer

Was aber, wenn ich zu dem Typ Läufer gehöre, der abends spät ins Bett geht und der dann morgens nicht gern ganz so früh aufsteht? Der garantiert nicht schon morgens um sieben frühstückt? Wenn also dem Magen genau jene Zeit fehlt, die er braucht, um das Frühstück ausreichend verdauen zu können. Was kann ich dann überhaupt noch essen?

Sie sollten selbst ein bisschen experimentieren, um herauszufinden, was Ihnen bekommt. Vielleicht ist sogar schnell verdauliche kalorienreiche Spezialnahrung (Energieriegel, Energiegels) das Richtige für Sie.

In jedem Fall ist alternativ Folgendes für eilige Starter geeignet:

- 1/2 Brötchen mit Honig
- 1 Tasse Kraftbrühe
- 1 Sportdrink

### Was Sie nach dem Morgenlauf essen sollten

Nach dem Training werden Sie normalerweise in die Arbeit fahren. Dafür braucht der Körper in jedem Fall neue Substanz, die den Magen nicht unnötig belasten soll – weil das nur die Leistungsfähigkeit einschränkt. Und: Sie wollen nach dem Laufen ja auch nicht müde daherkommen.

Ein Glas frisch ge-
presster Orangensaft
oder ein hochwertiges
Handelsprodukt hilft,
die Empfehlung
fünf Portionen Obst
oder Gemüse pro
Tag tatsächlich
einzuhalten.

Was Ihnen garantiert neue Energie gibt: Essen Sie rund eine Stunde nach dem Training:

- 1 Rührei auf getoastetem Vollkornbrot, dazu (frisch gepressten) Frucht- oder Tomatensaft oder frisches Obst
- Eventuell Pasta vom Vorabend, die Sie aufwärmen
- 1 Teller Gemüsesuppe
- 1 Obstbrei oder Magerquark

## Wenn Sie mittags laufen

Läufer, die in der Mittagspause trainieren, klagen häufig über ein starkes Hungergefühl. Das stellt sich fast immer ein, wenn die letzte Mahlzeit (also das Frühstück) bereits fünf Stunden oder länger zurückliegt. Die Energie daraus ist meist verbrannt, der Blutzuckerspiegel sinkt dramatisch.

Was tun? Einfach morgens üppiger frühstücken? Nein, das ist nicht empfehlenswert. Denn eine schwere Kost führt nur dazu, dass Sie sich am Arbeits-

platz ausgesprochen schwerfällig und lustlos fühlen. Die viel bessere Lösung: Bringen Sie sich ein zweites Frühstück mit – als Zwischenmahlzeit (siehe Kasten rechts).

## Fettarm & kohlenhydratreich essen

Achten Sie darauf, dass Ihr Snack möglichst fettarm, aber reich an Kohlenhydraten ist. Essen Sie den Snack rund zwei Stunden vor Ihrem geplanten Mittagslauf. Nach dem mittäglichen Training bleibt meist wenig oder gar keine Zeit fürs Mittagessen.

Wenn Sie auch ohne Lunch den Rest des Arbeitstags überstehen, belastbar und in Form bleiben wollen, sollten Sie für alle Fälle etwas zum Knabbern dabeihaben. Beispielsweise:

- 1 Tüte Rosinen oder Studentenfutter
- Einige Möhren
- 1 bis 2 Müsliriegel
- Obst (Bananen, Äpfel, Orangen)

## Wenn Sie abends laufen

Sie kennen das sicher aus eigener Erfahrung: Nach einem anstrengenden Tag gibt es kein besseres Entspannungsmittel als einen Trainingslauf. Beim langsamen Laufen lässt sich nämlich auf wunderbar spielerische Weise abbauen, was sich tagsüber an Ärger, Problemen und Stress aufgebaut hat. Doch manchmal

### Tipps für das zweite Frühstück

- 1 Müsliriegel
- 1 Becher Fruchtjoghurt (geben Sie 1 Apfel oder 1 Banane dazu)
- 2 Scheiben Vollkornbrot mit geräuchertem Lachs, Zwiebeln und Kapern
- 1 Tüte Trockenfrüchte, dazu 1 Glas Gemüsesaft
- 1 Energieriegel
- 1 Scheibe Vollkornbrot, dünn gebuttert und mit Schnittlauch belegt
- 1 Vollkornbrötchen mit Butter, Käse und Tomatenscheiben

Essen Sie als Zwischenmahlzeit Obst. Gut geeignet sind Äpfel, Orangen, Mandarinen oder Bananen. Sie sollten auch immer Obst am Arbeitsplatz vorrätig halten.

Ins Leistungsloch gefallen? Das liegt meist an einer falschen Ernährung – und lässt sich oft vermeiden!

läuft es ganz und gar nicht. Kennen Sie vielleicht auch aus eigener Erfahrung: wenn Sie sich abends bleiern fühlen, kraftlos, ausgelaugt. Am liebsten möchten Sie Ihre Laufrunde schon nach wenigen Minuten abbrechen, sich nach Hause trollen – nur noch ab aufs Sofa. Oder: Wenn sich nach dem Laufen ein beängstigender Heißhunger einstellt und wenn Sie dann schwach werden und viel mehr futtern, als Ihnen gut tut – kurz vor dem Schlafengehen. Was ist da bloß mit unserem Körper los?

Wer abends seinen Trainingslauf plant, sollte über den Tag verteilt regelmäßig, aber auch gemäßigt essen.

## Warum Sie in Leistungslöcher fallen

Vermutlich haben Sie sich tagsüber falsch ernährt. Die Folge: Sie fallen abends prompt in ein Leistungsloch. Und natürlich auch in ein Motivationsloch. Wer abends seinen Trainingslauf plant, sollte über den Tag verteilt regelmäßig, aber auch gemäßigt essen. Nehmen Sie mehrere kleine Zwischenmahlzeiten zu sich. Lassen Sie nicht zu, dass in Ihnen ein Hungergefühl nagt. Dieses Hungergefühl sabotiert. Es führt meist dazu, dass in Ihnen ein unsäglicher Kampf (»Gehe ich lieber zum Abendessen, oder gehe ich doch lieber laufen?«) zu toben beginnt – und am Ende gibt der knurrende Magen den Ton an. Lassen Sie es erst gar nicht so weit kommen!

### Das letzte Gericht

Wenn Sie Ihr Abendtraining absolviert haben: Essen Sie jetzt nur noch kleinere, leicht verdauliche Speisen, belasten Sie Ihr Verdauungssystem also so wenig wie möglich.

Übrigens: Die Empfehlung, sich beim Abendessen zurückzuhalten, hat nichts mit der Sorge zu tun, dass die Kalorien aus einer späten Mahlzeit sich direkt als Fett einlagern könnten. Diese Angst ist für Läufer unbegründet. Weil der Körper erst einmal damit beschäftigt ist, die entleerten Energiespeicher in den Arbeitsmuskeln aufzufüllen.

## Ist Naschen verboten?

Haben Sie auch immer ein schlechtes Gewissen beim Naschen? Leider stimmt das ja: Zu viel Süßes ist ungesund. Zucker macht dick, zehrt an den Zähnen, entzieht dem Körper wichtige Vitamine und Mineralstoffe. Zucker macht einfach schlapp.

Es gab mal Zeiten, da genoss Zucker besonders bei Sportlern den Ruf als rascher Energiespender (»... bringt verbrauchte Energie sofort zurück«). Das Märchen hat keine Zugkraft mehr. Die leeren Kalorien des Zuckers lassen den Blutzuckerspiegel zwar kurzzeitig ansteigen – für gewisse Zeit ist tatsächlich mehr Energie da. Die wird bei körperlicher Anstrengung auch verbrannt. Danach aber stürzt die Energieversorgung völlig ab.

Traubenzucker wird auch zum Lutschen angeboten. Angeblich soll er eine Energiebombe sein, weil er auf schnellstem Wege direkt ins Blut gelangt, also

Wer sich gesund ernährt, ohne sich zu kasteien, ist vor Heißhungerattacken gut gefeit. Da machen kleine Naschereien nichts.

## Symptome des »Sugar Blues«

- Abnorme Müdigkeit
- Schweißausbrüche, Schwindelgefühle, Schwächeanfälle
- Herzklopfen, Muskelverkrampfungen
- Kopfschmerzen
- Heißhunger (suchtartiges Verlangen nach eher ungesunden Nahrungsmitteln)
- Schlafstörungen
- Konzentrationsschwäche, emotionale Instabilität
- Depressive Gefühle, Gereiztheit, Ungeduld, Vergesslichkeit
- Antriebslosigkeit

vom Körper nicht mehr umgewandelt werden muss. Amerikanische Sportärzte wiesen nach: Das süße Doping wird zum Eigentor. Also verzichten Sie besser auf die übersüßen Lutschbonbons beim Laufen.

## »Sugar Blues« durch Süßigkeiten

Der Konsum von raffiniertem Zucker setzt einen paradoxen Teufelskreis in Gang: Der Zuckerschock bewirkt im Körper eine überhöhte Insulinausschüttung. Der Blutzucker sinkt ab. Der Körper meldet akuten Energiemangel. Folge: Heißhunger. Wir greifen zu Süßem. Amerikaner erfanden für das Phänomen Blutunterzucker (Hypoglykämie) einen sehr treffenden Slogan: »Sugar Blues«.

## Süßes kann auch Seelennahrung sein

Doch auch das stimmt: Süßes kann Seelennahrung und Gefühlskitt sein. Also naschen Sie ruhig – aber mit Genuss. Sie müssen sich die Stimmungsbombe Schokolade nicht völlig verkneifen. Ein bis zwei Riegel sind in Ordnung.

Schokolade enthält Stoffe, die Balsam für die Psyche sind. Zucker hebt den Serotonin-, Fett erhöht den Endorphinspiegel – beides Nervenbotenstoffe, die für unsere Stimmung mitverantwortlich sind. Klar, wer eine ganze Tafel verputzt, wird bald müde, außerdem macht das schlechte Gewissen die Glückshormone wieder zunichte.

*Je höher der Kakaoanteil (am höchsten in Bitterschokolade, über 60 Prozent), desto wirkungsvoller ist die Schokolade – und umso weniger Kalorien schlagen zu Buche.*

## Süßigkeiten – vor allem Fettigkeiten

Viele Süßigkeiten, vor allem Schokolade, Croissants und Eiscreme, sind nicht nur süß – sie sind auch sehr fett. Eine Tafel Schokolade besteht aus satten 32 Gramm Fett. Ein Croissant bringt es auf 26 Gramm Fett. Wie also können Leckerschlecker ihren süßen Heißhunger alternativ befriedigen? Wenn Sie eine unverbesserliche Naschkatze sind, warum greifen Sie nicht zu Süßigkeiten, die zwar Zucker, aber nur wenig oder gar kein Fett enthalten (siehe Kasten unten). Auch Früchtebrot oder Muffins, die Sie selbst (fettarm) backen, können eine prima Alternative sein.

## Den Süßhunger gesund stillen

Obst ist immer eine gesunde Alternative, um auf den süßen Geschmack zu kommen und dennoch Kalorien zu sparen. Eine Hand voll Beeren, ein Apfel, eine Banane, ein Stück Ananas stillen den Heißhunger. Wenn der Blutzuckerspiegel unter den Normalwert von 80 Milligramm Glukose pro 100 Milliliter Blut sinkt, ist frisches Obst immer der ideale Snack.

Wer sich an die Faustregel hält – täglich fünf Portionen Obst und/oder Gemüse –, braucht garantiert keine Diät. Trockenobst, getrocknete Datteln,

*Übrigens: Der Süßhunger reguliert sich selbst, wenn Sie Ihren Körper reichlich mit vollwertigen Kohlenhydraten versorgen. Und wenn es einfach süß sein muss: Auch Bananenchips, Sultaninen, Korinthen und Mangos sind köstliche Naschalternativen.*

### *Süße Sachen mit wenig Fett*

- Gummibärchen
- Lakritze
- Götterspeise (Wackelpudding)
- Löffelbiscuits
- Mohrenköpfe
- Honigkuchen
- Selbst gemachtes (fettfreies) Popcorn
- Russischbrot
- Marshmallows
- Obstkuchen (ohne Sahne)

Feigen, Aprikosen, Rosinen oder Apfelringe versüßen schon seit jeher den Speiseplan. Trockenfrüchte enthalten nur noch rund 20 Prozent Wasser, wertvolle Vitamine, Mineralstoffe und Ballaststoffe, die verdauungsfördernd sind. Bitter immer noch der Zuckeranteil: 60 Prozent. Aber dafür enthalten sie nahezu kein Fett.

# Wenn Sie nicht zu Hause essen

Es lässt sich nicht immer einrichten, dass wir unsere Mahlzeiten vernünftig zusammenstellen, also selbst kochen können. Wir sind oft unterwegs: im Büro, auf einer Geschäftsreise, zu Besuch bei Freunden oder Verwandten, auf einer Laufreise, im Trainingslager. Wir gehen zum Essen in Restaurants. Wir lassen uns sicher gern auch einmal zum Essen auf die Schnelle (Fastfood) verführen. Aber auch dann sollten wir uns gut ernähren – und können das auch, wenn wir wollen.

## Sieben Ernährungstipps für unterwegs

● Seien Sie wählerisch. Warum gehen Sie nicht in ein Restaurant, das für seine leichte, fettarme, vollwertige Küche bekannt ist?

● Seien Sie mutig. Warum probieren Sie unterwegs nicht mal ein vegetarisches oder makrobiotisches Restaurant aus?

● Seien Sie nicht schüchtern. Warum fragen Sie die Küche nicht, ob man Ihr Gericht nicht ein wenig Ihren Wünschen anpassen kann (z. B. mehr Beilage, weniger Salz und Fett)?

● Quälen Sie sich nicht mit übergroßen Portionen ab. Warum teilen Sie es nicht mit Ihrer Begleitung oder lassen stehen, was zu viel ist?

● Meiden Sie allzu viel Fett. Warum schneiden Sie nicht wenigstens das sichtbare Fett vom Fleisch?

● Warum lassen Sie sich Saucen nicht separat servieren?

Gegen Extrawürste unterwegs ist nichts zu sagen. Warum fragen Sie die Küche nicht, ob man Ihr Gericht Ihren Wünschen anpassen kann: mehr Beilage oder weniger Fett und Salz?

## Gute Mahlzeiten, schlechte Mahlzeiten

| Das ist empfehlenswert | Das sollten Sie meiden |
|---|---|
| **Beim Frühstück** | |
| Frisch gepresste Säfte, Milch | Zu viel Kaffee |
| Müslis, Vollkornbrot | Kuchen, Croissants |
| Mineralwasser | Käseomelett, Würstchen |
| Gekochte Eier | Eier mit Speck |
| **Beim Abendessen** | |
| Mageres Fleisch, Truthahn, gekochter Schinken | Pommes frites |
| Suppen, Salate | In Öl Gebackenes |
| Gegrillter oder gedünsteter Fisch, Hühnerfleisch | Süßes Gebäck |
| Folienkartoffeln, Früchte | Sahnige Suppen |
| **Beim Italiener** | |
| Großer italienischer Salat | Pizza mit viel Käse, Salami und Fleisch |
| Pizza mit Gemüse | Antipasti |
| Minestrone | Lasagne, Cannelloni |
| Pasta | Muscheln |
| Früchte und Fruchteis | |
| **Beim Griechen** | |
| Griechischer Salat | Gyros |
| Plaki (Fisch) | Moussaka (Lammkasserolle) |
| Souvlaki | |
| **Beim Mexikaner** | |
| Fajitas | Nachos |
| Einfache Tortillas | Quesadillas |
| Gemüse- und Hühnergerichte | Gerichte mit viel Käse und Käsedip |
| Burritos | Tostadas |
| Enchiladas | Taco-Salad |
| Bohnengerichte | |
| **Beim Japaner** | |
| Sushi, Sashimi | Tempura |
| Miso-Suppe | Tonkatsu |
| Teriyaki, Yakitori | |
| Tofu | |

Widersteben Sie der Versuchung – ein Hamburger ist eine ernährungsphysiologische Katastrophe.

● An jedem Bahnhof, an jeder Raststätte, an jedem Flughafen finden Sie nicht nur Chips, Schokolade und Colagetränke, sondern auch Obst, Brot und Apfelsaftschorle. Decken Sie sich auf Reisen damit ein: frisches Obst, Brot mit Käse (wenn möglich Vollkornbrot), Tomaten, Joghurt, Buttermilch und reichlich Mineralwasser.

## Fastfood

Essen für Eilige – dagegen ist nichts grundsätzlich zu sagen. Wer hat nicht gelegentlich einmal Lust darauf, an der Imbissbude um die Ecke eine Currywurst zu verdrücken oder beim allgegenwärtigen »schottischen Spezialitätenrestaurant« (McDonald's) für einen Cheeseburger anzustehen. Nichts gegen diese verführerische Zwischenmahlzeit Fastfood. Aber es sollte, wenn überhaupt, bei »gelegentlich« bleiben.

Die Fastfoodkultur greift um sich – und das ist nicht weiter verwunderlich. Eine hochwertige Mahlzeit, die möglichst auch noch warm, sättigend und schmackhaft sein soll, braucht fast immer etwas mehr Planung und Zeit sowohl für den Einkauf der Zutaten als auch für deren Zubereitung. Aber der Aufwand lohnt sich, denn:

● Fastfood ist ernährungsphysiologisch unausgewogen: Es ist meist zu stark gesalzen und mit zu hohem Fettgehalt.

● Fastfood ist ausgesprochen arm an Nährstoffen (z. B. wenig Vitamine und Mineralstoffe).

● Fastfood fehlen fast völlig die Ballaststoffe. Die Brötchen eines Hamburgers bestehen aus ausgemahlenem Mehl.

● Ein typisches Menü (Hamburger, Pommes frites, Colagetränk oder Bratwurst mit Currysauce, Pommes frites mit Mayonnaise) hat über 1000 Kilokalorien, davon über 40 Prozent aus dem Fett.

● Fastfood enthält reichlich Geschmacksverstärker (und außerdem reichlich Salz) sowie andere dubiose Zusatzstoffe, beispielsweise für das »mouth feeling«: Das Essen schäumt im Mund, und man soll Appetit auf immer noch mehr bekommen.

Essen auf die Schnelle – dagegen ist nichts zu sagen. Aber es sollte bei »gelegentlich« bleiben.

## Sechs Tipps – Essen mit Genuss

• Gönnen Sie sich ruhig Ihre Lieblingsspeisen. Nein, denken Sie nicht immer nur daran, dass alles, was schmeckt, dick macht. Verzicht heizt bloß den Heißhunger an. Nehmen Sie einen kleinen Teller. Nehmen Sie eine kleinere Portion.

• Essen Sie abwechslungsreich. Das Angebot ist ungeheuer groß. Nutzen Sie die Vielfalt. Probieren Sie doch mal, was Sie anlacht.

• Essen ist auch Einstellungssache. Machen Sie sich einmal klar, warum Sie sich eigentlich ausgewogen und gesund ernähren möchten. Wollen Sie Frust kompensieren, oder wollen Sie Ihrem Organismus den bestmöglichen Brennstoff geben – und damit die Basis für Leistung und stabile Gesundheit?

• Essen Sie am besten in Gesellschaft: Erstens macht das mehr Spaß, als allein zu mümmeln. Und zweitens essen Sie automatisch langsamer und machen mehr Pausen, wenn Sie sich während der Mahlzeit unterhalten.

• Nehmen Sie sich Zeit. Nehmen Sie bewusst jeden Bissen in den Mund, kauen Sie einmal mehr als gewöhnlich, lassen Sie Ihre Lieblingsspeisen auf der Zunge zergehen.

• Genießen Sie jeden Bissen ohne schlechtes Gewissen. Denken Sie daran: Optimale Ernährung braucht Zeit zur Zubereitung und Zeit für den Verzehr. Essen ist schließlich ein wichtiger Teil unserer Lebenskultur. Essen soll auch Entspannung sein.

# In Topform
## AN DEN START

Clever essen
und trinken für
Wettkämpfe – was
sich vorher und
nachher empfiehlt

# Essen und Trinken für **Wettkämpfe**

Gesunde, vollwertige Ernährung im Alltag ist eine wichtige Voraussetzung für optimale sportliche Leistungsfähigkeit. Unmittelbar vor, während oder nach dem Training oder insbesondere beim Wettkampf isst ein Läufer aber anders als im Alltag.

## Was soll ich vor dem Laufen essen?

Die letzte leichte und kohlenhydratreiche Mahlzeit sollte spätestens zwei, besser drei Stunden vor dem Sport eingenommen werden. Viele Läufer haben eigene Rezepte, die sie im Idealfall schon vor unwichtigeren Wettkämpfen ausprobiert haben, denn unter Adrenalin reagiert auch der Magen vielleicht anders. Experimentieren Sie einfach, probieren Sie aus, was Sie vertragen. Sie werden das schnell herausbekommen.

> Trinken Sie über den Tag verteilt reichlich, aber unmittelbar vor dem Laufen nicht mehr viel – sonst droht Seitenstechen.

### Ausnahmsweise mal kein Vollkorn

Die Verdauung dauert umso länger, je fetter oder ballaststoffreicher die verzehrten Lebensmittel sind. Während bei der Alltagskost Vollkornprodukte wertvoller sind, belasten und verzögern sie vor einem harten Training oder Wettkampf unnötig die Verdauung. Ölsardinen oder Pilze liegen Ihnen z. B. acht bis neun Stunden im Magen.

Trinken Sie über den ganzen Tag, aber nicht zu viel auf einmal unmittelbar vor dem Wettkampf, um Seitenstechen zu vermeiden. Bei kühlem Wetter reicht ein halber Liter in den letzten zwei Stunden vor dem Lauf. Bei Wärme und langen Distanzen sollten Sie immer sehr gut hydriert in Training und Wettkampf gehen.

## Nüchtern laufen – Geheimwaffe für Marathons?

Gelegentlich wird das Nüchternlaufen regelrecht als »Wunderwaffe« zum Abnehmen, aber auch in der heißen Phase der Marathonvorbereitung angepriesen. Ohne Frühstück wird morgens losgelaufen, um den Fettstoffwechsel wegen des dann auftretenden Kohlenhydratmangels verstärkt anzukurbeln. Dem Körper soll nichts anderes übrig bleiben, als nun Fett zu verbrennen. Diese Nüchternläufe sind aber nicht ganz ohne. Während die für den Blutzuckerspiegel verantwortlichen Leberglykogenspiegel über Nacht etwa zu zwei Dritteln entleert wurden, hat sich an den Muskelglykogenspeichern nicht viel verändert. Auf jeden Fall sollten Sie morgens erst mal Wasser oder Fruchtsaftschorle trinken, denn über Nacht ist Ihr Körper ziemlich ausgetrocknet. Mit dehydrierten Muskeln oder auch Nervenzellen loszulaufen ist hirnlos, denn das kann zu Schäden in der Muskulatur führen – und Sie laufen auch geistig nicht gerade voll auf der Höhe.

Auch wenn Sie keinen Durst haben: Versorgen Sie sich während eines Marathons regelmäßig mit genügend Wasser!

## Bei Kohlenhydratmangel droht Muskelverlust

Ohne Frühstück bleibt der Blutzuckerspiegel niedrig. Sinkt er dann während des Nüchternlaufs endgültig in den Keller, so beginnt Ihr Körper Aminosäuren und Körpereiweiß abzubauen. Dabei werden allerdings Bluteiweiße, Muskulatur und Immunkörper angeknabbert, was sicherlich nicht wünschenswert ist. Der Körper versucht, daraus nun für das Nervensystem Glukose herzustellen (Glukoneogenese) – für Sport und Gesundheit natürlich ein Flop! Das passiert übrigens auch während eines Marathons. Sind bei einem längeren Nüchternlauf auch die Muskelgykogenspeicher entleert, verbrennen Sie zwar vermehrt Fett, aber das wäre zu einem Mischanteil mit weniger Verletzungsrisiko und Schaden auch schon bei einem langen, langsamen Dauerlauf passiert – ohne nüchtern loszulaufen.

Nüchternläufe werden tatsächlich von Spitzenläufern, allerdings erst in einem sehr fortgeschrittenen Trainingsstadium, praktiziert. Sie sind aber, wie auch eigene Erfahrungen zeigen, nicht ohne Risiko und für Einsteiger weniger zu empfehlen. Es bleibt dabei: Nüchternläufe können Ernährungsfehler von Abnehmwilligen nicht ausgleichen und für Marathonläufer eine genügende Zahl langer Läufe auf keinen Fall ersetzen!

> Ganz wichtig vor einer längeren Belastung, besonders vor einem Marathon, aber auch vor einer Radtour oder einem Triathlon: Füllen Sie die Kohlenhydratspeicher auf!

## Carbo-Loading und Saltin- oder Schwedendiät

Vor einem Marathon, aber auch vor einer längeren Radtour oder einem Triathlon ist in den letzten Tagen das Auffüllen der Kohlenhydratvorräte (»Kohlenhydratmast«, »Carbo-Loading«, »Superkompensation«) der Leber und Muskulatur ein Muss. Es gibt dazu drei verschiedene Varianten, die im Diagramm auf Seite 129 dargestellt sind. Der Name »Saltin-Diät« geht auf den Schweden Saltin zurück, der über diese Problematik geforscht hat.

● Die einfachste Prozedur erhöht nur in den letzten drei bis vier Tagen vor dem Marathon den Anteil der Kohlenhydrate auf über 70 Prozent (KH-Diät),

**Die Kombination von langem Dauerlauf, Fett-Eiweiß-Tagen und Tempo füllt das Kohlenhydratdepot am stärksten. (Quelle: Steffny, Run Fit Fun, 1997)**

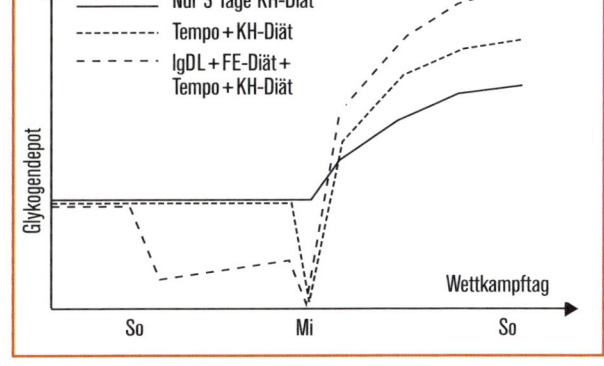

indem man bei einem verminderten Training insbesondere die Fette in der Nahrung reduziert.

● Das zweite Verfahren setzt davor mittwochs einen kurzen, aber nicht zu harten, flotten Lauf, der die Glykogendepots noch einmal leeren soll, was eine bessere Auffüllung zur Folge haben soll.

● Das dritte und radikalste Verfahren besitzt zumindest laut Lehrbuch die größte Wirksamkeit. Man setzt vor das zweite Verfahren drei möglichst kohlenhydratfreie »Fett-Eiweiß-Tage« (FE-Diät), die in der rabiatesten Form zusätzlich mit einem erschöpfenden längeren Lauf eingeleitet werden. (Siehe auch die Rezepte ab S. 189 in diesem Buch).

## So sieht der Magenfahrplan aus

Konkret würde beim dritten Verfahren die letzte Woche für einen Leistungsläufer, der den Marathon in 3 Stunden 15 Minuten absolvieren kann, folgendermaßen ablaufen: am Sonntag 25 bis 27 Kilometer Dauerlauf, der das Glykogendepot leer räubert. In den Tagen danach werden bei leichtem Jogging möglichst gesunde, aber kohlenhydratarme Lebensmittel verzehrt:

- ● Hähnchen
- ● Fisch
- ● Avocado
- ● Gurken
- ● Eier und Käse
- ● Tofu

Sie werden dabei in den folgenden Tagen wegen der Entleerung der Kohlenhydratspeicher und des darin gebundenen Wassers um zwei Kilogramm

Auf die so genannte Saltin-Diät schwören vor allem Spitzenathleten. Sie eignet sich aber durchaus auch für Hobbyläufer.

129

leichter. Mittwochs folgt eine schnelle Einheit, die den Rest des Glykogens verheizen soll, z. B. dreimal 1500 Meter im Marathontempo. Von Mittwochabend an wird wie beim ersten und zweiten Verfahren nur noch wenig gejoggt, verzehrt werden viele Kohlenhydrate in Form von:

- Reis und Brot
- Gemüse und Kartoffeln
- Nicht zu fette Pizza
- Bananen und anderes Obst
- Müsli mit Orangensaft
- Nudeln ohne fette Saucen

Dabei nimmt man wieder ein paar Pfund zu, denn beim Aufbau des Depots speichert man nicht nur Kohlenhydrate, sondern lagert auch die etwa dreifache Menge Wasser ein. Trinken Sie dazu also reichlich! Während das erste Verfahren uneingeschränkt zu empfehlen ist, gilt das nur bedingt für die dritte Extremform. Es bedarf eines Ochsenmagens, um die Fett-Eiweiß-Tage am Wochenanfang schadlos zu überstehen. Auch die Psyche wird einer harten Probe unterzogen, denn der Tempolauf am Mittwoch kann ein Frusterlebnis werden. Man ist völlig platt und kann sich nicht mehr vorstellen, in ein paar Tagen einen Marathon zu laufen.

Wer im Training zuvor genügend lange Läufe absolviert hat, wird mit dem zweiten und dritten Verfahren nur noch geringe Zuwächse beim Glykogendepot erreichen. Die Risiken, dass der Darm, die Muskulatur oder der Kopf nicht mehr mitspielen, können sogar überwiegen.

> Trinken Sie zur Nudelparty reichlich, denn die Glykogendepots werden mit Wasser gespeichert, das beim Laufen als »Stoffwechselwasser« wieder zur Verfügung steht.

## Die Nudelparty – nur ein Mythos?

Am Nachmittag vor einem Marathon kommen die Läufer zu einer Pastaparty zusammen. Die Glykogendepots sollen noch einmal ganz aufgefüllt werden. Die Nudelparty kam aber historisch betrachtet eigentlich nur deswegen zustande, weil es Nudelfirmen gab, die diese Partys sponserten. Nudelpartys sind zwar nicht schlecht, aber es geht noch besser, wie wir gleich sehen werden. Wenn Sie dennoch eine »Pastaparty« veranstalten möchten:

## Die besten Kohlenhydratquellen

(Angaben bezogen auf 100 Kilokalorien – hervorgehoben sind die besten Quellen je Nährstoff)

| Lebensmittel | KH-Gehalt (% kcal) | Kalium (mg) | Magnesium (mg) | Vitamin B1 (mg) | Vitamin C (mg) |
|---|---|---|---|---|---|
| Apfelmus | 98 | 145 | 13 | 0,02 | 3 |
| Rosinen | 95 | 798 | 42 | 0,12 | 1 |
| Dattel | 94 | 234 | 19 | 0,01 | 1 |
| Banane | 92 | 382 | 39 | 0,06 | 12 |
| Honigmelone | 91 | 604 | 18 | 0,11 | 59 |
| Reis, poliert | 90 | 30 | 18 | 0,02 | 0 |
| Feige | 88 | 347 | 29 | 0,05 | 1 |
| Kartoffel | 85 | 587 | 29 | 0,16 | 24 |
| Naturreis | 85 | 44 | 46 | 0,12 | 0 |
| Nudeln (eifrei) | 83 | 45 | 19 | 0,02 | 0 |
| Semmel | 82 | 48 | 11 | 0,04 | 0 |
| Roggenvollkornbrot | 80 | 151 | 36 | 0,09 | 4 |
| Zwieback | 79 | 43 | 5 | – | 0 |
| Vollkornnudeln | 75 | 48 | 16 | 0,09 | 0 |
| Karotte | 74 | 1035 | 61 | 0,25 | 25 |
| Tomate | 59 | 1382 | 80 | 0,34 | 143 |
| Champignons | – | 2533 | 79 | 0,61 | 24 |

- Nehmen Sie Hartweizengrießnudeln, keine Eiernudeln.
- Vermeiden Sie fette Saucen und Beilagen, nehmen Sie stattdessen nur ein wenig Olivenöl.
- Kochen Sie Tomatensauce mit Kräutern.
- Trinken Sie reichlich dazu.

**»Den Mann mit dem Hammer«** nennen Marathonläufer den Leistungseinbruch um Kilometer 30. Dann geht nichts mehr.

Pizza und Pasta sind eigentlich nur dann gute Kohlenhydratträger, wenn die Saucen und die Auflagen nicht zu fett sind, was in den meisten Pizzerien aber leider der Fall ist. Eine Pizza mit dickem Teig ist vorzuziehen. Der Kohlenhydratanteil einer Salamipizza beträgt beispielsweise nur 35 Prozent. Ein Pizzabaguette aus der Tiefkühltruhe enthielt bei Untersuchungen sogar nur 26 Prozent Kohlenhydrate, aber 65 Prozent Fett!

## Power-Carbo-Loading – es geht noch besser

Vergleicht man in der Tabelle auf Seite 131 den Kohlenhydratanteil von geläufigen Kohlenhydratquellen, so zeigt sich erneut, dass Mutter Natur mit Obst, Trockenfrüchten und Kartoffeln den perfekten Ausdauerpowerriegel längst entwickelt hat. Verglichen sind die Inhaltsstoffe, die für eine optimale Glykogendepotauffüllung wichtig sind: Kohlenhydratanteil und Kalium, daneben auch die für Ausdauersportler so wichtigen Inhaltsstoffe Magnesium, Vitamin B1 und Vitamin C. Hervorgehoben sind jeweils die sechs besten Quellen. Die Nudel ist als aufbereitetes Lebensmittel nie unter den Top Six und der Kartoffel, Banane und Rosine in jeder Beziehung unterlegen! Tomaten und Möhren haben zwar einen niedrigeren Kohlenhydratanteil, sind dafür aber wahre Mineral- und Vitaminbomben für den Kohlenhydratstoffwechsel! Berücksichtigt man alle Werte, so empfehlen wir die Power-Carbo-Loading-Rezepte:

Die besten Carbo-Loading-Rezepte finden Sie ab Seite 168 und in der hinteren Umschlaginnenseite.

Kartoffeln mit Möhren in Tomatensauce mit Champignons. Als Nachtisch gibt es Banane und Honigmelone mit Apfelmus und Rosinen. Die Pilze und Tomaten liefern zudem Chrom, das ebenfalls für die Glykogenbildung wichtig ist.

## Was beim Laufen essen?

Bei langen Trainingseinheiten oder Wettkämpfen über eine Stunde kann Trinken vor allem bei warmem Wetter schon während des Laufens wichtig sein. Das gilt erst recht, wenn Sie Marathon laufen. Bei Wassermangel riskieren Sie einen frühzeitigen Leistungseinbruch, sogar massive Muskelkrämpfe. Machen

### So vermeiden Sie den Hammermann beim Marathon

Wenn das Glykogendepot beim Marathon vorzeitig erschöpft ist, man einen »Hungerast« hat, nennt man diesen schlagartigen Leistungseinbruch – der meist um Kilometer 30 auftritt – »die Mauer« oder »den Mann mit dem Hammer«. Wer sich schlecht vorbereitet hat, den trifft es besonders hart. Das muss nicht sein. Gut vorbereitete Marathonläufer erleben keine Mauer, sondern nur ein langsames Schwinden der Kräfte. Fragen Sie sich also rechtzeitig:

• Haben Sie sich genügend lange vor dem Marathon vorbereitet? Eineinhalb Jahre kontinuierliches Lauftraining mit wenigstens drei Laufeinheiten pro Woche sind vonnöten.

• Sind Sie genügend Kilometer, insbesondere in den letzten zehn Wochen vor dem Marathon, gelaufen? Mindestens 45 Kilometer pro Woche sind empfehlenswert.

• Haben Sie die Läufe langsam genug absolviert? Nur dann trainieren Sie Ihren Fettstoffwechsel auch ausreichend intensiv.

• Haben Sie genügend lange Läufe um 30 Kilometer absolviert? Diese Läufe erschöpfen und vergrößern das Glykogendepot und trainieren den Fettstoffwechsel.

• Haben Sie in den drei letzten Tagen vor dem Lauf die Glykogenspeicher genügend mit kohlenhydratreicher Kost aufgefüllt?

• Haben Sie vor dem Rennen auch genügend getrunken und somit Ihre Wasserspeicher gefüllt?

• Ist die Zeit, die Sie am Wettkampftag anstreben, auch dem aktuellen Wetter und der Strecke angepasst?

• Sind Sie zu schnell losgelaufen und haben dadurch das Glykogendepot vorzeitig leer geräubert?

• Haben Sie unterwegs genügend getrunken und, wenn Sie länger als 2,5 Stunden unterwegs sind, auch Kohlenhydrate frühzeitig im Rennen zu sich genommen?

**Oft nur teure Eindruckschinderei: Iso-Drinks brauchen Sie erst ab ca. zwei Stunden intensivster Belastung.**

Sie sich deshalb unbedingt zur Regel, bei Läufen über längere Distanzen bereits an der ersten Verpflegungsstation Wasser oder ein angebotenes Elektrolytgetränk zu sich zu nehmen.

Trinken Sie lieber früher in kleinen Portionen, als später den großen Durst zu löschen, wenn es zu spät ist. Bereits zwei Prozent Wasserverlust führen zu deutlichen Leistungseinbußen.

Wer länger unterwegs ist, sollte frühzeitig, also schon in der ersten Hälfte des Laufs, auch Bananenstücke oder Brot knabbern. So stehen die Kohlenhydrate der Muskulatur später im Rennen noch zur Verfügung.

## Isotone Getränke

Wer Sport treibt, braucht einen Sportdrink – suggeriert uns jedenfalls die Werbung. Da werden uns meist teure Dosen oder Flaschen mit der geheimnisvollen Aufschrift »isotonisch« angepriesen. Isotonisch bedeutet: von gleichem osmotischen Druck, wenn das Getränk also die gleiche Teilchenkonzentration (Mineralstoffe, Kohlenhydrate etc.) hat wie die Flüssigkeiten des menschlichen Körpers, also das Blut. Ein Getränk ist hypoton, wenn es eine kleinere Teilchenkonzentration als das Blut hat. Isotone und hypotone Getränke sind gut zum schnellen Flüssigkeitsersatz geeignet, weil die Schleimhäute des Magen-Darm-Bereichs kein zusätzliches Wasser zur Verdünnung abgeben müssen.

Essen und Trinken (aus Bechern) sollten Sie zuvor im Training in langen Läufen oder bei Vorbereitungsrennen üben.

## *Wettkampfgebräu für den Außenminister*

Vor Marathonläufen habe ich mir als Beschäftigungstherapie gern meine eigenen Getränke gemixt und manchmal auch über meine Gebräue geschmunzelt. Beim New York City Marathon 1999, als der von mir betreute Außenminister Joschka Fischer auf der ewig langen Geraden der First Avenue um Kilometer 30 einen Hänger hatte, habe ich ihm meine Rezeptur mit Cola (siehe unten) eingeflößt. 20 Minuten später in der Bronx ging es ihm wieder besser, und er beendete das Rennen noch in guten 3 Stunden 54 Minuten.

Man nehme ...

• 50 bis maximal 70 Gramm Zucker (Mischung aus Glukose und Saccharose, Haushaltszucker) mit 1 Liter ausgeschütteltem Mineralwasser mit möglichst hohem Hydrogenkarbonatgehalt vermischen. Mehr Zucker behindert die Wasseraufnahme.

• 1 gehäuften Esslöffel Speisestärke dazugeben. Speisestärke ist nicht wasserlöslich, sie muss im Rennen also aufgeschüttelt werden, ist aber osmotisch nicht aktiv und behindert daher die Wasseraufnahme nicht. Sie wird langsamer abgebaut, gibt einem aber extra Kohlenhydrate. Stärke sollte daher nur in den Flaschen drin sein, die man bis Kilometer 25 trinkt.

• Nun noch 100 Milliliter Orangensaft wegen des Geschmacks und Kaliumgehalts hinzugeben, aber nicht mehr, denn zu viel Fruchtsäure verhindert ebenfalls die Wasseraufnahme.

• Wichtig ist 1 Prise Kochsalz (ca. 1 Gramm pro Liter), bis das Wasser etwas salzig schmeckt. Beim Laufen schmeckt das dann richtig gut! Kochsalz – nicht etwa das viel beworbene Magnesium – ist neben Wasser wichtig zur Vermeidung von Krämpfen und fördert die Wasseraufnahme.

• Für die Flaschen ab Kilometer 25 mischt man zur Hälfte ein Colagetränk unter das eben beschriebene Gebräu. Das pusht dann im Rennen nach 15 bis 20 Minuten noch mal ein wenig auf. Im Alltag sollte man Colagetränke als minderwertiges »Junkfood« natürlich vermeiden, aber hier ist es ausnahmsweise sinnvoll. Mehr als 300 Milliliter Colagetränk wird man in der Endphase wohl kaum noch trinken können. Das fällt also nicht unter Koffeindoping.

Bitte testen Sie diese Spezialmischungen zuvor bei einem Trainingslauf oder einem unwichtigen Wettkampf aus. Denn: Unter Stress reagiert jeder Magen anders. Viel Erfolg!

Herbert Steffny

**Nur für Powerläufe sinnvoll** Wirklich Sinn machen solche speziellen Isogetränke nur bei sehr intensiver Belastung – wenn Sie also deutlich länger als zwei Stunden laufen. Achten Sie aufs Etikett: Pro Liter sollte das Getränk 50 bis 80 Gramm Kohlenhydrate (z. B. Maltodextrin, Fruktose und lösliche Stärke) enthalten, die für den nötigen Energienachschub sorgen.

**Auch wenn das kühle Bierchen lockt – das Beste für die rasche, optimale Regeneration nach dem Sport ist und bleibt nur eins: Mineralwasser.**

Für den Energiestoffwechsel sind die Vitamine B1 und B2 sowie die Mineralstoffe Natrium (empfehlenswert: 400 bis 1000 Milligramm), Magnesium und Kalium (120 bis 225 Milligramm) und Chlorid (500 bis 1500 Milligramm) wichtig. Für das normale Trainingspensum ist dies eine Überdosis an Mineralien, die da in Isogetränken steckt. Die kann der Körper bei normaler Belastung gar nicht verwerten. Sie durchlaufen den Körper und enden – als teurer Urin.

## So werden Sie hinterher wieder fit

> Das Hungergefühl meldet sich nicht unmittelbar nach einem Rennen oder anstrengenden Training. Aber Sie sollten rasch den Durst stillen und ein paar Kohlenhydrate aufnehmen.

Nach einem Rennen oder anstrengenden Training sind Sie zunächst erschöpft. Man hat erst keinen großen Hunger, sollte aber möglichst bald den Durst stillen und etwas Kohlenhydrate aufnehmen.

Zu empfehlen sind Fruchtsaftschorlen, Mineralwässer und Bananen, die man sich zum Training und Wettkampf mitnehmen kann. Die Veranstalter bieten im Ziel oft Elektrolytgetränke an. Vielleicht steht Ihnen der Sinn hinterher nach einem kühlen Bier. Bedenken Sie aber, dass Sie bis zu mehreren Litern an Schweiß verloren haben. Es ist schädlich, das unmittelbar danach mit alkoholischen Getränken auszugleichen. Alkohol senkt den Testosteronspiegel, der für die Regeneration so wichtig ist. Man trinkt sich den Trainings-effekt regelrecht wieder raus. Der Körper ist außerdem nach einem Wettkampf massiv geschwächt und daher empfindlich für eine Erkältung oder andere Infektionen.

## Am Abend hochwertige Proteine

Die Glykogendepots lassen sich in den ersten Stunden nach einem Training am schnellsten auffüllen; nach einem Marathon ist ein Teil der Muskelzellen allerdings lädiert und speichert weniger Glykogen. Die Kohlenhydrataufnah-me ist aber wichtig, um den Blutzuckerspiegel anzuheben. Dadurch wird ein weiterer Eiweiß- und Immunkörperabbau zur Gluconeogenese bei Kohlen-hydratmangel verhindert.

In den Folgetagen nach einem anstren-genden Wettkampf sollten Sie besonders auf gesunde und voll-wertige Ernährung Wert legen. So können Sie die Regenerations-phase verkürzen.

Am Abend sollte eine fettarme, an Proteinen hochwertige Mahlzeit auf dem Tisch stehen. Die Immunkörper und Aminosäurereserven sind beim Mara-thon zwar angegriffen worden, Sie brauchen aber deswegen bestimmt kein Eiweiß- oder Aminosäurenpulver.

## Das sorgt für rasche Regeneration

Wie wäre es beispielsweise mit gedünstetem Fischfilet, Pellkartoffeln und gedünstetem Gemüse? Eine ziemlich einfache, aber sehr hochwertige Kohlen-hydrat- und Eiweißversorgung erhalten Sie durch die Kombination Kartoffel mit Ei oder Magerquark. Klar, wenn Sie einen Sieg, eine Bestzeit o. Ä. zu feiern haben, können Sie das mit einem Gläschen Sekt, Wein oder Bier nun auch gern tun.

Neben viel Ruhe nach einem Wettkampf sollten Sie in den folgenden Tagen weiter auf eine besonders gesunde und vollwertige Ernährung achten, die neben viel Gemüse und Obst auch Eiweiß in Form von Milchprodukten, Fisch, Ei und magerem Fleisch enthält.

## *Charly Dolls Verpflegungsstrategie*

Es hat lange gedauert, es sind viele Experimente vorangegangen, bis ich schließlich meine Verpflegungsstrategie gefunden habe. Als ich endlich wusste, was meinem Magen und somit und vor allem auch meinen Beinen gut tut, habe ich sklavisch an meinem Verpflegungsritual festgehalten. Nicht selten bin ich deswegen schon belächelt worden. Beispielsweise weil ich nach einem harten Wettkampf immer Müsli mampfe – und nicht vorher wie viele andere Läufer.

### Die Bratwurst muss erst mal warten

Meine Überzeugung, die sich in der Praxis vielfach bestätigt hat: Besonders nach einer hohen Belastung verlangt der Körper nach sehr hochwertiger Nahrung. Die meisten Läufer missachten dieses einfache Gebot. Wenn sie im Ziel sind, nachdem sie also ihren Körper extrem gefordert haben, gönnen sie sich erst einmal etwas »Gutes«: ein Bier und vielleicht eine Bratwurst, weil viele Volksläufe ja mit einem Volksfest verbunden sind.

Nichts dagegen zu sagen, habe ich auch gemacht. Aber diese Riesenbelastung Bratwurst muss erst mal warten – zunächst füttere ich den strapazierten Organismus mit meinem magenfreundlichen Spezialmixmüsli.

### Meine private Pellkartoffelorgie

Die heiße Phase meines Verpflegungsrituals beginnt natürlich immer schon am Vorabend des Starts. Zu wichtigen Berg- oder Ultraläufen reise ich oftmals zwei Tage vorher an, und zwar mit dem eigenen Wohnwagen, um als kochender Selbstversorger unabhängig zu sein. Abends vor dem Start gibt es immer Pellkartoffeln satt. Pellkartoffeln bis zum Abwinken. Pellkartoffeln, bis der Bauch schmerzt – im wahrsten Sinn des Wortes.

Zu den Pellkartoffeln esse ich immer Kräuterquark und möglichst viel Salz, weil Salz zusätzlich Wasser im Körper bindet. Nach der Pellkartoffelorgie, vor dem Schlafengehen, raffe ich mich immer noch zu einem leichten Bewegungslauf auf, nur zwei Kilometer, mehr nicht. Danach gehe ich mit gutem Gewissen und vor allem sehr gut gefüllten Glykogendepots ins Bett und fühle mich optimal vorbereitet auf das Kommende.

Normalerweise frühstücke ich morgens vier Scheiben Vollkornbrot. Oder Müsli. Aber Müsli ist unmittelbar vor einem Wettkampf nicht zu empfehlen. Müsli liegt im Magen – die Ballaststoffe sind nun mal auch belastend.

## So meistert man Ultraläufe

### Vor dem Start

Was morgens vor dem Start in den Magen kommt, mache ich davon abhängig, welche Art von Belastung mich erwartet. Klar, auf Wettkämpfe, die nicht länger als eine Stunde dauern, bereite ich mich anders vor als auf Ultraläufe, die meinen Körper fünf, sechs Stunden oder noch länger fordern.

- Vor kurzen Läufen löffle ich – immer exakt drei Stunden vor dem Start – aus meiner Plastikdose meinen gekochten Grießbrei, gesüßt mit Honig und einer klein geschnittenen Banane darin. Wenn ich dann am Start stehe, ist die Verdauung des Griesbreis längst abgeschlossen, und das Blut, das sich bislang mit dem Verdauungsvorgang beschäftigt hatte, kann sich jetzt um Wichtigeres kümmern – nämlich um die Durchblutung meiner Beine.

- Vor langen Läufen beginnt meine Verpflegung eine Stunde vor dem Start. Das ist dann eine absolute Bettelmannversion: Es gibt nicht mehr viel; meist nur ein oder zwei Tassen Tee und eine Scheibe helles Brot – das reicht mir.

### Selbstversorger im Rennen

Die erste Stunde eines Ultralaufs betrachte ich immer als Verdauungslauf. Ich lasse es ruhig angehen, ruhiger als meine Konkurrenz. Unterwegs, ab Kilometer 15, fange ich an, jede halbe Stunde ein Stückchen Energieriegel auf Molkebasis (»Ultrasport« von Dr. Feil) zu essen. Die trage ich, mundgerecht geschnitten, als Armband am Handgelenk mit.

Seit ich meine Verpflegung immer am Mann trage, fühle ich mich mental entlastet. Denn natürlich kommt es vor, dass Helfer aus irgendwelchen Gründen nicht mit den vorbereiteten Sachen am verabredeten Platz stehen. Mir ist das früher auch ein paar Mal passiert. Da kommt dann Panik auf – jedes Mal hat mich so eine Panne psychisch tief nach unten gezogen. Und manchmal läuft das Energieniveau dann – mangels Energienachschubs – tatsächlich in den Keller.

Aus diesem Grund führe ich auch auf den letzten 20 Kilometern immer eine Wasserflasche mit. Die hängt dann am Gurt um die Hüfte. Das bisschen Gewicht nehme ich gern in Kauf – aufgewogen durch die Erleichterung, dass nichts schief laufen kann, spielt es kaum eine Rolle.

Besonders bei Ultraläufen spielt ein cleveres Ernährungsmanagement eine ganz wichtige Rolle. Experimentieren Sie ruhig. Denn was letztlich gut tut, muss jeder selbst herausfinden.

# Das Gewicht
## IM GRIFF

**Ohne Ballast läuft
sich's leichter – wie
Sie Ihr Idealgewicht
erreichen und halten**

# Tempo aufnehmen – Pfunde verlieren

Die Folgen der Fehlernährung sind drastisch: Nicht nur Übergewicht, sondern auch die daran gekoppelten Zivilisationskrankheiten Arteriosklerose, Bluthochdruck, erhöhte Blutfettwerte, Gicht, Diabetes mellitus und Leberzirrhose verursachen jährliche Kosten von rund 50 Milliarden Euro.

Über die Hälfte der Erwachsenen ist bei uns bereits übergewichtig, in den USA, trotz »Lightfood« und aller Fitnesskampagnen, sogar noch mehr. Bei stärkerem Übergewicht (BMI über 30, siehe Seite 149f.) steigt das Risiko, an der Zuckerkrankheit zu leiden, bereits um das 100fache!

Gute Futterverwerter hätten früher Vorteile gehabt. Da sie sparsamer mit ihren Kalorien umgehen und sie besser speichern, wären sie in Notzeiten nicht so schnell verhungert. Ihr übergewichtiger Körper war damals noch Kapital. Dünnere Menschen heute treiben nicht nur Sport und ernähren sich vielleicht auch bewusster, sondern gehen stoffwechselphysiologisch oft verschwenderischer mit der aufgenommenen Nahrung um. Die Veranlagung zu Übergewicht wird tatsächlich auch vererbt. Aber die Kalorien muss man erst essen. Der Einfluss der Gene wird auf 33 bis 50 Prozent geschätzt.

> Übergewicht ist nicht nur genetisches Schicksal, sondern natürlich auch eine Frage des richtigen Essverhaltens.

## »Maratonnis« haben es schwerer

»Vorne laufen die Bleistifte, hinten die Radiergummis«, formulierte Manfred Steffny, Herausgeber des Laufmagazins »Spiridon«, treffend. Sicherlich bringen Eliteläufer von Natur aus eine schlanke Konstitution mit, sie haben niedrige Körperfettwerte (Männer 5 bis 13, Frauen 12 bis 20 Prozent) und daher ein günstiges Kraft-zu-Last-Verhältnis. Weiter hinten im Läuferfeld kommen die normalen und dann die etwas schwereren Damen und Herren. Schwergewichtige Marathonläufer über 80 Kilogramm nennt man liebevoll Maratonnis. Dass es sich dabei nicht nur um Muskeln handelt, verdeutlicht eine eigene Untersuchung an 234 Männern. Bei gleicher Durchschnittsgröße von 1,79 Meter hat die Gruppe der Läufer, die zehn Kilometer in 30 bis 35 Minuten laufen kann, ein Durchschnittsgewicht von 68 Kilogramm, die Körperfettwerte liegen bei zwölf Prozent. Die Läufer mit über 55 Minuten über zehn Kilometer haben ein Durchschnittsgewicht von 80 Kilogramm und einen Körperfettgehalt von 20 Prozent, worin noch eine große Leistungsreserve liegt. Eine Abnahme um acht Kilogramm macht einen nicht zum 30-Minuten-Läufer, aber rund fünf Minuten schneller. Im Marathon kann das dann schon fast eine halbe Stunde ausmachen. Zudem sinkt das Verletzungsrisiko.

## Schlank durch Laufen und Ernährungsumstellung

Der Politiker Joschka Fischer formulierte es treffend: Eine Kerze brennt am schnellsten runter, wenn man sie an zwei Seiten anzündet. Wer richtig fit werden will, muss sich nicht nur bewegen – am besten mit Ausdauersport wie Joggen oder Walking –, sondern auch seine Ernährung optimieren. Das gilt noch mehr, wenn Sie abnehmen möchten. Laufen und Powerwalking verbrauchen pro Zeiteinheit die meisten Kalorien und stärken das Herz-Kreislauf-System. Das beste Rezept zum Abnehmen sind auf keinen Fall Diäten. Nur Laufen oder nur Fasten oder nur Ernährungsumstellungen alleine führen nicht zu nachhaltigem Erfolg. Es geht um lebenslängliche Gewohnheitsänderungen.

# So erreichen Sie Ihr Idealgewicht

So geht's nicht weiter! Haben auch Sie schon zig Pfunde abgenommen, immer dieselben, und wiegen hinterher immer noch zu viel oder sogar noch mehr? Wir haben einen Bedarf von täglich rund 2400, essen aber mit durchschnittlich über 3000 Kilokalorien wie einst unsere wesentlich aktiveren Großeltern,

Gewichtsabnahme allein durch Hungern oder gar Rauchen baut weder Muskeln für straffe Beine oder gegen Rückenprobleme noch ein fittes Herz auf. Wirkliche Fitness erwirbt man sich durch Sport und einen vernünftigen Speiseplan.

**Zwei strahlende Sieger:**

**Joschka Fischer und sein**

**Marathontrainer Herbert Steffny.**

## »Mein langer Lauf zu mir selbst«

Die Metamorphose des Joschka Fischer war ein Glücksfall für die Laufbewegung. Im Herbst 1996 war er mit 48 Jahren und 112 Kilogramm tief in einer Lebenskrise. Die dritte Ehe war ebenso wie Diäten gescheitert. Sein Vater starb früh an einem Schlaganfall, und ein enger Bekannter musste sich einer Bypassoperation unterziehen. Joschka Fischer hatte Angst vor einem Herzinfarkt. Beim gelegentlichen Fußballspielen hatte er nach eigenem Bekunden nur noch »den Aktionsradius eines Bierdeckels«.

Als er sich viele Jahre zuvor als hessischer Umweltminister das Rauchen abgewöhnt hatte, kompensierte er den Stress als damaliger Fraktionsvorsitzender der Grünen fortan wie viele Mitmenschen mit Frustessen und Trinken. Eine Abwärtsspirale. Aber das konnte doch nicht alles gewesen sein!

Als hervorragender Autodidakt fand er heraus, dass Laufen und Ernährungsumstellung seine Probleme auf einen Schlag lösen könnten. Zunächst hasste er Laufen, es war »ätzend, sterbenslangweilig und öde«. Doch die längste Reise beginnt mit dem ersten Schritt. Seine Entwicklung vom »Faulus zum Laufus« startete zunächst mit einem 500-Meter-Jogging nachts, im Dunkeln, mit einer Kapuze über dem Kopf, um den Bundestag. Es war ein frustrierendes Erlebnis, doch er machte weiter. Zusätzlich reduzierte er seine Kalorienaufnahme unter dem Motto: »No meat, no sweets, no alcohol.« Er stellte die Ernährung Richtung mediterrane Kost mit viel Obst um. Eineinhalb Jahre danach lief er im April 1998 mit nur noch 74 Kilogramm mit seinem Marathontrainer Herbert Steffny den Hamburg-Marathon in 3 Stunden 41 Minuten. Auch als Außenminister beendete er später den New-York-City- und Berlin-Marathon jeweils unter vier Stunden. Laufen entwickelte sich von einer Hassliebe zur Meditation, zum Fitness- und Entspannungstraining. Laufen wurde zu der »ihm naturgemäßesten Droge«. Joschka Fischer begeisterte als Vorläufer der Nation und mit seinem Buch »Mein langer Lauf zu mir selbst« Tausende von Übergewichtigen, erfolgreich seinen Weg einzuschlagen, statt sich weiter Diätenfrust auszusetzen.

die mehr körperlich arbeiteten und lange Fußwege zurücklegen mussten. Die überzähligen Kalorien tragen wir als Rettungsring, Wohlstands- oder Kummerspeck mit uns herum.

## Diätenwirrwarr und Wohlstandsspeck

Mit der so genannten Trennkost werden bisweilen Erfolge erzielt, aber kein Urmensch hätte im Tagesverlauf ernsthaft Kohlenhydrate und Eiweiße getrennt aufgenommen. Schon die Muttermilch, die natürlichste Ernährung, enthält beides zusammen. Der Haupteffekt liegt sicherlich in den empfohlenen Lebensmitteln wie Gemüse und Obst. Aber die werden auch bei vollwertiger Ernährung vermehrt aufgenommen.

Wer wie bei der Atkins-Diät die angeblichen Dickmacher Kohlenhydrate meidet, entleert lediglich vorübergehend sein Glykogendepot und das damit gebundene Wasser, verliert also ein paar Pfund. Die Fettdepots wurden gar nicht angegriffen. Bei der nächsten Gelegenheit wird der Körper die Kohlenhydratspeicher sofort wieder auffüllen. Wirklich dick machen nur die fetten Saucen, nicht die Kartoffeln!

## Der Jo-Jo-Effekt – mit Diäten dicker werden

Bei manchen Fastendiäten ohne körperliche Bewegung wird sogar körpereigenes Muskelgewebe angegriffen. Zur Ernährung der Nerven und des Gehirns benötigen wir Kohlenhydrate. Beim Hungern synthetisiert sich der Körper diese aus dem Eiweiß der Muskulatur. Das ist, wie wir schon gesehen haben,

### Übergewicht und Adipositas

**Ursachen**

- Kalorienaufnahme über Bedarf
- Kalorienaufnahme als Trost für die Seele
- Genetische Veranlagung
- Niedrigerer Grundstoffwechsel (Muskulaturverlust, im Alter)

**Folgen**

- Bluthochdruck
- Gefäßverkalkung
- Diabetes mellitus (Typ 2)
- Gallensteine
- Gelenkleiden
- Atemnot

*Das Fettdepot wird nur durch körperliche Aktivität und bedarfsangepasste vollwertige Ernährung abgebaut. Wunderdiäten – und von denen gibt es hunderte – wirken meist nur kurzfristig oder gar nicht.*

fatal, denn Muskulaturverlust bedeutet nicht nur weniger Fitness, sondern senkt gleichzeitig den aktiven fettfreien Körperanteil. Der Grundstoffwechsel sinkt weiter ab. Wegen einer Anpassung aus Urzeiten funktionieren Crashdiäten selten: Während einer Diät senkt der Körper den Grundstoffwechsel. Er kommt mit weniger aus. Zudem nutzt der Darm die vorhandenen Kalorien besser aus. Diese Effekte halten für Monate an. In Urzeiten, als die Lebensmittelvorräte kleiner bis nicht vorhanden waren, war das eine sinnvolle Anpassung. Isst man heute nach einer Diät wieder normal, speichert der Körper alle Kalorien, derer er habhaft werden kann, für vermeintliche Notzeiten, die nicht mehr kommen. Man nimmt zu: der bekannte Jo-Jo-Effekt.

## Die »Friss-das-Doppelte-friss-die-Hälfte-Diät«

Erfolgreich sind nur langfristige Verhaltensänderungen. Wir haben uns vielleicht über Jahrzehnte viele schlechte Ernährungsweisen angewöhnt; daher sollte eine Umstellung ähnlich wie beim Training nur langsam erfolgen. Ihre Darmflora muss sich vielleicht erst noch an gesunde Lebensmittel gewöhnen. Ernährungsweisen wie Mittelmeerkost, Kreta- oder mediterrane Diät sind eigentlich keine echten Diäten, sondern eher Empfehlungen, was man bei der Lebensmittelauswahl bevorzugen soll. Wenn es schon eine »Diät« sein muss, wie wäre es mit der »Friss-das-Doppelte-und-friss-die-Hälfte-Diät«? In Zukunft das Doppelte an gesunden Lebensmitteln wie Obst, Gemüse, Salate, Fisch, Vollkorn- und Milchprodukte und nur noch die Hälfte von beispielsweise Schokolade, Eiscreme, fetten Saucen, Fleisch, Alkohol oder Kaffee. Das wissen Sie eigentlich. Aber nicht Wissen, sondern Handeln ist Macht! Man muss es also auch tun!

Schon der gesunde Menschenverstand rät uns zu dieser Umstellung, und eigentlich kann jeder diese Empfehlung nachvollziehen. Nichts ist verboten, nur die Relationen müssen wie in den Beispielen der Tabelle auf Seite 148 neu

*Vergessen Sie Diäten. Je weniger Nahrung der Körper bekommt, umso mehr Hormone produziert er. Diese signalisieren dem Gehirn: Hunger!*

gesetzt werden. Allein diese simple Umverteilung könnte schon viele Ernährungsmängel ausgleichen, und einmal umgestellt ist sie die Ernährungsrichtlinie für das ganze Leben!

### Links wie ein König – rechts wie ein Bettelmann

Die Tabelle auf der nächsten Seite ist keineswegs vollständig. Vielleicht finden Sie bei Ihren Ernährungsgewohnheiten weitere Beispiele, mit denen Sie die Tabelle ergänzen können? Von links nach rechts nimmt innerhalb der jeweiligen Kategorie die Nährstoffdichte (Vitamine, Mineralien und Faserstoffe im Verhältnis zur Kalorienzahl) ab, aber der Fett-, Zucker-, Koffein- oder Alkoholgehalt und industrielle Verarbeitungsgrad und damit oft die Menge der bedenklichen Zusatzstoffe zu. Noch einmal:

● Nichts ist verboten, aber von den Lebensmitteln in der ersten Spalte sollten Sie möglichst oft,

● von denen in der mittleren Spalte weniger

● und von dem Junkfood in der rechten Spalte möglichst selten essen.

Ändern Sie also Ihre Ernährungsgewohnheiten von rechts (Fett, leere Kalorien, Zucker, Zusatzstoffe, zu viel Koffein oder Alkohol) nach links (hohe Nährstoffdichte, vollwertiger, naturbelassener).

Hören Sie auf Ihren Körper. Fragen Sie sich, ob Sie auch wirklich Hunger haben, und essen Sie dann entsprechend.

## Normal-, Idealgewicht und Bodymass-Index

Kennen Sie Ihr Gewicht, ist es in Ordnung, oder steigen Sie auf keine Waage mehr? Was ist normal und was ist ideal? Das ist individuell sicherlich verschieden, aber nicht nur Geschmackssache, und selbstverständlich haben sich Mediziner und Ernährungsexperten dazu Gedanken gemacht. Der hier empfohlene Optimalbereich ist also nicht das Wunschdenken einer Modellagentur. Dort müssten Sie sich garantiert untergewichtig vorstellen! Er stammt vielmehr aus

## *Die Auswahl macht's*

| Lebensmittel | Super! | Mäßig! | Nicht so toll! |
|---|---|---|---|
| Kartoffeln | Pellkartoffel, Salzkartoffel | Bratkartoffel, Pommes frites, Gnocchi | Instantpüree, Kroketten, Chips |
| Pizza, Pasta & Co. | Hartweizengrießnudel mit Tomatensauce, Salat | Gemüsepizza mit dickem Teig | Spaghetti mit Carbonara- oder Gorgonzolasauce |
| Brot | Natursauerteigbrot, Knäcke-, Vollkornbrot | Mischbrot | Weißbrot, Toastbrot |
| Brotbelag | Tomaten, Magerquark, Hüttenkäse, Gurken- oder Bananenscheiben | Honig, Marmelade mit Fruchtstücken, magerer Schinken, Putenfleisch, Erdnussbutter | Butter, Schokoaufstrich, fetter Käse, Wurst |
| Fisch und Fleisch | Gedünsteter Fisch, mageres Wildfleisch und Geflügel | Schnitzel, Kotelett, gebratener Fisch | Haxe, Fleischbraten, Würstchen, Hamburger, Bauchspeck |
| Eierspeisen | Gekochtes Ei | Omelett, Rührei, Spiegelei | Rührei mit Speck |
| Zerealien | Müsli ohne Zucker, mit ungeschwefelten Früchten, Haferflocken | Gekauftes Müsli mit Zucker und/oder Schokochips | Honigpops, Schokoflips, Cornflakes |
| Milchprodukte | Fettarme Frischmilch, Kefir, Magerquark, fettarmer Joghurt | Vollmilch, fettarmer Käse, Quark | Dosenmilch, Kaffeesahne, Sahne, fetter Rahmkäse |
| Naschereien, Süßungsmittel | Obst, ungeschwefelte Trockenfrüchte | Honig, Ahornsirup, Gummibären, Bitterschokolade | Zucker, Süßstoff, Vollmilchschokolade, Sahneeis |
| Kuchen | Obstkuchen, frischer Zwetschgenkuchen | Rührkuchen, Käsekuchen, Apfelkuchen | Cremetorte, Sachertorte, Schwarzwälder Kirschtorte |
| Knabbereien | Selbst gemachtes Popcorn, Studentenfutter | Nüsse | Chips, Salzstangen, Flips |
| Trauben | Traubensaft | Rotwein | Weinbrand |
| Frucht, Saft | Die Frucht selbst, frisch gepresster Saft | Fruchtsaft aus Konzentrat | Fruchtsaftgetränk, Nektar, Limonade, Brause |
| Flüssigkeitsaufnahme | Mineralwasser, Früchtetee, Schorle, Frucht-, Gemüsesaft | Schwarzer Tee, Isogetränke | Kaffee, alkoholische Getränke |
| Alkohol | Alkoholfreies Bier | Wein, Bier, Sekt | Schnaps, Whisky, Rum |
| Koffein | Schwarzer Tee | Kaffee | Colagetränke, Designerdrinks |

den Sterblichkeits- und Risikotabellen von Kranken- und Lebensversicherern und soliden wissenschaftlichen Untersuchungen. Die vorgegebenen Bereiche lassen ein wenig persönlichen Spielraum nach oben und unten zu.

## Der Bodymass-Index (BMI)

Der BMI zeigt an, ob Ihr Gewicht zu Ihrer Größe passt. Er wird so ermittelt:

$$BMI = \frac{\text{Körpergewicht in Kilogramm}}{\text{Körpergröße in Meter zum Quadrat}}$$

### Die Broca-Formeln

- Normalgewicht = Größe (cm) minus 100,
  Beispiel: 180–100 = 80 kg
- Idealgewicht = minus 10 Prozent,
  Beispiel: (180–100) x 0,9 = 72 kg

Das Normalgewicht liegt im Vergleich zum Bodymass-Index mehr am oberen Rand der Gesundheitsempfehlungen, das Idealgewicht mehr in der Mitte.

Ein Beispiel: Mit 72 Kilogramm und 1,80 Meter Größe hätte man einen BMI von 72 : (1,8 x 1,8) = 22,2 – das ist in Ordnung!

- *Sollwerte Männer:* 20 bis 25
- *Sollwerte Frauen:* 19 bis 25
- *Untergewicht:* unter 19
- *Übergewicht:* über 25
- *Fettsucht (= Adipositas):* über 30

## Das Risiko steigt mit dem Gewicht

Bei einem Bodymass-Index über 27 steigt das Risiko einer koronaren Herzerkrankung, aber auch vieler anderer Erkrankungen deutlich an. Die orthopädische Belastung steigt ebenfalls stark mit dem BMI. Fettsucht verkürzt das Leben statistisch um vier Jahre.

Ausdauersportler liegen fast immer im Optimalbereich. Leichtes Untergewicht kommt bei austrainierten Athleten vor. Zur Leistungsoptimierung wirft

Ein Beispiel: Eine übergewichtige Frau hat einen BMI von 28 und möchte in den Idealbereich mit BMI 23 kommen. Sie ist 1,75 m groß. Berechnung: 23 multipliziert mit 1,75 x 1,75 = 70,6 Kilogramm für das anzustrebende Gewicht.

## Die BMI-Tabelle

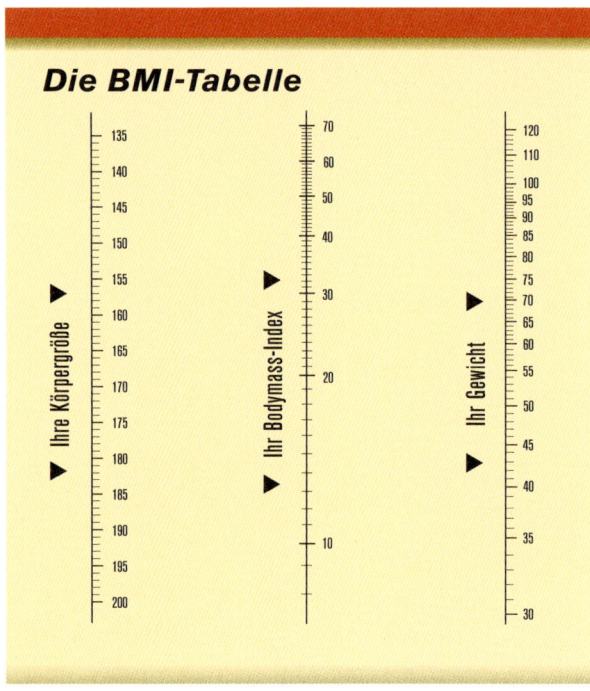

**Ihre Körpergröße** ▶
135
140
145
150
155
160
165
170
175
180
185
190
195
200

**Ihr Bodymass-Index** ▶
70
60
50
40
30
20
10

**Ihr Gewicht** ▶
120
110
100
95
90
85
80
75
70
65
60
55
50
45
40
35
30

Sie können Ihren BMI anhand der obigen Tabelle ablesen: Markieren Sie Ihre Körpergröße (links) sowie Ihr Gewicht (rechts), und verbinden Sie die beiden Punkte miteinander.

man (Fett-)Ballast ab. Leichtes Übergewicht ist ebenfalls gesundheitlich kein Problem und erst recht kein Grund zu rauchen. Das wäre eine unsinnige Abnehmmethode, bei der man einen schwachen Risikofaktor durch einen starken ersetzt. Dann laufen Sie lieber und verbessern die Ernährung.

## Schwere Knochen oder zu viel Fett?

Der Körperfettanteil, das für die Gesundheit wichtige Verhältnis von passivem Fett zu aktivem Muskel-, Knochen- und Organgewebe, wird aber weder bei den Broca-Formeln noch beim Bodymass-Index berücksichtigt. So kann ein Bodybuilder wegen seiner Muskelberge nach dem BMI durchaus übergewichtig sein. Letztlich ist aber nur zu viel Körperfett, also passives Körpergewebe das gesundheitliche Problem. Sie kennen die Ausrede: »Ich habe halt zu schwere Knochen für meine Größe!« Eine Fettmessung mit modernen Waagen (Bioimpedanz) oder mit Fettzangen (Caliper) deckt die Wahrheit auf. Lange haben wir vielleicht keinen Sport getrieben, zwar unser Gewicht gehalten, aber unmerklich die Muskulatur abgebaut. Im Alter von 30 Jahren wurde es dann immer schwerer, nicht zuzunehmen. Wir haben nicht gemerkt, dass der Fettanteil zuungunsten der aktiven Körpermasse zunahm. Die Körperfettmessung zeigt den wahren Fitnesszustand, das prozentuale Verhältnis von aktivem zu passivem Gewebe.

Bei Männern liegen die optimalen Fettwerte zwischen 13 und 21 Prozent und bei Frauen zwischen 18 und 26 Prozent. Wettkampfläufer liegen in den unteren Bereichen, Eliteläufer weit darunter. Charly Doll und Herbert Steffny hatten zu ihrer Weltklassezeit Fettwerte von nur noch sieben bis acht Prozent.

## Birne oder Apfel – wo sitzt die Problemzone?

Nicht nur zu viel Fett ist ein Risikofaktor, sondern auch das Verteilungsmuster am Körper. Genauer gesagt um die Taille und Hüfte. Frauen haben eher eine gesundheitlich günstigere gynoide Verteilung. Das bedeutet, das Fett ist eher birnenförmig verteilt, also weniger um die Taille als um die Hüfte. Bei Männern überwiegt die androide apfelförmige Verteilung mit mehr Fett am Bauch als an Oberschenkeln und Gesäß. Durch Messung des Taillen-Hüftumfang-Verhältnisses (waist to hip ratio) können Sie Ihr koronares Risiko selbst ermitteln. Nehmen Sie ein Bandmaß, und messen Sie im Stehen den Taillenumfang an seiner engsten Stelle, etwa in Höhe des Bauchnabels, und anschließend an der weitesten Stelle um Hüfte, Gesäß oder auch Oberschenkel. Mogeln Sie aber nicht, indem Sie mit dem Band in die Problemzonen einschneiden. Teilen Sie nun den Taillenumfang durch den Hüftumfang. Nun vergleichen Sie Ihren Wert mit der Tabelle auf der nächsten Seite.

Übrigens: Frauen, die häufiger zu- und abnehmen, neigen eher dazu, mehr Bauchfett anzusetzen, also einen ungünstigeren androiden Typ zu entwickeln.

## Fitschlank oder fettschlank?

Schlank zu sein bedeutet nicht, dass Sie fit sind! Das Image vermittelt zwar die Werbung, aber Sie können sich, wie schon angedeutet, auch mit Rauchen und Hungerdiäten schlank halten. Dabei bauen Sie jedoch weder straff geformte Beine mit Muskeln noch ein leistungsfähiges Kreislauf- und Lungensystem auf! Beispielsweise ist schlanken, aber keinen Sport treibenden Frauen ihr relativ hoher prozentualer Fettanteil wegen der verlorenen oder nie antrainierten Muskelmasse zunächst gar nicht anzusehen. Eine Fettmessung zeigt aber

### Der Bauch-Hüft-Quotient

| Gesundheitsrisiko | Männer | Frauen |
|---|---|---|
| Hohes Risiko | Über 0,95 | Über 0,85 |
| Mittelgradig erhöhtes Risiko | 0,90–0,95 | 0,80–0,85 |
| Geringes Risiko | Unter 0,90 | Unter 0,80 |

schnell, ob sie fitschlank oder fettschlank sind. Frauen haben einen großen Teil ihres Körperfetts im Körper, Männer meist gut sichtbar am Bauch! Körperfett über 25 Prozent bei Männern und über 35 Prozent bei Frauen ist gesundheitlich bedenklich, wobei die Sterblichkeit bei leicht übergewichtigen, aber ausdauertrainierten Personen kaum gesteigert ist. Eine erhöhte orthopädische Belastung bleibt dagegen bestehen.

## Hilfe, mein Fettanteil schwankt!

Bei Verwendung der modernen Bioimpedanzwaagen sind nicht wenige irritiert, dass die Fettwerte im Tagesverlauf schwanken. Verrückte Welt: Morgens wiegen sie nach dem Aufstehen am wenigsten, der Fettwert ist aber am höchsten. Am Nachmittag ist es umgekehrt. Man war ohnehin misstrauisch und möchte der lästigen Waage nun endgültig keinen Glauben mehr schenken. Doch halt! Bevor Sie das Objekt Ihrer Wut aus dem Fenster werfen, stellen wir eine Überlegung an. Warum ist man eigentlich am Morgen am leichtesten? Nicht weil Sie über Nacht viel Fett abgebaut, sondern weil Sie Wasser verloren haben. Dadurch wird der relative Fettwert natürlich höher. Nachmittags haben Sie dann schon einiges gegessen und getrunken, aber wohl kaum einen Liter Olivenöl zu sich genommen. Mit der Gewichtszunahme von ein bis zwei Kilogramm im Tagesverlauf steigt der Wasseranteil in Ihrem Körper, prozentual haben Sie somit weniger Fett, die absolute Fettmenge ist dabei so ziemlich gleich geblieben. Hoffentlich ist nun der Frieden mit Ihrer Waage wiederhergestellt.

*Frauen haben im Gegensatz zu Männern im Verlauf des Monatszyklus durch Wassereinlagerungen größere natürliche Gewichtsschwankungen.*

## Hilfe, mein Gewicht stagniert!

Manche nehmen nicht oder nur langsam ab, weil Laufen allein einen geringeren Effekt als Sport plus kalorienangepasste Vollwertkost hat. Mancher Läufer reduziert eben nicht die Zahl der Hefeweizen oder Schokoladentafeln und sündigt munter weiter. Aber selbst wer mit Sport und Ernährungsumstellung sinnvoll abnehmen möchte, braucht nicht nur Ausdauer in den Beinen, sondern auch ein wenig Geduld im Kopf. Vielleicht laufen oder walken Sie schon seit einem Monat, aber nichts tut sich auf der Waage! Alles umsonst?

Wiederum würde eine Fettmessung hierbei helfen. Unmerklich hat sich Ihr Körperfettanteil bereits verringert, aber wieso wiegen Sie immer noch dasselbe? Ganz einfach, die fettfreie, aktive Körpermasse hat zugenommen, weil Sie

> Morgens bringt jeder weniger Gewicht auf die Waage als abends. Nicht, weil über Nacht Fett abgebaut wurde, sondern weil im Schlaf Wasser verloren geht.

## *Abnehmen im Schlaf – und es geht doch!*

Das darf nicht wahr sein! Das klingt wie ein billiges Versprechen aus dem Anzeigenteil der Boulevardgazetten. Keine Angst, es wird jetzt nicht unseriös. Je mehr Muskulatur, also aktives Gewebe Ihr Körper aufweist, desto höher ist Ihr Grundstoffwechsel selbst nachts im Bett, also auch, wenn Sie schlafen. Während eine Fettzelle proppenvoll vor sich hinschlummert und von ihrem Einsatz bei der nächsten Hungersnot träumt, herrscht in Ihren Muskelzellen geschäftiges Treiben. Selbst im Schlaf wird gepflegt, repariert, umgebaut, die Energiespeicher aufgefüllt. Die Bedeutung und Konsequenzen der Körperfettmessung mag folgendes Beispiel veranschaulichen: Chrissi und Maria wiegen beide 65 Kilogramm, sie sind 1,70 Meter groß und haben somit einen BMI von 22,5. Eigentlich ideal, aber Maria hat einen Körperfettanteil von 26 und Chris-

si von nur 22 Prozent. Auch diese Zahlen sind in Ordnung und liegen bei beiden Frauen im mittleren bzw. oberen Gesundheitsbereich. Maria müsste entweder rund 3,3 Kilogramm abnehmen, um auf den Fettwert von Chrissi zu kommen, oder vielleicht besser ihre Muskulatur auftrainieren und dadurch das Verhältnis verschieben. Aber es gibt noch einen anderen Aspekt. Durch den leicht höheren Fettanteil von nur vier Prozent ist der Grundstoffwechsel von Maria mit etwa 1400 Kilokalorien um 60 Kilokalorien am Tag niedriger als der von Chrissi. Nicht viel, sollte man meinen. Aber was ist nach 365 Tagen? In Unkenntnis einer Fettmessung könnte man vielleicht glauben, dass beide dasselbe essen dürfen. Dem ist nicht so – Maria wäre bei gleicher Ernährung in einem Jahr rein rechnerisch rund 3,4 Kilogramm schwerer als Chrissi!

## *Der Gourmand – laufen und laufen lassen*

»Herr Steffny, Sie müssen als Spitzensportler doch bestimmt auf vieles verzichten?«, wurde ich früher von Reportern oft gefragt. Ich antwortete mit einer Gegenfrage: »Haben Sie manchmal oder öfter ein schlechtes Gewissen beim Essen? Ich jedenfalls nie!« Ich habe keine Angst vor Völlerei oder einer Magenerweiterung. Ich schäme mich nicht meiner Begehrlichkeit, jedenfalls nicht, wenn es hervorragend schmeckt. Wer regelmäßig läuft, hat die Kalorien längst im Griff, vorbei ist der Diätenfrust. Von wegen Abstinenz, und Opulenz mündet nicht in Korpulenz. Als ich früher vor den großen Citymarathons oder gar Olympischen Spielen an die 200 Kilometer oder mehr pro Woche trainierte, konnte ich essen, was ich wollte, und nahm noch ab! Kostprobe einer Fressorgie aus meinem Trainingstagebuch gefällig?

»Als ich heute in der Pizzeria den großen italienischen Salat, die Spaghetti mit Tomatensauce und die Gemüsepizza orderte, war der Ober irritiert und fragte mich, ob ich nicht erst mal nur den Salat und die Nudeln bestellen wollte. »Nein, bringen Sie mir auch die Pizza, aber die große bitte!« »Das ist aber viel!«, war seine letzte Gegenwehr. Ich konterte: »Ja, genau das will ich!« Nachdem die Teller bald ratzeputz geleert waren, staunte der Kellner nicht schlecht, als ich zu allem Überfluss noch eine Nachspeise bestellte. »Wie kann so ein dünner Kerl so viel verschlingen?!« Wenn der wüsste, dass ich,

bevor ich in die Pizzeria ging, schon zu Hause gegessen hatte; sonst hätte ich es nach den zwei 20-Kilometer-Läufen heute gar nicht so lange ausgehalten!«

Meine Siege habe ich früher nicht nur mit Mineralwasser gefeiert. Da durfte es gern einmal Champagner sein. Auch heute sind mir Genuss und Spaß beim Essen wichtig. Morgens Müsli, abends ein Viertel Rotwein. Wer viel für seine Gesundheit tut, darf auch mit Genuss ein wenig sündigen, das ist in Ordnung. Und wenn es mir wirklich gut schmeckt, schlemme ich noch gern ein bisschen (viel) mehr. Ich bin eben ein Gourmand. Von guten Sachen nur ein Häppchen, etwa der Kinderteller? Nein! Es darf schon etwas mehr sein. Und damit man nicht zunimmt, kommt mir Laufen gerade recht. Laufen und laufen lassen – alles zu seiner Zeit! Übrigens, meine Lieblingsweine sind Barolo und Brunello di Montalcino. Da genehmige ich mir schon mal mehr als ein Viertel. Und morgen wird garantiert wieder eine Stunde gelaufen und Müsli und Obst gegessen. Das schmeckt mir ja auch!

*Genuss ist wichtig. Morgens ein Müsli – aber warum nicht abends ein gutes Glas Rotwein?*

## Energieverbrauch beim Laufen

Näherungswerte in Kilogramm pro Stunde (kcal/h) in Abhängigkeit von Körpergewicht und Tempo

| Tätigkeit | Tempo | Körpergewicht | | | | | |
|---|---|---|---|---|---|---|---|
| | | 50 kg | 60 kg | 70 kg | 80 kg | 90 kg | 100 kg |
| Liegen | – | 66 | 81 | 90 | 102 | 117 | 132 |
| Sitzen | – | 84 | 102 | 120 | 132 | 150 | 168 |
| Wandern mit Rucksack | 5 | 300 | 360 | 420 | 474 | 540 | 600 |
| Bergsteigen | – | 450 | 519 | 612 | 690 | 777 | 870 |
| Spazierengehen | 3 | 138 | 171 | 198 | 222 | 255 | 279 |
| Walking | 6 | 222 | 270 | 318 | 360 | 408 | 456 |
| Nordic Walking* | 6 | 350 | 425 | 501 | 565 | 641 | 716 |
| Power Nordic Walking* | 9 | 791 | 961 | 1121 | 1272 | 1432 | 1601 |
| Powerwalking | 9 | 504 | 612 | 714 | 810 | 912 | 1020 |
| Racewalking | 12 | 770 | 880 | 990 | 1100 | 1210 | 1320 |
| Jogging | 9 | 438 | 531 | 624 | 702 | 795 | 888 |
| Dauerlauf | 12 | 642 | 771 | 906 | 1024 | 1155 | 1290 |
| Tempodauerlauf | 16 | 798 | 963 | 1128 | 1278 | 1437 | 1602 |
| Laufen (Renntempo) | 20 | 960 | 1158 | 1356 | 1536 | 1731 | 1932 |

* Mit intensivem Armeinsatz (Zusammenstellung nach verschiedenen Autoren)

zu Beginn beim Laufen erst einmal Beinmuskulatur aufgebaut haben. Die Sehnen und langfristig auch die Knochen werden ebenfalls stärker. Wenn Sie begleitend Kraftübungen für die Rumpfmuskulatur eingebaut haben, kommen auch hier ein bis zwei Kilogramm hinzu. Beim Powerwalking oder Nordic Walking sogar auch Muskeln an den Armen.

## Nach dem Muskelaufbau beginnt
## die Gewichtsabnahme

Kurzum: Sie sind zwar wesentlich fitter und gesünder, aber dabei noch nicht leichter geworden! Erst nach ein bis zwei Monaten beginnt dann die Fettabnahme deutlich auf der Waage in Kilogramm messbar zu werden, nachdem die Muskeln aufgebaut sind. Wer z. B. 2000 Kilokalorien wöchentlich durch Jogging (dreimal 40 Minuten und am Wochenende eine Stunde) zusätzlich verbrennt, nimmt pro Monat je nach Gewicht eineinhalb bis zwei Kilogramm Fettgewebe ab. Voraussetzung: Sie werden nicht wieder durch eine Mehraufnahme über den Sportverbrauch hinaus ausgeglichen.

Wem diese sinnvolle und moderate Abnahme zu langsam ist, müsste zusätzlich noch ein wenig hungern. Mit 300 Kilokalorien weniger am Tag nehmen Sie weitere eineinhalb Kilogramm Fett pro Monat ab. Lassen Sie sich aber Zeit, und ändern Sie langsam, aber konsequent alte Verhaltensmuster. Viele haben sich 20 Kilogramm Übergewicht in zehn Jahren angefuttert. Diese in einem Jahr bei moderater Abnahme zu verlieren, ist schnell!

Noch etwas ist scheinbar paradoxerweise zu berücksichtigen: Je leichter Sie werden und je ökonomischer Sie stilistisch bald laufen, desto weniger Kilokalorien verbrauchen Sie pro Kilometer. Das ist natürlich kein Grund, schwer zu bleiben. Sie müssen nun für die gleiche zu verbrauchende Kalorienzahl also etwas länger trainieren. Wenn Sie das Thema Abnehmen vertiefen möchten: Lesen Sie den Bestseller »Lauf dich schlank!« von Ulrich Pramann (Südwest Verlag).

> Weitere Gründe, warum Sie zunächst kein Gewicht verlieren: Muskeln binden Wasser. Weiterhin vergrößert sich das Blutvolumen. Auch die Kohlenhydratspeicher im Glykogendepot und darin gebundenes Wasser haben sich vermehrt.

# Essstörungen und Laufen

Die einen fressen Probleme regelrecht in sich hinein, die anderen möchten sich verdünnisieren: Auch starkes Untergewicht kann ein gravierendes Problem sein. Magersucht oder Anorexie findet sich in der Regel bei Mädchen und Frauen, deutlich weniger, aber zunehmend auch bei Männern. Nach einer Studie aus dem Jahr 2002 der Universität Jena leidet bereits jede dritte Schülerin an Frühformen von Mager- oder Ess-Brech-Sucht (Bulimie). Unter Läuferinnen bis hin in die nationale und internationale Spitze sind diese Krankheiten ebenfalls keineswegs selten. Im typischen Fall handelt es sich um überdurchschnittlich intelligente, sportliche, introvertierte Heranwachsende aus gutem Haus, die mit sich selbst unzufrieden sind. Diäten- und Schlankheitswahn, das Idol der Magermodels und Barbiepuppen etc. tun ihr Übriges. Das Essen wird verweigert, ein fatales Spiel mit der eigenen Gesundheit nimmt seinen Lauf – unter Umständen sogar bis hin zum Tod.

## Ernährungsempfehlungen

**Essen Sie:**

- Fettärmer, bevorzugt pflanzliche Öle und Meeresfisch. Stellen Sie sich jede Fettportion mehr als doppelt so groß vor, um den Fettkaloriengehalt zu erahnen.
- Kohlenhydratreicher, aber mit weniger Industriezucker und mehr komplexen Kohlenhydraten
- Weniger tierisches Eiweiß – Fleisch nur als Beilage
- Dafür hochwertige tierisch-pflanzliche Eiweißkombinationen
- Frische Produkte, möglichst saisonal und aus der Region
- Alle Nahrungsmittel möglichst wenig aufbereitet und naturbelassen
- Lebensmittel mit möglichst hoher Nährstoffdichte
- Täglich mehrfach frisches Obst, Gemüse und Rohkostsalate
- Bevorzugt Vollkornprodukte
- Gedünstetes und Gedämpftes statt Gebratenes und Frittiertes
- Möglichst abwechslungsreich

**Trinken Sie:**

- Reichlich!!! Zusätzlich mind. 1,5 Liter Flüssigkeit pro Tag
- Mineralwasser, Obstsaft, Schorlen und Gemüsesäfte, Früchtetees, Suppen
- Weniger Kaffee, schwarzen Tee und Alkohol

## Leiden am Leben

Die Laufleistung hängt bis zu einem gewissen Grad vom leichteren Gewicht ab; insofern kann der Sport sogar als Alibi und Deckmantel für Magersucht bei Leistungsläuferinnen herhalten. Als Ursache werden Störungen in der Geschlechtsidentifikation, Erziehungsdruck und familiäre Zerrüttung angenommen. Magersüchtige gehören daher eigentlich in psychotherapeutische Behandlung.

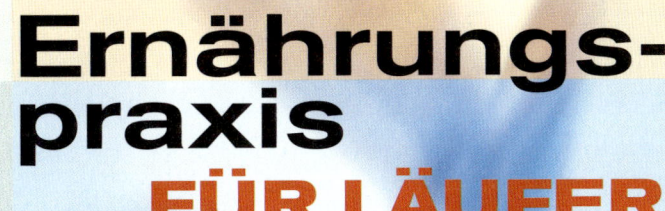

# Ernährungs-
# praxis
## FÜR LÄUFER

Olympiakoch
Charly Doll verrät,
wie's auch in der
Küche läuft

# Charly **Dolls** Küchen-geheimnisse

Für mich sind Frische und Qualität von Lebensmitteln das A und O. Denn worauf kommt es bei Nahrungsmitteln an? Auf den Geschmack. Auf das Aroma. Auf einen möglichst niedrigen Gehalt an Schadstoffen. Und vor allem auf den Nährwert. Frische ist für den Nährwert entscheidend. Besonders bei Obst und Gemüse, aber auch bei Fleisch und Fisch. Bei Obst und Gemüse sinkt der Gehalt an wertvollen Substanzen gleich nach der Ernte rapide ab. Vor allem, wenn die Lebensmittel Licht und Wärme ausgesetzt sind.

> Frische und Qualität von Lebensmitteln sind das A und O. Frische ist für den Nährwert entscheidend. Lassen Sie beim Einkauf also auch Ihre Augen und den richtigen Riecher mitentscheiden.

## Gesundes Essen beginnt beim Einkauf

Leider hat nicht jeder Zeit, morgens auf Wochenmärkten frisches Obst oder frisch geerntetes Gemüse einzukaufen. Und nicht jeder will oder kann für ein Stück Biofleisch, frische Eier oder Butter zum Bauern aufs Land fahren. Allerdings: Qualität können Sie auch im Supermarkt oder beim Kaufmann um die Ecke finden – Sie müssen sie nur erkennen. So viel dürfte klar sein: Wenn Gemüse unter Klarsichtfolien vor sich hinwelkt, kann es nicht mehr viel taugen. Wenn Obst und Gemüse auf Verkaufsständen, die an einer verkehrsreichen Straße liegen, präsentiert werden, werden Sie sich vermutlich mehr Schadstoffe als Vitamine einhandeln. Qualitätsvergleich lohnt immer. Lassen Sie also beim Einkauf auch Ihre Augen und den richtigen Riecher mitentscheiden. Durch zu lange Lagerung verschlechtert sich der Vitamin- und Nährstoffgehalt von Lebensmitteln. Wenn Ihnen ein aromatischer, sortentypischer Duft in die Nase steigt, dann können Sie davon ausgehen, dass das Produkt in Ordnung ist.

## Wie erkenne ich frisches Obst?

Wählen Sie bevorzugt Obst der Saison und regionale Sorten, am besten auf Wochenmärkten. Da können Sie ziemlich sicher sein, dass die Ware am Markttag geerntet wurde. Ist dies nicht möglich, gehen Sie in den Fachhandel oder in gut geführte Obst- und Gemüseabteilungen von Supermärkten, weil die einen hohen Umsatz haben – da wird die Ware meist nicht alt. Frisch geerntetes Obst schmeckt einfach am besten – und enthält außerdem die meisten Nährstoffe. Warum beschnuppern Sie Obst nicht? Angenehmer Duft deutet auf bestes Aroma und Reife hin.

> Eingeschweißtes Obst sollten Sie nach dem Kauf sofort auspacken, bevor es zu schimmeln anfängt.

## Gehen Sie nach Ihrer Nase

Kaufen Sie möglichst nur Obst, das reif und fest ist. Viele Früchte, die außerhalb der Saison gekauft werden, haben einen langen Transportweg hinter sich und kommen hier halb reif an. Manche reifen noch nach der Ernte nach: Äpfel, Avocados, Bananen, Feigen, Kiwis, Mangos, Nektarinen, Pfirsiche, Papayas, Passionsfrüchte, Pflaumen, Tomaten, Wasser- und Zuckermelonen. Manche Früchte reifen, wenn sie geerntet sind, niemals richtig nach. Sie bleiben damit wertlos: Sie schmecken nicht nach ihrem typischen Aroma, sie entwickeln kaum Vitamine und Wirkstoffe. Besondere Vorsicht also bei unreifen Ananas, Brombeeren, Clementinen,

**Am liebsten direkt von Mutter Natur: Frische ist Qualitätsmerkmal Nummer eins bei Obst und Gemüse.**

Erdbeeren, Gemüsepaprika, Granatäpfeln, Grapefruits, Gurken, Himbeeren, Kirschen, Limetten, Limonen, Litschis, Mandarinen, Orangen, Weintrauben und Zitronen.

## Wie erkenne ich junges Gemüse?

Achten Sie auf knackiges, pralles, frisches Grün, feuchte Schnittstellen und geschlossene Röschen. Lassen Sie die Finger von Gemüse mit braunen Stellen, gelben, welken Blättern, Verfärbungen oder schrumpeliger Haut – das deutet auf zu lange oder falsche Lagerung hin.

Bei Brokkoli, Kohlrabi, Radieschen und Rosenkohl sollten Sie besonders kritisch hinschauen. Kaufen Sie Freilandgurken in der Sommersaison. Treibhausgurken werden meist stark gespritzt. Auch zarte Frühkartoffeln sind leider am stärksten mit Nitrat belastet.

Wenn Sie Spinat kaufen: Bevorzugen Sie Spinat aus alternativem Anbau. Er enthält weniger Nitrat. Spargel kaufen Sie am besten frisch aus der Umgebung. Gute Qualität erkennen Sie an hellen Schnittenden und an festen, geschlossenen Köpfen. In den kargen Wintermonaten ist einheimisches Tiefkühlgemüse eine gute Alternative zu häufig belasteter Importware. Dagegen haben Konserven kaum mehr Vitaminwert.

> Im Winter ist Tiefkühlgemüse eine gute Alternative zu Importware, die oftmals belastet ist.

## Warum Vollkornprodukte wertvoller sind

Helle Brotsorten, geschälter Reis – diesen Lebensmitteln fehlen ernährungsphysiologisch wichtige Wirkstoffe. Vor allem auch Ballaststoffe. Das sind pflanzliche Nahrungsteile, die vom menschlichen Körper nicht verdaut werden können, die jedoch wichtige Aufgaben bei unserer Verdauung erfüllen und den Stoffwechsel beeinflussen. Sie bringen Volumen auf den Teller, machen lange satt, da sie aufquellen und unseren Magen nur langsam wieder verlassen. Ballaststoffe kommen ausschließlich in pflanzlichen Lebensmitteln vor, genau genommen in deren Randschichten. Da diese bei der Verarbeitung von Getreide entfernt werden, steckt im Vollkornbrot mehr Ballaststoff als im Weißbrot, im Naturreis gegenüber dem weißen Reis gar die vierfache Menge. Wir sollten am Tag rund 30 Gramm Ballaststoffe, also Vollwertiges essen – was leider die wenigsten tun.

Vollwertig sind immer die gröberen, dunklen Sorten: ungeschälter Naturreis, Vollkornnudeln, Vollkornmehl (Faustregel: je höher die Typenzahl beim Mehl, umso höher der Anteil an Ballaststoffen, Vitaminen und Mineralien), Vollkornflocken, Vollkornbackwaren, kernige Kraftbrote – da stecken Nährwerte satt drin.

Haben Sie schon einmal mit Graupen, Weizen, Roggen, Gerste, Hirse, Buchweizen oder Mais gekocht? Wenn nicht, probieren Sie es aus. Sie werden sich wundern, wie gut solche Körner schmecken können.

> Fleisch darf nicht im eigenen Saft liegen bleiben – das erhöht die Infektionsgefahr erheblich.

## Worauf kommt es beim Fleisch an?

Kaufen Sie beim Metzger Ihrer Wahl oder auch an der Frischtheke im Supermarkt. Fleisch darf nicht im eigenen Saft liegen, das erhöht die Infektionsgefahr. Bei Tiefkühlware deuten weißgraue Flecken auf Gefrierbrand und Eiskristalle auf bereits angetaute Stellen hin. Meiden Sie Ware aus stark vereisten oder überfüllten Truhen. Schweinefleisch, das blass und wässrig aussieht, stammt von gestressten Tieren. Achten Sie auf durchwachsene Teile, deren Anschnittflächen relativ trocken sind.

Gutes Fleisch muss nicht absolut mager sein – es ist marmoriert, also leicht von Fettadern durchzogen, die Geschmack geben. Übrigens: Mageres Fleisch enthält genauso viel Cholesterin wie fettes Fleisch, denn das Cholesterin steckt in den tierischen Zellmembranen. Garantiert beste Qualität verspricht das Fleisch von Ökoverbänden und Metzgern, die über das von ihnen verkaufte Fleisch jederzeit Auskunft geben können.

## Woran erkenne ich frischen Fisch?

Kaufen Sie Fisch am besten im Fachgeschäft. Besonderes Kennzeichen für frischen Fisch sind rote, leuchtende Kiemen. Ganze Fische haben eine glatte, glänzende und schleimige Hautoberfläche, die Schuppen sitzen fest, die Augen sind klar und durchsichtig, das Fleisch ist fest – bei Druck bleiben keine Einbuchtungen zurück. Der Geruch von frischen Fischen ist unaufdringlich – nicht etwa fischig.

## Was ist mit tiefgefrorenem Fisch?

Fisch aus der Tiefkühltruhe muss ständig bei minus 18 °C gelagert werden. Wenn die Temperatur für längere Zeit um 3 °C steigt, kann der Fisch sehr schnell verderben. Wichtig: Achten Sie immer auf die Lagerungshinweise und das Mindesthaltbarkeitsdatum auf der Verpackung. Aufgetauter Fisch muss rasch verbraucht werden. Gute Tiefkühlware erkennt man daran, dass sie mild schmeckt und nicht fischig riecht. Tiefgefrorener Fisch sollte langsam im Kühlschrank aufgetaut werden.

> Tiefgefrorener Fisch sollte langsam im Kühlschrank aufgetaut werden. Aufgetauter Fisch muss rasch verbraucht werden.

## Worauf kommt es bei Milch an?

Milch ist lichtempfindlich. Kaufen Sie am besten Milch in dunklen Verpackungen oder in getöntem Glas. Vollmilch ist zwar nicht gerade kalorienarm, aber bei fettarmer Milch (1,5 Prozent Fett) ist der Gehalt an den fettlöslichen Vitaminen A, D und E sowie der Vitaminvorstufe Beta-Karotin im Vergleich zu Vollmilch (3,5 Prozent Fett) um mehr als die Hälfte reduziert. Magermilch (0,3 Prozent Fett) enthält praktisch keine fettlöslichen Vitamine mehr, ist ernährungsphysiologisch also ziemlich entwertet.

● Pasteurisierte Milch (durch kurzzeitiges Erhitzen auf 71 bis 74 °C werden nahezu alle Keime getötet) enthält weitgehend noch Milcheiweiß und wertvolle Vitamine.

**Misstrauen Sie dem Etikett: Frische Eier erkennen Sie daran, dass sie in Salzlösung waagerecht auf dem Boden liegen bleiben.**

● Ultrahocherhitzte Milch (durch starkes Erhitzen völlig keimfrei gemacht) erleidet kaum Nährstoffverluste und ist ungeöffnet mehrere Monate ungekühlt lang haltbar.

## Woran erkenne ich ein frisches Ei?

Ein sehr frisches Ei liegt in Salzlösung waagerecht auf dem Boden, ältere Eier richten sich auf und schwimmen schließlich an der Oberfläche. Das liegt an der Luftkammer im Ei, die sich mit zunehmendem Alter vergrößert.

Bei einem frischen Ei ist, wenn man es aufschlägt, der Dotter hoch gewölbt und das Eiweiß glibberig und relativ fest. Je älter das Ei, desto mehr verflacht sich der Dotter, und das Eiweiß fließt auseinander. Um Eier länger frisch zu halten, sollte man sie immer im Kühlschrank aufbewahren. Ab Legedatum halten sie sich dort bis zu vier Wochen lang.

## Worauf kommt es bei Joghurt und Käse an?

Meiden Sie Fruchtjoghurts, denn die enthalten oft viel Zucker. Und der wiederum beeinträchtigt die Aktivität der günstigen Milchsäurebakterien. Außerdem müssen künstliche Aroma- und Konservierungsstoffe des Fruchtzusatzes nicht deklariert werden. Kaufen Sie am besten Naturjoghurts, und mischen Sie frisches Obst oder Fruchtmarmelade darunter.

> Um Eier länger frisch zu halten, sollte man sie immer im Kühlschrank aufbewahren. Ab Legedatum halten sie sich bis zu vier Wochen.

Meiden Sie auch eingeschweißte Schnittkäsesorten (Edamer, Tilsiter, Gouda & Co.) aus dem Kühlregal. Bei Weichkäse mit Rotschmiere (Limburger, Chaumes) immer die Rinde entfernen.

Und vor allem: Seien Sie fettbewusst. Bei Milchprodukten sind die Fettprozente auf jeder Packung ausgewiesen. Klar, je höher der Fettanteil, desto mehr Kalorien und Cholesterin sind enthalten. Bevorzugen Sie also fettarme Käsesorten.

Auch zum Abrunden von Suppen und Saucen eignen sich fettarme Produkte genauso gut. Wenn Sie auf Sahne oder Crème fraîche partout nicht verzichten möchten – für die Geschmacksverfeinerung reicht schon ein Teelöffel. Vorsicht bei zehnprozentigem Sauerrahm. Er flockt leicht aus in der Suppe oder Sauce.

> Seien Sie immer fettbewusst. Bevorzugen Sie fettarme Käsesorten und Milch.

## Wie lagere ich Lebensmittel richtig?

Denken Sie daran: Frisches Obst und Gemüse sind Lebensmittel, deren Stoffwechsel weiterhin funktioniert. Wussten Sie, dass manche Sorten, die miteinander aufbewahrt werden, sich gegenseitig negativ beeinflussen können? Beispielsweise bilden Äpfel, Tomaten und Paprikaschoten das Gas Äthylen, das anderes Gemüse schneller altern lässt und auch den Geschmack deutlich beeinträchtigt.

● Tomaten nie neben Gurken, Paprikaschoten nicht neben Grünkohl, Äpfel nicht neben Kartoffeln aufbewahren. Äpfel und Tomaten nicht neben Möhren, Kopfsalat, Dill oder Petersilie aufbewahren – das fault leicht.

● Fisch am besten im Kühlschrank auf gestoßenes Eis (täglich das Tauwasser abgießen) legen.

● Reifes Obst im Gemüsefach des Kühlschranks oder im kühlen Keller aufbewahren.

● Gemüse mit feuchtem Tuch bedeckt kühl lagern.

● Salate, die nicht gleich gegessen werden, mit Klarsichtfolie abdecken und im Kühlschrank aufbewahren. Dann halten sie sich dreimal so lange wie bei Zimmertemperatur.

● Frischfleisch zugedeckt nur zwei bis drei Tage aufbewahren oder es beim Metzger vakuumieren lassen, dann kann es bis zu einer Woche im Kühlschrank (3 bis 5 °C) bleiben.

● Fertig gegarte Gerichte, Saucen und Suppen stets gut zugedeckt im Kühlschrank aufbewahren – aber nicht länger als drei bis vier Tage.

● Brot gut verpackt (z. B. in einem Leinentuch oder in speziellem Brotpapier) kühl und trocken aufbewahren.

● Kartoffeln und Getreide in einem dunklen, luftigen Schrank lagern. Der Raum sollte nicht zu warm sein.

● Kräuter bleiben länger frisch, wenn man sie mit angefeuchtetem Küchenpapier bedeckt und in den Kühlschrank stellt.

Wenn Sie Salate, die nicht gegessen wurden, mit Klarsichtfolie abdecken und im Kühlschrank aufbewahren, halten sie sich dreimal so lange wie bei Zimmertemperatur.

## Welche Anschaffungen sinnvoll sind

Wenn Kochen leicht von der Hand gehen und Spaß machen soll, sind dazu ein paar nützliche Küchenhelfer nötig:

• Eine mit Teflon beschichtete Bratpfanne – weil Sie damit weniger Fett verwenden müssen und trotzdem nichts in der Pfanne kleben bleibt

• Ein Satz Qualitätsmesser, der leider auch 150 Euro kosten kann – aber so eine Anschaffung zahlt sich langfristig immer aus

• Ein Stabmixer zum Pürieren. Vorteil: Sie können mit dem Zauberstab direkt in der kochenden Suppe oder Sauce arbeiten

• Einige Plastikgefäße (Tupperware & Co.), weil Sie damit jederzeit Lebensmittel luftdicht verpacken und aufbewahren können

• Klarsichtfolie, weil Sie damit Lebensmittel hygienisch verpacken und aufbewahren können

# Reserven anlegen –
# Carbo-Loading

## Gemüse-Nudel-Auflauf

Für 4 Personen

*2 Stangen Lauch | 500 g Zucchini | 250 g Vollkornnudeln*
*1 Zwiebel | 3 Knoblauchzehen | 50 g Butter | Salz | Pfeffer*
*1 Prise geriebene Muskatnuss | frische gehackte Kräuter*
*(z. B. Basilikum, Petersilie, Schnittlauch, Estragon)*
*70 g frisch geschroteter Dinkel | 100 ml Riesling | 300 ml Gemü-*
*sebrühe | 200 g süße Sahne | 4 Eier | 100 g geriebener Käse*

Zum Auflauf passt auch hervorragend eine Tomaten- oder Kräutersauce (siehe Seite 212f.).

***Zubereitung*** Lauch und Zucchini waschen, putzen und in 2 Zentimeter große Stücke schneiden. Nudeln bissfest kochen, in einem Sieb abgießen und mit kaltem Wasser abschrecken. Zwiebel und Knoblauch abziehen, Zwiebel würfeln und Knoblauch zerdrücken. Mit der Butter in einem Topf ca. 2 Minuten lang anbraten, Gemüse dazugeben und alles mit Salz, Pfeffer und Muskatnuss würzen. Kräuter waschen, trocknen und klein hacken, mit dem Dinkel untermengen und alles gut verrühren. Mit Riesling und Gemüsebrühe ablöschen. Nudeln, Sahne, Eier und die Hälfte des geriebenen Käses unterrühren und in eine feuerfeste Auflaufform füllen. Mit dem restlichen Käse bestreuen, im Backofen bei 200 °C (Gas Stufe 3–4, Umluft 180 °C) 30 bis 40 Minuten lang überbacken.

# Gemüse-Kräuter-Risotto

**Für 4 Personen**

*1 Stange Lauch | je 1 rote und gelbe Paprikaschote | 250 g Zucchini
200 g Brokkoli | 1 Aubergine | 100 g frische Champignons
1 Zwiebel | 4 Knoblauchzehen | 3 TL Olivenöl | 500 g Reis (1/3
Vollkornreis, 1/3 Basmatireis, 1/3 normaler Reis) | 50 g Tomaten-
mark | 200 ml Riesling | 1,5 l Gemüse- oder Fleischfond | Salz |
Pfeffer | 50 g Butter | 50 g geriebener Parmesan | 1/2 Tasse frische
gehackte Kräuter (z. B. Petersilie, Estragon, Basilikum, Kerbel)*

*Zubereitung* Gemüse (außer Zwiebel und Knoblauch) und Pilze putzen, waschen und klein würfeln. Zwiebel und Knoblauch abziehen und klein hacken. In einer Kasserolle Knoblauch und Zwiebel in Öl etwa 2 Minuten anbraten. Gemüse zugeben und etwa 2 Minuten kräftig anbraten. Reis und Tomatenmark unterrühren, alles weiterbraten. Mit Wein ablöschen und mit Fond auffüllen. Mit Salz und Pfeffer abschmecken. Den Risotto 1 Stunde bei 200 °C (Gas Stufe 3–4, Umluft 180 °C) garen. Wenn der Reis weich ist, Butter und Parmesan einrühren. Vor dem Servieren Kräuter zugeben.

**▼ TIPP**

Soll der Risotto nicht vegetarisch sein, kann man zusammen mit Knoblauch und Zwiebel noch 400 Gramm Puten-fleisch anbraten. Auch gebratene Gar-nelenschwänze pas-sen sehr gut.

# Läufer-Hirsebrei

Für 4 Personen

*100 g ungemahlene Speisehirse* | *1 Zwiebel* | *1 Knoblauchzehe*
*20 g Butter* | *100 g gemahlene Speisehirse* | *1/8 l Riesling*
*1/2 l Gemüsebrühe* | *Salz* | *Pfeffer* | *1 EL gemischte gehackte*
*Kräuter* | *1 EL geriebener Parmesan*

*Zubereitung* Die ungemahlene Speisehirse in wenig Wasser für ca.
30 Minuten bei geringer Hitze kochen lassen und mit dem Wasser beiseite
stellen. Zwiebel und Knoblauch abziehen, Zwiebel würfeln und Knoblauch
zerdrücken. In einem Topf Butter, Zwiebel und Knoblauch anbraten und die
gemahlene Hirse kurz mitbraten. Mit Riesling ablöschen und mit Gemüsebrühe auffüllen. Alles kochen lassen, bis es dicklich wird. Die vorgegarte
Hirse samt Wasser (das Wasser muss fast eingekocht sein) dazugeben, nochmals kurz aufkochen und mit Salz, Pfeffer, Kräutern und geriebenem Parmesan abschmecken.

Zum Hirsebrei passt
sehr gut kurz
gedünstetes gemisch-
tes Gemüse.

# Kohlrabi mit Hirse und Pilzen

Für 4 Personen

*250 g Hirse* | *Salz* | *8 kleine Kohlrabi* | *1/4 l Gemüsebrühe*
*2 Zwiebeln* | *2 Knoblauchzehen* | *150 g frische Pilze (z. B. Pfiffer-*
*linge, Champignons)* | *1 EL Olivenöl* | *3 EL süße Sahne* | *Pfeffer*
*Muskatnuss* | *2 EL frische gehackte Kräuter*

**▼ TIPP**

Zu den Kohlrabi mit
Hirse passt am
besten eine Gemüse-
Käse-Sauce (siehe
Seite 214).

*Zubereitung* Hirse mit ca. 1/2 Liter Wasser und etwas Salz aufkochen und
bei mittlerer Hitze 20 Minuten lang ziehen lassen. Kohlrabi schälen und
Blätter beiseite legen. Kohlrabi mit Gemüsebrühe in einem zugedeckten Topf
bissfest dünsten. Kohlrabi herausnehmen, jeweils einen Deckel abschneiden,
das Innere aushöhlen und das Fruchtfleisch hacken. Den Fond aufheben.
Zwiebeln und Knoblauch abziehen, Zwiebeln würfeln, Knoblauch zerdrücken. Pilze putzen und mit Knoblauch, Zwiebeln und der gehackten Kohl-
rabimasse in Olivenöl anbraten. Alles abkühlen lassen.

4 Esslöffel Hirse und Sahne unterrühren, mit Salz, Pfeffer und geriebener
Muskatnuss abschmecken. Die Masse in die ausgehöhlten Kohlrabi füllen, die
Deckel darauf legen und die Kohlrabi nebeneinander in einen Topf setzen.
Den beiseite gestellten Kohlrabisud zugeben und alles bei mittlerer Hitze
einige Minuten dünsten. Kohlrabiblätter hacken, mit den Kräutern unter die
restliche Hirse rühren und alles kurz erhitzen. Gefüllte Kohlrabi auf der
Kräuterhirse anrichten und mit dem Kohlrabisud beträufeln.

# Schinken-Nudel-Gratin

Für 4 Personen

*250 g Bandnudeln | Salz | 2 große Zwiebeln | 4 Knoblauchzehen
50 g Butter | 1 Stange Lauch | 200 g Brokkoli | 4–5 Möhren
Pfeffer | Muskatnuss | 1/8 l Gemüsebrühe | 200 g gekochter
Schinken | 200 g saure Sahne | Fett für die Form | 200 g Käse
zum Überbacken (z. B. Greyerzer) | frische gehackte Kräuter
(z. B. Schnittlauch)*

**Zubereitung** Bandnudeln in Salzwasser bissfest garen und in ein Sieb
abgießen. Zwiebeln und Knoblauch abziehen, Zwiebeln würfeln, Knoblauch
zerdrücken und beides in Butter anbraten. Das Gemüse waschen, putzen, zerkleinern und dazugeben. Alles ca. 10 Minuten lang dünsten und mit Salz,
Pfeffer und geriebener Muskatnuss würzen. Mit der Gemüsebrühe ablöschen
und abkühlen lassen.

Schinken in Streifen schneiden. Zusammen mit der sauren Sahne und den
Nudeln unter das erkaltete Gemüse geben und gut vermischt in eine gefettete
feuerfeste Auflaufform geben. Den Käse in kleine Würfel schneiden und das
Gratin damit bestreuen. Bei ca. 180 °C (Gas Stufe 2–3, Umluft 160 °C) im
Backofen 30 bis 40 Minuten lang backen. Vor dem Servieren mit den Kräu-
tern bestreuen.

**Zu dem Gratin passt** am besten selbst gemachte Tomatensauce (siehe
Seite 212f.) und ein frischer gemischter Salat der Saison mit einem Kräuterdressing (siehe Seite 210).

# Bärlauchgnocchi

Für 4 Personen

*750 g Kartoffeln | 8 Bärlauchblätter | 125 g Grieß | 50 g geriebener Parmesan | 3 Eigelbe | Salz | Pfeffer | etwas Grieß und Mehl zum Formen | Olivenöl*

*Zubereitung* Kartoffeln waschen und putzen. Weich kochen, pellen und noch warm durch die Kartoffelpresse drücken. Bärlauch waschen, putzen und in Streifen schneiden. Kartoffelmasse, Bärlauch, Grieß, geriebenen Parmesan, Eigelbe und Gewürze gut miteinander verkneten. Auf einem mit Grieß bestreuten Brett ca. 2 Zentimeter dicke Rollen formen und 3 Zentimeter lange Stücke davon abschneiden. Mit einer bemehlten Gabel daraus Gnocchi abstechen. Die Gnocchi in reichlich Salzwasser ca. 5 bis 7 Minuten lang bei mittlerer Hitze kochen. In ein Sieb abgießen und mit etwas Olivenöl beträufeln.

▼ **TIPP**

Die würzigen Gnocchi kann man entweder nur mit geschmolzener Butter oder auch – etwas üppiger – mit einer Käsesauce (Seite 214) servieren.

# Spinat-Pfannkuchen-Lasagne

Für 4 Personen

*Für die Pfannkuchen: 200 g frisch gemahlenes Dinkelmehl 350 ml Milch | 4 Eier | 1 Prise Salz | 50 g Margarine Für die Füllung: 250 g Blattspinat | 1 Zwiebel | 5 Knoblauchzehen 20 g Butter oder etwas Öl | 1 EL Mehl | Salz | Pfeffer | Muskatnuss Zum Überbacken: 200 g geriebener Emmentaler*

*Zubereitung* Für die Pfannkuchen Dinkelmehl, Milch, Eier und Salz vermengen. Margarine in der Pfanne erhitzen und darin aus dem Teig dünne Pfannkuchen backen. Beiseite stellen.

Für die Füllung Blattspinat waschen und putzen. Zwiebel und Knoblauch abziehen, Zwiebel würfeln, Knoblauch zerdrücken und beides kurz in Butter oder Öl anbraten. Spinat dazugeben und alles einmal kurz erhitzen. Mit Mehl abbinden. Mit Salz, Pfeffer und Muskatnuss leicht würzen und abkühlen lassen. In einer feuerfesten Form Pfannkuchen, Spinat und geriebenen Käse in mehreren Schichten übereinander einlegen. Den Abschluss sollte ein mit Käse bestreuter Pfannkuchen bilden. Im Backofen bei 180 °C (Gas Stufe 2–3, Umluft 160 °C) 30 Minuten lang überbacken.

Die Lasagne kann gut auch schon am Vortag so weit vorbereitet werden, dass man sie nur noch backen muss.

# Bärlauchpolenta
## Für 4 Personen

*1/2 l Gemüsebrühe | 150 g Maisgrieß (Polenta) | 10 Bärlauchblätter oder 1 EL Bärlauchpesto | 20 g Butter | Salz | Pfeffer | Paprikapulver | 2 EL geriebener Parmesan*

Die Polenta eignet sich bestens als kohlenhydratreiche Beilage zu verschiedenen Fleischgerichten (vor allem zu Lamm; siehe Seite 218. Bärlauchpesto siehe Seite 211).

*Zubereitung* Brühe aufkochen und Maisgrieß einrühren. Herd ausschalten, Polenta auf der Kochstelle stehen lassen und zugedeckt ca. 30 Minuten lang ausquellen lassen. Bärlauch waschen, putzen, in Streifen schneiden, mit Butter, Salz, Pfeffer und Paprikapulver in die noch heiße Polenta rühren. Die Masse in eine Auflaufform füllen, mit Parmesan bestreuen und bei 200 °C (Gas Stufe 3–4, Umluft 180 °C) 20 Minuten lang goldbraun überbacken.

# Lasagne mit Zucchini

Für 4 Personen

*Sauce: 20 g Butter | 100 g Mehl | 200 ml Gemüsebrühe*
*125 g süße Sahne | Salz | Pfeffer*
*Füllung: 1 kg Zucchini | 3 Knoblauchzehen | frische Kräuter (z. B.*
*Rosmarin, Salbei, Petersilie, Basilikum, Majoran) | 2 EL Olivenöl*
*100 ml Gemüsebrühe | 250 g Lasagneblätter | Butter für die Form*
*100 g Parmesan | 50 g Butter*

**Zubereitung** Für die Sauce Butter erhitzen und das Mehl darin anschwitzen. Mit der Gemüsebrühe ablöschen, süße Sahne dazugeben und mit Salz und Pfeffer würzen. Für die Füllung Zucchini waschen, putzen und in Scheiben schneiden. Knoblauch abziehen und zerdrücken. Frische Kräuter waschen, trocknen und klein hacken. Knoblauch mit den Kräutern im Olivenöl anbraten. Zucchini zugeben und alles nochmals gut anbraten. Mit der Gemüsebrühe ablöschen und das Ganze bei starker Hitze ca. 2 Minuten lang kochen lassen. Die Lasagne in eine gebutterte feuerfeste Auflaufform in folgender Reihenfolge einschichten: Lasagneblätter, Sauce, Zucchinimasse, geriebener Parmesan. Nach etwa 5 Schichten sollte mit einer Lage Sauce und Parmesan abgeschlossen werden. Einige Butterflocken darauf verteilen und die Lasagne im Backofen bei 200 °C (Gas Stufe 3–4, Umluft 180 °C) ca. 45 Minuten lang backen.

▼ **TIPP**

Statt Zucchini kann man für die Lasagne auch Paprikaschoten oder Auberginen verwenden.

# Tierisch-pflanzliche Eiweißkombinationen

## Lachsschnitzel in Pernodsauce

Für 4 Personen

*Risotto: 1/2 Zwiebel | 1 Knoblauchzehe | 250 g verschiedene Saisongemüse | 20 g Olivenöl | 250 g Vollkorn-Risottoreismischung Salz | Pfeffer | 750 ml Gemüsebrühe | 20 g Butter | 20 g geriebener Parmesan*

*Lachsschnitzel: 600 g frisches Lachsfilet | Salz | Pfeffer | Saft von 1/2 Zitrone | 20 g Butter | 4 Scheiben Vollkornknäckebrot*

*Sauce: 1/2 Zwiebel | 1 Knoblauchzehe | 10 g Butter 1 Prise Safranpulver | 10 g Mehl | 1/8 l Riesling | 3/8 l Fischfond Salz | Pfeffer | 1 EL Pernod*

**Zubereitung** Für den Risotto Zwiebel und Knoblauch abziehen, Zwiebel würfeln, Knoblauch zerdrücken. Gemüse waschen, putzen und zerkleinern. Alles in Olivenöl anbraten, den Reis dazugeben, salzen und pfeffern. Mit der Brühe auffüllen und zugedeckt im Backofen bei 200 °C (Gas Stufe 3–4, Umluft 180 °C) ca. 45 Minuten lang backen (bis die Flüssigkeit aufgesogen ist). Butter und Parmesan unterrühren und ggf. abschmecken.

Für das Lachsschnitzel das Filet in gleich große Stücke portionieren, auf ein Backblech legen, mit Salz und Pfeffer würzen und mit Zitronensaft beträufeln. Butter zerlassen. Knäckebrot fein zerstoßen, über den Lachs

streuen und mit flüssiger Butter beträufeln. Die Lachsschnitzel bei 250 °C (Gas Stufe 6, Umluft 190 °C) im Backofen 7 bis 10 Minuten lang backen.

Für die Sauce Zwiebel und Knoblauch abziehen, Zwiebel würfeln, Knoblauch zerdrücken und beides kurz in Butter anbraten. Safranpulver dazugeben und alles mit Mehl abstäuben. Nochmals kurz anbraten und mit Riesling und Fischfond auffüllen. Etwa 5 Minuten lang bei schwacher Hitze kochen lassen. Mit Salz, Pfeffer und Pernod abschmecken.

# Lachs-Vollkornnudel-Gratin

Für 4 Personen

*400 g roher Lachs | 1 Stange Lauch | 1 Zwiebel | 2 Knoblauchzehen | 30 g Butter | 2 EL Mehl | 200 ml Riesling | 200 ml Fischfond (oder Wasser) | frische Kräuter | 200 g süße Sahne | 1 TL Pernod 1/2 Döschen Safranpulver | Salz | Pfeffer | 500 g Vollkornnudeln*

**Zubereitung** Lachs waschen, gut abtropfen lassen und in Würfel schneiden. Lauch waschen, putzen und in 2 Zentimeter große Stücke schneiden. Zwiebel und Knoblauch abziehen, Zwiebel würfeln, Knoblauch zerdrücken und beides kurz in Butter anbraten. Mit Mehl bestäuben, mit Riesling und Fischfond ablöschen. Flüssigkeit ca. 5 Minuten lang bei schwacher Hitze einkochen lassen. Kräuter waschen, trocknen und zerkleinern. Topf von der Kochstelle nehmen, Lauch, Kräuter, Sahne, Pernod, Gewürze und Lachs untermischen. Nudeln in Salzwasser bissfest garen und abgießen. In eine Backform geben, mit dem Lachsragout bedecken und alles 20 Minuten lang im Backofen bei 180 °C (Gas Stufe 2–3, Umluft 160 °C) backen.

▼ **TIPP**

Zum Schluss mit Käse bestreut wird das Gratin beim Überbacken schön knusprig.

# Schwarzwälder Sportleromelett

Für 4 Personen

*1 kg Kartoffeln | 500 g Gemüse (z. B. Brokkoli, Blumenkohl, Möhren, Lauch, Kohlrabi) | 1 Zwiebel | 2 Knoblauchzehen 60 g Butter | Salz | Pfeffer | 250 g Speck | 2 Essiggurken | 4 Eier 100 ml Milch*

*Zubereitung* Kartoffeln waschen, weich kochen, in ein Sieb abgießen, pellen und in Scheiben schneiden. Gemüse waschen, putzen und in ca. 1 Zentimeter große Stücke schneiden. Zwiebel und Knoblauch abziehen, Zwiebel würfeln und Knoblauch zerdrücken. Die Hälfte der Butter in einem Topf erhitzen, das Gemüse ca. 10 Minuten lang im zugedeckten Topf anbraten, mit Salz und Pfeffer würzen und abkühlen lassen.

Die restliche Butter in einer Pfanne erhitzen, die Kartoffelscheiben mit den Zwiebelwürfeln darin anbraten. Speck fein schneiden, mit dem Knoblauch untermischen und alles knusprig braten. Essiggurken klein schneiden und zusammen mit dem Gemüse zugeben. Alles nochmals braten und mit Salz und Pfeffer abschmecken. Eier und Milch miteinander verrühren und in die Pfanne geben. Gut verrühren und weitere 5 Minuten lang braten lassen. Auf einer Platte anrichten und rasch servieren.

Ohne Speck ist dieses Gericht zwar ein Sportleromelett, aber kein Schwarzwälder Omelett mehr!

# Rösti mit Geflügelleberragout

Für 4 Personen

*Rösti: 1 kg Kartoffeln | Öl zum Braten | Salz | 100 g geriebener Hartkäse*

*Ragout: 500 g Geflügelleber (geschnetzelt) | 4 – 6 Tomaten 500 g Pilze (z. B. Champignons) | 1 Zwiebel | 2 Knoblauchzehen Öl zum Braten | frische Kräuter | Salz | Pfeffer | frischer oder getrockneter Salbei*

**Zubereitung** Für das Rösti Kartoffeln waschen und ca. 30 Minuten mit Schale vorkochen. Kartoffeln abseihen, pellen und in Streifen reiben. Streifen in Öl von allen Seiten braun anbraten, etwas salzen, mit Käse bestreuen und im Ofen bei 130 °C (Gas Stufe 1, Umluft 110 °C) ca. 15 Minuten warm stellen.

Die Geflügelleber waschen und gut abtropfen lassen. Tomaten waschen, putzen, mit kochendem Wasser überbrühen und abziehen. Fruchtfleisch in feine Würfel schneiden. Pilze waschen, putzen und zerkleinern. Zwiebel und Knoblauch abziehen, Zwiebel würfeln, Knoblauch zerdrücken. Öl erhitzen und die Leber anbraten. Zwiebel, Knoblauch, Pilze und Kräuter untermengen und alles bei mittlerer bis starker Hitze anbraten. Tomaten dazugeben und alles ca. 5 Minuten braten, mit Salz und Pfeffer abschmecken. Ragout in eine Schüssel füllen und mit dem zerkleinerten Salbei bestreuen. Mit dem Rösti servieren.

# Kartoffelmaultaschen

Für 4 Personen

*Füllung: 400 g Spinat | 1 Zwiebel | 3 Knoblauchzehen | 40 g Butter
Salz | Pfeffer*
*Teig: 600 g Kartoffeln | Salz | Muskatnuss | 120 g Mehl | 6 Eigelbe
Mehl zum Bestäuben | Butter oder Öl zum Braten*

*Zubereitung* Für die Füllung Spinat waschen, putzen, klein hacken und gar dünsten. Zwiebel und Knoblauch abziehen, Zwiebel würfeln, Knoblauch zerdrücken und beides kurz in Butter anbraten. Den Spinat zugeben, alles mit Salz und Pfeffer leicht würzen und erkalten lassen.

Für den Teig die Kartoffeln waschen und schälen. In Salzwasser weich kochen, abgießen, durch eine Presse drücken und erkalten lassen. Die ausgekühlte Kartoffelmasse mit Salz und geriebener Muskatnuss würzen, mit Mehl und Eigelben zu einem Kartoffelteig kneten.

Aus diesem Teig mit bemehlten Händen kleine Quadrate formen und auf ein Stück mit Mehl bestäubte Klarsichtfolie setzen. Die Quadrate mit einer Folie abdecken und mit dem Nudelholz gleichmäßig auf ca. 1 Zentimeter Stärke ausrollen. Die obere Folie abziehen und auf die Hälfte der Quadrate die Spinatmasse verteilen, die anderen Quadrate jeweils darüber setzen und andrücken.

Die Maultaschen in einer beschichteten Pfanne in reichlich Butter oder etwas Öl bei schwacher Hitze langsam braun und schön knusprig braten. Rasch servieren.

Als Beilage passen die Kartoffelmaultaschen hervorragend zu Lamm (siehe Seite 218). Serviert man sie als Hauptgericht, schmeckt ein bunt gemischter Salat der Saison sehr gut dazu.

# Kartoffelschupfnudeln

Für 4 Personen

*1 kg Kartoffeln | 150 g Mehl | 3 Eier | Salz | Pfeffer | 1 Prise geriebene Muskatnuss | 20 g Butter*

*Zubereitung* Am Vortag Kartoffeln waschen, mit der Schale weich kochen und noch warm pellen. Abkühlen lassen. Die Nacht über zugedeckt in den Kühlschrank stellen. Die kalten Kartoffeln durch eine Kartoffelpresse drücken, Mehl und Eier dazugeben. Mit Salz, Pfeffer und Muskatnuss würzen und die Masse kräftig durchkneten. Den Kartoffelteig auf einem Nudelbrett ausrollen, in fingerdicke Stücke schneiden und mit einem Spätzlebrett oder mit bemehlten Händen in runde, längliche Nudeln rollen. In reichlich kochendes Salzwasser geben und 10 Minuten ziehen lassen (nicht kochen). Vorsichtig aus dem Wasser herausnehmen, in kaltem Wasser auskühlen lassen. Sorgfältig mit einer Schöpfkelle herausnehmen, auf ein Tuch legen und trocknen lassen. Butter erhitzen und die Schupfnudeln darin goldbraun braten.

*Kartoffelschupfnudeln* sind die ideale Beilage z. B. zu Wildgerichten.

▼ **TIPP**

Mit klein geschnittenen Zwiebeln oder Sauerkraut in der Pfanne gebraten oder mit Käse überbacken wird aus den Schupfnudeln ein Hauptgericht.

# **Fleischlose** Eiweiß-kombinationen

## Pfannkuchen mit Quarkfüllung

Für 4 Personen

*Pfannkuchen: 200 g Mehl Type 405 oder Vollkornmehl*
*350 ml Milch | 4 Eier | Salz | etwas Margarine*
*Quarkfüllung: 1 Zwiebel | frische Kräuter | 2 Eier | 500 g Mager-quark | Salz | Pfeffer*
*Gemüsebeet: 1 Stange Lauch | 1 große Möhre | 1 Kohlrabi*
*200 g Brokkoli | Butter für die Form | Salz | Pfeffer*
*Sauce: 100 g geriebener Käse (Edamer oder Schweizer Käse)*
*250 ml Milch | 3 Eier | Salz | Pfeffer | frische Kräuter*

***Zubereitung*** Für die Pfannkuchen Mehl mit Milch und Eiern glatt rühren, salzen. Margarine in einer Pfanne erhitzen und aus dem Teig 8 Pfannkuchen backen. Für den Quark Zwiebel abziehen, würfeln, Kräuter waschen und klein hacken. Eier trennen, Eiweiß steif schlagen. Zwiebelwürfel und Kräuter mit dem Quark verrühren, Eigelbe dazugeben, mit Salz und Pfeffer abschmecken. Eischnee unter die Quarkmasse heben. Für das Gemüsebeet Gemüse waschen, putzen und in kleine Streifen schneiden. In eine gebutterte Auflaufform geben und mit Salz und Pfeffer würzen. Die kalten Pfannkuchen mit der Quarkmasse füllen und zusammengefaltet auf das Gemüsebeet legen.

Für die Sauce Käse mit Milch und Eiern verrühren, alles salzen und pfeffern und über die gefüllten Pfannkuchen gießen. Das Ganze bei 200 °C (Gas Stufe 3–4, Umluft 180 °C ) ca. 30 Minuten lang backen. Die fertigen Pfannkuchen mit gehackten Kräutern bestreuen und servieren.

# Kartoffel-Gemüse-Gratin
Für 4 Personen

*800 g mehlig kochende Kartoffeln | 300 g Blattspinat*
*500 g Tomaten | 1 Zwiebel | 2 Knoblauchzehen | 200 g griechischer*
*Schafskäse | 200 g süße Sahne | 200 ml Milch | 4 Eier | Salz*
*Pfeffer | 1 EL Olivenöl | 2 EL Semmelbrösel | 2 EL Sesamsamen*

*Zubereitung* Kartoffeln waschen, schälen und in dünne Scheiben schneiden. Spinat waschen, putzen, blanchieren und ausdrücken. Tomaten waschen, putzen und in Scheiben schneiden. Zwiebel und Knoblauch abziehen, Zwiebel würfeln und Knoblauch zerdrücken. Beides mit dem zerbröckelten Schafskäse, Sahne, Milch und Eiern verrühren und mit Salz und Pfeffer leicht würzen. Eine Auflaufform mit Olivenöl auspinseln, die Kartoffelscheiben dachziegelartig einschichten, mit Salz und Pfeffer würzen. Darauf zunächst den Spinat und dann die Tomatenscheiben legen. Alles mit der Milch-Käse-Mischung übergießen. Semmelbrösel und Sesamsamen darüber streuen und im Backofen bei 190 °C (Gas Stufe 3, Umluft 170 °C) 60 Minuten lang backen, dabei während der letzten 10 Minuten die Temperatur auf 200 °C (Gas Stufe 4, Umluft 180 °C) erhöhen.

▼ TIPP

Das Gratin kann man statt mit Kartoffeln auch mit gekochten Nudeln zubereiten – dann verkürzt sich die Garzeit auf 30 bis 40 Minuten.

# Gemüsekuchen

Für 4 Personen

*Teig: 75 g Magerquark | 2 EL Milch | 1 EL Öl | 1 Ei | Salz*
*180 g Weizenmehl | 1 Päckchen Backpulver | Fett für die Form*
*Füllung: 1 kg Gemüse (z. B. Lauch, Zucchini, Brokkoli, rote Papri-*
*kaschote) | 1 Zwiebel | 4 Knoblauchzehen | 50 g Butter | Salz*
*Pfeffer | 1/8 l Gemüsebrühe (oder Wasser)*
*Guss: 100 g Greyerzer | 200 g süße Sahne | 2 Eier | Pfeffer | Salz*

**▼ TIPP**

Den mineralstoff-
reichen Gemüsesud
auffangen, in einem
verschlossenen Gefäß
aufbewahren und
z. B. zum Angießen
von Saucen oder
Suppen verwenden.

*Zubereitung* Für den Teig alle Zutaten mit den Quirlen eines Hand-
rührgeräts so lange schlagen, bis sich aus der Masse eine Kugel bilden lässt.
Den Teig für mindestens 1 Stunde in den Kühlschrank stellen und ruhen lassen. Danach den Teig in eine gefettete Kuchenform (Durchmesser 26 Zentimeter) geben, festdrücken und dabei einen 3 Zentimeter hohen Rand formen. Nochmals kurz ruhen lassen.

Für die Füllung Gemüse waschen, putzen und klein schneiden. Zwiebel
und Knoblauch abziehen, Zwiebel würfeln und Knoblauch zerdrücken. Butter in einer Pfanne erhitzen, Gemüse, Zwiebelwürfel und Knoblauch ca.
5 Minuten lang anbraten und mit Salz und Pfeffer würzen. Mit Gemüsebrühe
oder Wasser ablöschen und alles zugedeckt 5 Minuten lang bei schwacher
Hitze kochen lassen. Gemüse durch ein Sieb abgießen und abkühlen lassen.
Die erkaltete Mischung auf dem Kuchenboden in der Form verteilen.

Für den Guss Käse reiben und zusammen mit den anderen Zutaten gut
verrühren, über das Gemüse gießen. Den Kuchen im Backofen ca. 45 Minuten lang bei 200 °C (Gas Stufe 3–4, Umluft 180 °C) backen.

**Den Gemüsekuchen** kann man auch schon am Vortag kurz vorbacken (ca. 30 Minuten lang). Bei Gebrauch dann nur noch für ca. 25 Minuten bei 180 °C (Gas Stufe 2–3, Umluft 160 °C) fertig backen.

# Kartoffelwaffeln mit Quark

Für 4 Personen

*Kartoffelwaffeln: 500 g Kartoffeln | 4 Zwiebeln | 150 g Butter 250 g Mehl | 1 Päckchen Backpulver | 2 TL Salz | 1 Messerspitze geriebene Muskatnuss | 1 Messerspitze Pfeffer | 4 Eier 1/2 l Milch Kräuterquark: 500 g Quark | 200 ml Milch | 3 EL frische gehackte Kräuter | Salz | Pfeffer | Paprikapulver*

▼ **TIPP**

Die Kartoffelwaffeln (ohne Quark) passen auch gut als Beilage zu Hauptgerichten.

**Zubereitung** Für die Waffeln Kartoffeln waschen und weich kochen, abseihen, pellen, erkalten lassen und durch die Kartoffelpresse drücken. Zwiebeln abziehen, fein schneiden oder reiben. Butter zerlassen. Die restlichen Zutaten für die Waffeln gründlich vermengen und zusammen mit der Kartoffelmasse, den Zwiebeln und der Butter zu einem Teig verkneten. Den Teig in einem beschichteten Waffeleisen goldbraun ausbacken.

Für den Kräuterquark Quark mit Milch verrühren. Die frischen Kräuter dazugeben, mit Salz, Pfeffer und Paprikapulver würzen.

**Dieses Gericht** ist eine gute Snackalternative für Sportveranstaltungen oder Feste – die Kartoffelwaffeln schmecken besser und sind natürlich gesünder als die obligatorische Brat- oder Currywurst mit Pommes frites.

# Tofu-Gemüse-Medaillons

**Für 4 Personen**

*200 g Brokkoli | 3 Stangen Frühlingszwiebeln | 1 Zwiebel
3 Knoblauchzehen | 60 g Butter | Salz | Pfeffer | 500 g Tofu
1 EL Grünkernmehl | 1 TL geschroteter Leinsamen | 1 TL Sonnen-
blumenkerne | 1 EL Sojaflocken (oder Haferflocken) | 2 Eier
50 g frische Kräuter*

Die Medaillons kann man variieren, indem man verschiedene Tofusorten verwendet. In gut sortierten Reformhäusern oder Naturkostläden gibt es z. B. Kräuter-, Räucher-, Haselnuss- oder Algentofu.

**Zubereitung** Brokkoli und Frühlingszwiebeln waschen, putzen und in sehr kleine Würfel schneiden. Zwiebel und Knoblauch abziehen, Zwiebel würfeln und Knoblauch klein hacken. Die Hälfte der Butter in einem Topf erhitzen, das Gemüse darin kräftig anbraten und leicht mit Salz und Pfeffer würzen. Die Mischung abkühlen lassen.

Tofu durch den Fleischwolf drehen und mit dem erkalteten Gemüse, Grünkernmehl, geschrotetem Leinsamen, Sonnenblumenkernen, Sojaflocken (oder Haferflocken) und den Eiern gründlich vermengen. Die Teigmasse mit Salz und Pfeffer abschmecken, kleine Küchlein daraus formen, die restliche Butter in einer Pfanne erhitzen und die Medaillons goldbraun braten. Frische Kräuter waschen, trocknen und fein hacken. Die Medaillons damit bestreuen und rasch servieren.

**Um einen kräftigeren Geschmack** zu erreichen, kann man noch etwas geriebenen Parmesankäse unter die Teigmasse mischen. Zu den Tofu-Gemüse-Medaillons passen sehr gut Kräuter- oder Tomatensauce (siehe Seite 212f.) sowie Vollkornreis oder Nudeln.

# Pfannkuchen mit Gemüseragout

Für 4 Personen

*Gemüseragout: 500 g gemischtes Gemüse (z. B. Möhren, Kohl-*
*rabi, Bohnen, Sellerie) | 2 Knoblauchzehen | 2 EL Olivenöl*
*frische Kräuter | Salz | Pfeffer | 250 g Linsen | 10 g Butter*
*15 g Mehl | 250 ml Gemüsebrühe | 2 EL süße Sahne*
*Pfannkuchen: 100 g Mehl Type 405 | 100 g Mehl Type 1150*
*350 ml Milch | 3 Eier | 1 Prise Salz | 4 EL Öl | Butter für die Form*
*4 EL geriebener Gouda*

**Zubereitung** Gemüse waschen, putzen und zerkleinern. Knoblauch
abziehen und zerdrücken. Öl erhitzen und Knoblauch zusammen mit dem
Gemüse bei schwacher Hitze ca. 10 Minuten lang braten. Kräuter waschen,
trocknen und klein hacken. Gemüsemix mit Salz, Pfeffer und Kräutern würzen und erkalten lassen. Linsen in Salzwasser in ca. 30 Minuten gar kochen.
Butter im Topf zerlassen, Mehl einrühren und 2 Minuten lang anschwitzen.
Nach und nach die Gemüsebrühe zugeben und alles unter ständigem Rühren
zum Kochen bringen. Sahne zugeben, mit Salz und Pfeffer würzen. Gemüse
und Linsen unter die Sauce mischen und alles erkalten lassen.

Für die Pfannkuchen Mehl mit Milch verrühren. Eier und Salz dazugeben.
Öl in einer Pfanne erhitzen und dünne Pfannkuchen ausbacken. Den Gemü-
se-Linsen-Mix in die Pfannkuchen füllen, einrollen, in eine gebutterte Auflaufform legen und mit Käse bestreuen. Im Ofen bei 180 °C (Gas Stufe 2–3,
Umluft 160 °C ) ca. 30 Minuten lang überbacken.

▼ **TIPP**

Kann gut vorbereitet
werden. Die Pfannku-
chen füllen und bei
Bedarf fertig über-
backen.

# Linsenrisotto mit Gemüse
## Für 4 Personen

*200 g Brokkoli | 1 Zucchini | je 1 rote und gelbe Paprikaschote*
*1 große Möhre oder 1 Kohlrabi | 100 g Champignons | 1 Zwiebel*
*4 Knoblauchzehen | 2 EL Olivenöl | 500 g Vollkornreis | 50 g Wild-*
*reis | 100 g kleine Linsen (Gourmetlinsen) | 200 ml Riesling*
*1,5 l Gemüse- oder Fleischbrühe | Salz | Pfeffer | 50 g Butter*
*50 g frisch geriebener Parmesan | frische Kräuter (z. B. Thymian,*
*Kerbel, Basilikum, Estragon, Petersilie)*

Dazu passt sehr gut
die Tomatensauce
(siehe Seite 212f.) mit
etwas frisch gezupf-
tem Basilikum.

*Zubereitung* Gemüse und Pilze putzen und waschen, in kleine Würfel oder Stücke schneiden. Zwiebel und Knoblauch abziehen, Zwiebel würfeln und Knoblauch zerdrücken. Olivenöl in einer Kasserolle oder einem Topf erhitzen und Zwiebel und Knoblauch darin für etwa 1/2 Minute anbraten. Gemüse und Pilze dazugeben und die Mischung 2 Minuten lang braten. Reis und Linsen untermischen und alles nochmals für 1 Minute braten. Mit Riesling ablöschen, mit Gemüse- oder Fleischbrühe auffüllen und mit Salz und Pfeffer leicht würzen. Aufkochen lassen und im geschlossenen Topf bei 200 °C (Gas Stufe 3–4, Umluft 180 °C) etwa 1 Stunde lang im Backofen backen. Wenn der Reis gar ist, Butter und Parmesan nach und nach langsam unterrühren. Kräuter waschen, trocknen und klein hacken. Kurz vor dem Servieren die Kräuter unter den Risotto heben.

# Die Fett-**Eiweiß-Diät**

## Zander mit Gemüse

Für 4 Personen

*1 Gurke | 1 Zucchini | 1/2 Zitrone | 300 ml Olivenöl | Salz | Pfeffer aus der Mühle | 3 g Butter | 600 g Zanderfilets | 300 ml Fischfond 1 Bund frischer Kerbel*

**Zubereitung** Gurke und Zucchini waschen, putzen und in lange Stäbchen schneiden. Zitrone auspressen und mit Öl, Salz und Pfeffer verrühren. Gemüsestäbchen bei schwacher Hitze bissfest dünsten und warm mit der Marinade mischen. Einen Topf ausbuttern, die leicht gesalzenen und gepfefferten Zanderfilets darin mit dem Fischfond zugedeckt bei schwacher Hitze 5 Minuten lang dünsten. Kerbel waschen, trocknen und klein hacken. Mariniertes Gemüse mit dem Kerbel mischen und über die Fischstücke verteilen.

▼ **TIPP**

Als Alternative zum Zander können Sie auch Forelle oder Flussbarsch zubereiten.

## Tofu mit Basilikumsauce

Für 4 Personen

*500 g Tofu | 50 g Butter | 1 Zwiebel | 2 Knoblauchzehen 500 g Tomaten | 200 ml Tomatensaft | Salz | Pfeffer 1 Bund frisches Basilikum*

*Zubereitung* Tofu in kleine Stücke schneiden. Die Hälfte der Butter in einer Pfanne erhitzen, Tofustücke darin kurz anbraten und warm stellen. Zwiebel und Knoblauch abziehen, Zwiebel würfeln, Knoblauch zerdrücken. Tomaten waschen, putzen und in 1 Zentimeter große Stücke schneiden. Restliche Butter in der Pfanne erhitzen, Zwiebelwürfel und Knoblauch darin kurz anbraten. Tomatenstücke und -saft dazugeben, mit Salz und Pfeffer würzen und alles bei schwacher Hitze ca. 10 Minuten lang kochen lassen. Basilikum waschen, trocknen, fein zupfen und untermischen. Das Tofugeschnetzelte auf Tellern anrichten und die Tomatensauce darauf verteilen.

Zu Tofu mit Basilikumsauce passen gemischte grüne Salate mit einem Joghurtdressing (siehe Seite 211) besonders gut.

# Geflügel-Soja-Pfanne

Für 4 Personen

*500 g Hähnchenfilet* | *2 kleine rote Chilischoten* | *5 EL Sojaöl* *250 g Brokkoli* | *je 1 rote, gelbe, grüne Paprikaschote* | *2 Stangen Lauch* | *220 g Sojasprossen* | *Salz* | *Pfeffer* | *Paprikapulver*

*Zubereitung* Filet in Scheiben schneiden. Chilischoten waschen, Kerne und Trennwände entfernen und die Schoten sehr fein würfeln. Mit Fleisch und 3 Esslöffel Öl vermengen und durchziehen lassen. Gemüse waschen, putzen, in 2 Zentimeter große Stücke schneiden. Sprossen waschen, abtropfen lassen. 1 Esslöffel Öl in einer Pfanne erhitzen, das Fleisch darin kräftig anbraten. Herausnehmen, mit Salz und Pfeffer würzen. Restliches Öl in der Pfanne erhitzen, das Gemüse 5 Minuten lang braten. Fleisch dazugeben und alles nochmals kurz erhitzen. Mit Salz, Pfeffer und Paprikapulver abschmecken.

# Seehecht mit Gemüse

Für 4 Personen

**800 g Seehechtfilet** | **1 Zitrone** | **Salz** | **Pfeffer** | **2 Knoblauchzehen**
**4 Frühlingszwiebeln** | **400 g Möhren** | **300 g Kohlrabi**
**200 g Fenchel** | **1 EL Olivenöl** | **150 ml Gemüsebrühe**
**jeweils 1 TL Rosmarin, Petersilie und Thymian (frisch und**
**fein gehackt)**

*Zubereitung* Seehechtfilet kalt abspülen und trockentupfen. Zitrone auspressen. Fischfilet in 4 Stücke à 200 Gramm zerteilen, salzen und pfeffern, mit Zitronensaft beträufeln. Knoblauch abziehen und zerdrücken. Frühlingszwiebeln abziehen, Möhren und Kohlrabi waschen und putzen. Möhren und Kohlrabi in Stäbchen, Fenchel und Frühlingszwiebeln in feine Scheiben schneiden. Olivenöl in einer Pfanne erhitzen und das Gemüse mit dem Knoblauch darin anbraten. Mit Salz und Pfeffer würzen und mit Gemüsebrühe aufgießen.

Das Gemüse in eine feuerfeste Auflaufform geben, Kräuter und Fischfilet darauf verteilen und zugedeckt bei 220 °C (Gas Stufe 4–5, Umluft 200 °C) ca. 30 Minuten lang backen.

*Wer mit diesem* Seehechtgericht keinen Eiweiß-Fett-Diätplan einhalten möchte, kann daraus ganz einfach ein etwas üppigeres Mahl zubereiten: Aus dem Gemüse-Fisch-Sud, der sich beim Backen bildet, wird mit einer Mehlschwitze, 2 Esslöffeln süßer Sahne und etwas Riesling eine köstliche Weinsauce. Dazu werden entweder Vollkornreis oder Pellkartoffeln und ein gemischter grüner Salat der Saison serviert.

# Spargel-Lachs-Ragout

Für 4 Personen

*1,2 kg Spargel | 400 g Lachsfilet | 200 g Champignons
1 Bund Frühlingszwiebeln | 4 Tomaten | 1 Zwiebel | 4 Knoblauch-
zehen | 60 g Butter | Salz | Pfeffer | 1 Prise Safranpulver | 3 EL
Riesling | 250 g süße Sahne | 1 TL Pernod | frischer gehackter Dill*

**Zubereitung** Spargelenden abschneiden, die Stangen schälen und in etwa 15 Minuten weich kochen, den Sud beiseite stellen. Fisch kalt abspülen und trockentupfen. Spargel und Fisch in 3 Zentimeter große Stücke schneiden. Pilze und Frühlingszwiebeln waschen, putzen und zerkleinern. Tomaten waschen, entkernen und würfeln. Zwiebel und Knoblauch abziehen, Zwiebel würfeln, Knoblauch zerdrücken. Butter in einer Pfanne erhitzen, Zwiebel und Knoblauch darin anbraten, Spargel, Lachswürfel, Champignons, Frühlings-zwiebeln und Tomaten dazugeben. Mit Salz, Pfeffer, Safran würzen und mit Wein ablöschen. Sahne, Pernod und 5 Esslöffel Spargelsud unterrühren und alles kurz aufkochen lassen. Vor dem Servieren den Dill darüber streuen.

Ist das Spargel-Lachs-Ragout nicht Teil einer Eiweiß-Fett-Diät, kann man mit neuen ge-kochten Kartoffeln und etwas gedünstetem Brokkoli als Beilage ein Festtagsmenü daraus zaubern.

# Frühstück und **Snacks**

## Frühlingskräuterbrot

*350 g Weizenvollkornmehl* | *150 g fein gemahlener Dinkel*
*125 ml Milch* | *1 Würfel Hefe* | *1 EL Zucker* | *1 Knoblauchzehe* | *Salz*
*1 Zwiebel* | *3 EL Margarine* | *je 2 EL frisch gehackter Dill und Kerbel* | *1 TL frisch gehackter Rosmarin* | *1 Prise geriebene Muskatnuss* | *1 TL Fenchelsamen* | *Fett für die Form* | *2 TL Anissamen*

**Zubereitung** Weizenmehl und Dinkel in eine Schüssel geben, in der Mitte eine Mulde bilden. Milch lauwarm erhitzen. Hefewürfel, Zucker und Milch verrühren und kurz gehen lassen. Hefemix in die Mulde geben, mit etwas Mehl verrühren und den Vorteig ca. 15 Minuten lang gehen lassen. In der Zwischenzeit Knoblauch abziehen, zerdrücken und mit 1 Prise Salz vermischen. Zwiebel abziehen und würfeln. Margarine in einer Pfanne erhitzen, Zwiebel und Knoblauch darin anbraten, Kräuter dazugeben und alles mit Salz, Muskatnuss und Fenchel würzen. Zu der Mehl-Dinkel-Hefe-Mischung geben, alles zu einem festen Teig verkneten und nochmals gut 15 Minuten lang an einen warmen Ort stellen.

Den Teig in eine gefettete Kastenform geben und mit Salzwasser bepinseln. Mit Anissamen bestreuen und bei 190 °C (Gas Stufe 3, Umluft 170 °C) ca. 35 Minuten lang backen.

## ▼ TIPP

Zum Frühstück kann man das Frühlingskräuterbrot hervorragend mit dem Grünkernaufstrich (siehe Seite 195) kombinieren, abends ist es ideal als Snack zu einem Gläschen Wein.

# Früchte-Vollkorn-Müsli

Für 6–8 Personen

*je 50 g grob geschroteter Dinkel, Roggen und Weizen* | *2 Äpfel*
*2 Birnen* | *1 Zitrone* | *2 Bananen* | *200 g Vollkornmüslimischung*
*100 g blütenzarte Haferflocken* | *100 g grobe Haferflocken*
*2 EL Rosinen* | *2 EL gehackte Haselnüsse* | *1 l Milch* | *3 EL Honig*
*2 Früchtejoghurts*

***Zubereitung*** Dinkel-, Roggen- und Weizenschrot ca. 3 bis 4 Stunden lang mit Wasser bedeckt quellen lassen. Äpfel und Birnen waschen und entkernen, das Fruchtfleisch vierteln. Zitrone auspressen. Äpfel und Birnen reiben und mit dem Zitronensaft beträufeln. Bananen schälen und mit einer Gabel fein drücken. Müslimischung, blütenzarte und kernige Haferflocken, Rosinen und Haselnüsse in einer Schüssel mit Milch begießen, bis die Flocken bedeckt sind. Eingeweichte Körner und Honig dazugeben und alles gründlich verrühren. Obst und Joghurts darunter mischen und das Müsli nochmals ca. 1 Stunde lang ziehen lassen. Falls es zu dick wird, gibt man vor dem Anrichten noch etwas Milch dazu.

**Je nach Saison** können natürlich auch andere frische Früchte verwendet werden, wie beispielsweise Pflaumen, Aprikosen, Erdbeeren oder Himbeeren. Im Winter kann man gut Trockenfrüchte in das Müsli geben – man schneidet sie klein und weicht sie zuvor in Honig und Saft oder Wasser ein.

▼**TIPP**

Zur besseren Verdauung kann man dem Müsli noch Leinsamen und Sesam untermischen.

# Grünkernaufstrich

Für 4 Personen

**50 g mittelfein gemahlener Grünkern** | **100 ml Gemüsebrühe**
**1/2 Zwiebel** | **1 Knoblauchzehe** | **1 EL Olivenöl** | **frische Kräuter**
**(z. B. Basilikum, Kerbel, Estragon, Petersilie, Dill)** | **50 g Margarine**
**1 TL Zitronensaft** | **1 TL Senf** | **Pfeffer** | **1 Prise geriebene Muskatnuss** | **Salz**

**Zubereitung** Den Grünkernschrot in der Gemüsebrühe aufkochen und erkalten lassen. Zwiebel und Knoblauch abziehen, Zwiebel würfeln und Knoblauch zerdrücken. Olivenöl erhitzen und Zwiebel darin glasig anbraten. Frische gemischte Kräuter waschen, trocknen und zerkleinern. Grünkernschrot mit Zwiebelwürfeln, Knoblauch, Kräutern, Margarine, Zitronensaft und Senf gut vermischen. Mit Pfeffer, Muskatnuss und Salz abschmecken.

# Winter-Energieriegel

*Früchtemischung: 150 g getrocknete Birnen | 250 g getrocknete Pflaumen | 150 g getrocknete Datteln | 200 g Rosinen 100 g getrocknete Feigen | 100 g getrocknete Äpfel 100 g getrocknete Belegkirschen (Sirupkirschen) | 3 unbehandel-te Zitronen | 300 g Zitronat | 300 g Orangeat | 100 g Mandelstifte 100 g gehackte Walnüsse | 5 g gemahlene Anissamen | 5 g Zimt 5 g Nelke | 1 g Kardamom | 5 g Kakao | 100 ml Kirschwasser Teig: 40 g Hefe | 120 ml Wasser | 250 g Mehl Type 405 oder Voll-kornmehl*

Statt mehrere kleine Riegel kann man auch ein ganzes Früchtebrot machen. Dazu den Teig einfach in eine Kastenform füllen. Wichtig: Das Brot hat dann eine etwas län-gere Backzeit!

**Zubereitung** Die Früchtemischung wird am Vortag vorbereitet: Dazu alle Trockenfrüchte in 1/2 Zentimeter große Stücke schneiden. Etwas Zitronen-schale abreiben und alle Zitronen auspressen. Trockenfrüchte, Zitronenschale und -saft mit den übrigen Zutaten mischen und ca. 1 Tag lang zugedeckt stehen lassen.

Für den Teig Hefe, lauwarmes Wasser und Mehl mischen und zu einem glatten Teig verkneten. Den Teig ca. 20 Minuten stehen lassen, die durch-gezogene Früchtemischung sehr gut unterarbeiten. Den Früchteteig nochmals für 1/2 Tag ruhen lassen. Aus dem fertigen Teig Riegel formen und bei 180 °C (Gas Stufe 2–3, Umluft 160 °C) ca. 50 Minuten lang backen.

**Das Auge isst mit** Man kann die Riegel auch mit einem Kirschwasser-guss (hergestellt aus Puderzucker und Kirschwasser) bepinseln und mit Man-deln verzieren.

# Hefezopf

*1 Würfel Hefe* | *50 g Margarine* | *50 g Butter* | *3 Eier* | *250 ml Milch*
*80 g Zucker* | *1 unbehandelte Zitrone* | *250 g Vollkornmehl*
*500 g Mehl Type 405* | *1 große Prise Salz*

*Zubereitung* Hefe, Margarine, Butter und Eier bereitstellen, bis sie Raumtemperatur haben. Milch lauwarm erhitzen. Hefe in die erwärmte Milch bröckeln, 1 Teelöffel Zucker einrühren und alles 10 Minuten lang gehen lassen. In der Zwischenzeit die Schale der Zitrone abreiben. Mehl in eine Schüssel sieben und Margarine, Butter, Eier, Salz, restlichen Zucker und abgeriebene Zitronenschale untermischen. Wenn die Hefe etwas aufgegangen ist, wird sie zu der Mischung gegeben. Die Zutaten in der Schüssel mit den Quirlen des Handrührers so lange bearbeiten, bis sich der Teig gut vom Schüsselrand löst und leicht Blasen schlägt. Sollte der Teig zu weich sein, noch etwas Mehl zufügen. Schüssel mit einem Handtuch abdecken und den Teig 30 bis 40 Minuten lang an einem warmen Platz ruhen lassen, bis er schön aufgegangen ist.

Fertigen Teig in 3 gleich große Stücke teilen. Die Stücke ausrollen und zu einem Zopf flechten. Nochmals 10 Minuten lang gehen lassen, auf ein Backblech mit Backpapier legen und bei 160 °C (Gas Stufe 1–2, Umluft 150 °C) ca. 35 Minuten lang backen.

*Den Teig* kann man auch etwas aufpeppen, z. B. indem man Rosinen oder gemahlene Nüsse darunter mischt. Eine besonders feine Variante ist ein Zopf mit Mandel-Marzipan-Füllung.

▼ **TIPP**

Dieser Teig kann auch in einer gefetteten Gugelhupfform gebacken werden.

# Feines aus dem **Suppen**topf

## Zucchinicremesuppe mit Lachs
### Für 4 Personen

*500 g Zucchini* | *1 Zwiebel* | *3 Knoblauchzehen* | *20 g Butter* | *Salz*
*Pfeffer* | *100 ml Riesling* | *800 ml Gemüsebrühe* | *150 g roher*
*Lachs* | *150 g saure Sahne* | *frische gehackte Kräuter*

*Zubereitung* Zucchini waschen, putzen und in kleine Stücke schneiden. Zwiebel und Knoblauch abziehen, Zwiebel würfeln, Knoblauch zerdrücken, Butter in einer Pfanne erhitzen und beides mit den Zucchinistückchen anbraten. Salzen, pfeffern, mit Riesling ablöschen, mit Brühe auffüllen. 15 Minuten lang bei schwacher Hitze kochen und fein pürieren. Fisch kalt abspülen, trockentupfen und in Würfel schneiden. Saure Sahne in die Suppe rühren, Kräuter und Fisch dazugeben und das Ganze ca. 5 Minuten lang am Herdplattenrand stehen lassen, aber nicht mehr aufkochen.

Die Zucchini-
cremesuppe ist ideal
für Kochnovizen oder
die flotte Küche. Ihre
Vorteile: sehr leichte
und schnelle Zuberei-
tung sowie wenig
Geschirr.

## Wildkräutersuppe
### Für 4 Personen

*800 ml Gemüsebrühe* | *70 g Spinat* | *7 g Bärlauch* | *15 g Brenn-*
*nesselblätter* | *15 g Feldsalat* | *10 g Sauerampfer* | *Salz* | *Pfeffer*
*1 Messerspitze Koriander* | *12 Gänseblümchen*

*Zubereitung* Brühe in einem großen Topf aufkochen. In der Zwischenzeit Spinat, Bärlauch, Brennnesselblätter, Feldsalat und Sauerampfer waschen, mit heißem Wasser kurz überbrühen. Alles mit der Hälfte der Brühe im Mixer pürieren. Die Mischung zur anderen Hälfte in den Topf geben, verrühren und mit Salz, Pfeffer und Koriander abschmecken. In Tellern anrichten und mit den gewaschenen und trockengetupften Gänseblümchen garnieren.

## ▼ TIPP

Wer die Wildkräutersuppe nicht so kalorienarm möchte, kann etwas süße oder saure Sahne dazugeben.

# Kartoffel-Gemüse-Suppe
### Für 4 Personen

*6 große Kartoffeln | 1 Lauchstange | 1 kleine Sellerieknolle 3 Möhren | 1 Zucchini | 1 Brokkoli | 1 Zwiebel | 3 Knoblauchzehen 50 g Butter | Salz | Pfeffer | 1 l Gemüsebrühe | frische gemischte Kräuter | 100 g saure Sahne*

*Zubereitung* Kartoffeln und Gemüse waschen, schälen bzw. putzen und in kleine Würfel schneiden. Zwiebel und Knoblauch abziehen, Zwiebel würfeln, Knoblauch zerdrücken. In einem großen Topf Butter erhitzen und alles bei starker Hitze anbraten. Mit Salz und Pfeffer würzen. Mit Brühe ablöschen und alles ca. 30 Minuten lang kochen lassen. Kräuter waschen, trockentupfen und zerkleinern. Saure Sahne und Kräuter untermischen und servieren.

# Koriander-Möhren-Suppe

Für 10 Personen

*1 Sellerieknolle | 6–8 Möhren | 1 Zwiebel | 4 Knoblauchzehen
50 g Butter | 1 TL gemahlener Koriander | 1/2 TL Currypulver
1/4 l Riesling | 1 l Gemüsebrühe | Salz | Pfeffer | 250 g süße Sahne
1 EL saure Sahne | 1 EL Honig*

*Zubereitung* Sellerie und Möhren waschen, putzen und in kleine Würfel schneiden. Zwiebel und Knoblauch abziehen, Zwiebel würfeln, Knoblauch zerdrücken und in Butter kurz anbraten. Gemüse, Koriander und Curry dazugeben und bei schwacher Hitze mitbraten. Mit Wein und Brühe auffüllen, salzen und pfeffern. Alles ca. 20 Minuten lang kochen lassen. Die Suppe fein pürieren, süße und saure Sahne sowie Honig unterrühren und servieren.

Mit gekochten Kartoffeln oder Knoblauchbrot als Beilage wird die Lachs-Safran-Suppe zu einem leichten Hauptgericht.

# Lachs-Safran-Suppe

Für 10 Personen

*Fischsud: 1 Zwiebel | 1 Bund Suppengrün | Karkassen (Gerippe)
vom Lachs | 1/4 l Weißwein | 2 Lorbeerblätter | 2 Nelken
jeweils 2 TL Salz und Pfeffer
Einlage: 300 g verschiedene Saisongemüse (z. B. Lauch, Sellerie,
Möhren, Brokkoli, Fenchel) | 5 Knoblauchzehen | 150 g roher
Lachs | 5 g Olivenöl | 1 TL Safranpulver | Salz | Pfeffer | frische
gemischte Kräuter | 1 Schuss Pernod*

*Zubereitung* Für den Fischsud Zwiebel abziehen und würfeln. Suppengrün waschen, putzen und zerkleinern. Karkassen in einem Topf mit etwa 2 Liter Wasser und den restlichen Zutaten bei mittlerer Hitze sehr langsam aufkochen. Die Mischung nach dem Aufkochen noch 30 Minuten ziehen lassen. Den Fischsud durch ein Sieb gießen, auffangen und beiseite stellen.

Für die Einlage Gemüse waschen, putzen und in kleine feine Streifen schneiden. Knoblauch abziehen und zerdrücken. Fisch kalt abspülen, trockentupfen und klein schneiden. Öl erhitzen und Gemüsestreifen, Knoblauch und Lachsstücke darin bei starker Hitze anbraten. Die Mischung mit Safranpulver, Salz und Pfeffer würzen. Mit dem Lachssud auffüllen und alles nur einmal ganz kurz aufkochen lassen. Kräuter waschen, trockentupfen und zerkleinern. Kurz vor dem Anrichten Pernod und Kräuter einrühren.

# Gurkencremesuppe
## Für 4 Personen

*1 Salatgurke | 1/2 Zwiebel | 2 Knoblauchzehen | 20 g Butter | Salz Pfeffer | 1 Prise Zucker | 1/4 l Weißwein | 3/4 l Gemüsebrühe 1 EL frischer gehackter Dill | 150 g saure Sahne*

*Zubereitung* Gurke waschen, putzen und in 2 Zentimeter große Stücke schneiden. Zwiebel und Knoblauch abziehen, Zwiebel würfeln, Knoblauch zerdrücken. Butter erhitzen und Gurken, Zwiebel und Knoblauch darin ca. 3 bis 4 Minuten lang anbraten, salzen, pfeffern und mit Zucker abschmecken. Mit Wein ablöschen und mit der Brühe auffüllen. Die Mischung nach ca. 15 Minuten pürieren. Dill und saure Sahne hinzugeben und servieren.

▼ **TIPP**

Zur Gurkencremesuppe passen auch Wildkräuter sehr gut, z. B. Sauerampfer: einfach fein hacken und darüber streuen.

# Sellerie-Zimt-Suppe

Für 10 Personen

*1 große Sellerieknolle | 1 Zwiebel | 3 Knoblauchzehen | 40 g Butter
1/2 l Riesling | 1 l Gemüse- oder Rinderbrühe | etwas weiße Mehlschwitze | 250 g süße Sahne | Salz | Pfeffer | 1 Prise Zucker
1/2 TL gemahlener Zimt | frische Kräuter*

*Zubereitung* Sellerie waschen, putzen, schälen und klein schneiden. Zwiebel und Knoblauch abziehen, Zwiebel würfeln und Knoblauch zerdrücken. Butter in einem großen Topf erhitzen, Zwiebel, Knoblauch und Selleriestückchen darin ca. 3 Minuten lang anbraten. Mit Riesling ablöschen und mit der Brühe auffüllen. Gemüse bei schwacher Hitze ca. 45 Minuten lang weich dünsten. Fein pürieren und nochmals kurz aufkochen. Mit Mehlschwitze leicht abbinden. Sahne dazugeben und mit Salz, Pfeffer, Zucker und Zimt würzen. Kräuter waschen, trocknen und klein hacken. Vor dem Servieren über die Suppe streuen.

*Sieht schön aus* Suppe mit Sahnehäubchen – das geht ganz einfach: Statt die Sahne vollständig unter die Suppe zu rühren, nur 2/3 davon verwenden. Den Rest steif schlagen, mit etwas Zimt abschmecken und die Suppe in den Tellern jeweils mit 1 Teelöffel Zimtsahne krönen.

Die Suppe können Sie gut aufbewahren und am nächsten oder übernächsten Tag heiß machen.

# Grünkern-Graupen-Suppe

Für 4 Personen

*1 Stange Lauch* | *2 Möhren* | *1/4 Sellerieknolle* | *1 Zwiebel*
*3 Knoblauchzehen* | *10 g Butter* | *125 g Perlgraupen* | *50 g Grün-*
*kernschrot* | *1/8 l Weißwein* | *3/4 l Gemüsebrühe* | *Salz* | *Pfeffer*
*frische gehackte Kräuter*

*Zubereitung* Gemüse waschen, putzen und in feine Würfel schneiden.
Zwiebel und Knoblauch abziehen, Zwiebel würfeln, Knoblauch zerdrücken.
Alles in Butter in einem großen Topf anbraten, Graupen und Grünkern
dazugeben. Mit Wein und Brühe auffüllen. Ca. 30 Minuten schwach kochen
lassen. Salzen und pfeffern. Kräuter kurz vor dem Servieren dazugeben.

# Gazpacho

Für 4 Personen

*500 g Gurken* | *500 g Tomaten* | *100 g Peperoni* | *1 Zwiebel*
*1 Knoblauchzehe* | *1/2 l kalte Gemüsebrühe* | *2 EL Sherryessig*
*50 g Brot ohne Kruste* | *2 EL Olivenöl* | *Salz* | *Pfeffer*

*Zubereitung* Gemüse waschen, putzen und in Würfel schneiden. Zwiebel
und Knoblauch abziehen, Zwiebel würfeln, Knoblauch zerdrücken. Alles
zusammen mit Gemüsebrühe, Essig und Brot im Mixer pürieren. Öl langsam
dazugeben und mit Salz und Pfeffer abschmecken.

▼ **TIPP**

Gazpacho schmeckt
am besten eiskalt in
der Sommerzeit.

# Salate mit Pfiff!

## Nudelsalat mit Mozzarella

Für 4 Personen

*5 EL Olivenöl | Salz | 400 g Nudeln (z. B. bunte Penne)*
*300 g Tomaten | 1 Bund frisches Basilikum | 1/2 Bund frischer*
*Oregano | 1 Zwiebel | 4 EL weißer Balsamicoessig | Pfeffer*
*2 Kugeln Mozzarella*

Wer den Nudelsalat ganz raffiniert haben möchte, kann ein paar rosa Pfefferkörner und/oder geröstete Pinienkerne in die Vinaigrette rühren.

*Zubereitung* Wasser mit 1 Esslöffel Olivenöl zum Kochen bringen, etwas Salz zufügen und darin die Nudeln al dente garen. Nudeln in ein Sieb abgießen und kurz mit kaltem Wasser abschrecken. Tomaten waschen, putzen und in 8 gleich große Stücke schneiden. Basilikum und Oregano waschen, trocknen und klein hacken. Zwiebel abziehen, würfeln und in den Essig rühren, Salz und Pfeffer zugeben. Das restliche Öl kräftig unterschlagen. Kräuter zu der Vinaigrette geben. Mozzarella in 1 Zentimeter große Würfel schneiden, zusammen mit der Marinade mit den Nudeln vermengen. Alles gut durchziehen lassen und, wenn nötig, nochmals mit etwas Salz und Pfeffer abschmecken. Auf vier Tellern verteilen, jeweils mit 2 Tomatenstücken garnieren und servieren.

*Dieser Nudelsalat* eignet sich auch als Beilage für Hackfleischbällchen oder scharf gewürzte gebratene Schweinemedaillons.

# Körnersalat

### Für 4 Personen

*150 g gemischte Getreidekörner (z. B. Weizen, Roggen, Gerste, Grünkern)* | *1/2 l Gemüsebrühe* | *100 g rote Linsen* | *250 g Staudensellerie* | *1 Bund Frühlingszwiebeln* | *3 Möhren* | *1 Bund Petersilie* | *2 Knoblauchzehen* | *6 EL Sojaöl* | *Salz* | *Pfeffer* | *Paprikapulver* | *Zucker* | *4 EL Kräuteressig*

**Zubereitung** Getreidekörner über Nacht in kaltem Wasser einweichen. Mit der Brühe zum Kochen bringen und 30 Minuten lang bei schwacher Hitze garen lassen. Linsen waschen und ca. 15 Minuten vor Ende der Garzeit mit den Körnern kochen. Staudensellerie, Frühlingszwiebeln und Möhren waschen, putzen und in mundgerechte Stücke schneiden. Petersilie waschen, trockentupfen und hacken. Knoblauch abziehen und zerdrücken.

1 Esslöffel Sojaöl in einem Topf erhitzen, Gemüse und Knoblauch darin anbraten (ca. 5 Minuten lang) und mit Salz, Pfeffer und Paprikapulver würzen. Für die Marinade Salz, Pfeffer und Zucker gründlich mit dem Kräuteressig verrühren. Restliches Sojaöl unterrühren und die Petersilie zufügen. Getreidekörner und Linsen in ein Sieb abgießen. Mit dem Gemüse und der Marinade vermengen, nochmals mit Salz und Pfeffer abschmecken und vor dem Servieren mindestens 30 Minuten lang durchziehen lassen.

### ▼ TIPP

Der Körnersalat hat einen sehr hohen Eiweißanteil und ist deshalb auch gut als Hauptgericht geeignet.

# Blattsalate mit gebeiztem Lachs
Für 10 Personen

*Gebeizter Lachs: 1/2 unbehandelte Zitrone | 8 Wacholderbeeren
25 g Salz | 50 g Zucker | 1 Messerspitze Koriander | 1 Messerspitze Kümmel | 1 Messerspitze Pfeffer aus der Mühle | 3 EL getrockneter Dill | 400 g frisches Lachsfilet (ohne Gräten, aber mit Haut)
Salat: 3–4 Köpfe verschiedene Blattsalate (z. B. Eichblattsalat,
Kopfsalat, Lollo Rosso, Frisée) | 5 Tomaten | 200 g Champignons
2 Möhren | frische Kräuter (z. B. Kerbel, Petersilie, Basilikum,
Schnittlauch) | 2 Knoblauchzehen | 1 EL Quittengelee | 1 EL Dijonsenf (oder scharfer Senf) | 200 ml Sherryessig | Salz | Pfeffer
200 ml Walnussöl | 200 ml Sonnenblumenöl*

**Zubereitung** Für den Lachs 3 Tage im Voraus eine Beize herstellen: Dazu Schale der Zitrone abreiben, Wacholderbeeren zerdrücken. Schale und Beeren mit Salz, Zucker, Koriander, Kümmel, Pfeffer und Dill vermischen. Fisch kalt abspülen, trockentupfen. Mit der Hautseite nach unten auf eine Platte legen, mit der Beize vollständig bedecken. Mit Klarsichtfolie abdecken und für 3 Tage in den Kühlschrank stellen. Vor dem Servieren die gesamte Beize vom Lachs abreiben und den Fisch in feine Scheiben schneiden.

Für den Salat Blattsalate waschen, trockentupfen und zerkleinern. Tomaten, Champignons und Möhren waschen und putzen. Tomaten und Pilze in Scheiben schneiden, Möhren raspeln. Salate, Gemüse und Pilze miteinander mischen. Kräuter waschen, trockentupfen und zerkleinern.

Für die Marinade Knoblauch abziehen und zerdrücken. Mit Quittengelee,

Senf und Essig verrühren, mit Salz und Pfeffer würzen. Nach und nach die Öle darunter rühren. Salat mit dem Dressing anmachen und mit den Kräutern bestreuen. Zu den Lachsscheiben servieren.

# Bunter Frühlingssalat

Für 4 Personen

*1 kg Spargel | 1 Zitrone | 100 ml Weißwein | 1 EL Zucker | Salz*
*1 Bund Frühlingszwiebeln | 8 Radieschen | 1/2 Salatgurke*
*1 gelbe Paprikaschote | 250 g Erdbeeren | Pfeffer | frische*
*Pfefferminzblätter | 1 Bund frisches Basilikum | 2 EL Obstessig*
*4 EL Öl*

**Zubereitung** Spargel waschen, putzen und schälen. Zitrone auspressen. Aus den Spargelschalen, Zitronensaft, Wein, 1 1/2 Liter Wasser, Zucker und 1 Teelöffel Salz in ca. 15 Minuten einen Sud kochen. Spargelschalen entfernen und den Spargel 10 Minuten lang im Sud bei schwacher Hitze kochen lassen. Dabei den Topf mit einem Tuch abdecken. Frühlingszwiebeln abziehen und in feine Röllchen schneiden. Radieschen, Gurke, Paprikaschote und Erdbeeren waschen, putzen und in Scheiben schneiden. Gekochten Spargel aus dem Sud nehmen und in 3 Zentimeter große Stücke schneiden. Gemüse und Obst gut miteinander vermischen und mit Salz und Pfeffer würzen. Kräuter waschen, trockentupfen und Blätter von den Stängeln zupfen. Für die Marinade Salz und Pfeffer mit Essig und Öl gut verrühren. Den Salat mit der Vinaigrette anmachen. Mit den Minz- und Basilikumblättchen garnieren.

▼ **TIPP**

Statt mit der einfachen Essig-und-Öl-Vinaigrette kann man den bunten Frühlingssalat auch mit Johannisbeerdressing (siehe Seite 210) anmachen.

# Linsen-Gemüse-Salat

Für 4 Personen

*400 g Linsen | 1 l Gemüsebrühe | Salz | 400 g verschiedene frische Gemüse der Saison (z. B. Lauch, Sellerie, Möhren, Bohnen, Kohlrabi) | 1 Zwiebel | 2 Knoblauchzehen | 1 EL Margarine frisch gemahlener Pfeffer aus der Mühle | 1 TL Dijonsenf 100 ml Kräuteressig | 100 ml Sojaöl | 1/2 Bund frische Petersilie*

Der Linsen-Gemüse-Salat passt sehr gut zu Kartoffelrösti (siehe Seite 179) oder zu einer knusprig gebratenen Entenbrust.

**Zubereitung** Linsen verlesen, waschen und in der Gemüsebrühe mit etwas Salz in ca. 30 Minuten gar kochen. In der Zwischenzeit das gemischte Gemüse waschen, putzen und in feine Würfel schneiden. Zwiebel und Knoblauch abziehen, Zwiebel würfeln und Knoblauch zerdrücken. Die fertigen Linsen in ein Sieb abgießen und dabei den Sud auffangen. Sud beiseite stellen. Die Linsen abkühlen lassen.

Währenddessen Margarine in einer Pfanne erhitzen und das Gemüse mit Knoblauch und Zwiebelwürfeln darin anbraten. Die Mischung salzen, pfeffern und Senf, Essig, Öl und 200 Milliliter von dem beiseite gestellten Linsensud dazugeben. Alles nur ganz kurz aufkochen und über die Linsen geben. Den Salat gut vermengen und etwa 30 Minuten lang durchziehen lassen. Petersilie waschen, trockentupfen und klein hacken. Vor dem Servieren über den Salat streuen.

# Salatdressings und **Saucen**

## Quitten-Balsamico-Dressing

Für 4 Personen

*2 Knoblauchzehen* | *1 EL scharfer Senf* | *1 EL Quittengelee*
*200 ml Balsamicoessig* | *Salz* | *Pfeffer* | *300 ml Sonnenblumenöl*

*Zubereitung* Knoblauch abziehen und zerdrücken. Senf und Quittengelee mit dem Knoblauch gut verrühren. Balsamicoessig dazugeben und mit
Salz und Pfeffer würzen. Sonnenblumenöl nach und nach einrühren.

## Avocado-Honig-Dressing

Für 4 Personen

*2 Knoblauchzehen* | *1 sehr reife Avocado* | *1 EL Dijonsenf*
*1 EL Honig* | *200 ml weißer Balsamicoessig* | *Salz* | *Pfeffer*
*100 ml Walnussöl* | *300 ml Sonnenblumenöl*

*Zubereitung* Knoblauch abziehen und zerdrücken. Avocado aufschneiden. Das Fruchtfleisch auslösen und mit dem Pürierstab pürieren. Senf,
Honig und Knoblauch vermengen, Avocado untermischen. Mit Essig verrühren und mit Salz und Pfeffer würzen. Nach und nach die Öle unterrühren.

▼ **TIPP**

Quitten-Balsamico-
Dressing passt am
besten zu dunkleren
Salaten, z. B. Feld-
salat oder Eichblatt-
salat.

# Kräuterdressing

Für 4 Personen

*Frische Garten- und Wildkräuter (z. B. Kerbel, Basilikum, Majoran, Estragon, Thymian, Bärlauch, Sauerampfer, Liebstöckel)*
*1 EL milder Senf | Salz | Pfeffer | 1 Messerspitze gemahlener Koriander | 1 Prise Zucker | 200 ml Kräuter- oder Estragonessig 200 ml Gemüsebrühe | 200 ml Distelöl*

*Zubereitung* Kräuter waschen, trockentupfen und zerkleinern. Mit dem Senf verrühren und mit Salz, Pfeffer, Koriander und Zucker würzen. Essig und Gemüsebrühe dazugeben. Distelöl nach und nach unterrühren.

Das Grundrezept für das Johannisbeerdressing lässt sich beliebig abändern: Statt Johannisbeeren kann man auch andere Obstsorten verwenden, beispielsweise frische Himbeeren, Feigen, Pflaumen oder Aprikosen.

# Johannisbeerdressing

Für 4 Personen

*2 EL Johannisbeeren | 3 TL Zucker | 1 Knoblauchzehe | 1 EL Johannisbeergelee | 200 ml Wein- oder Himbeeressig | 1 TL scharfer Senf | 1 TL milder Senf | Salz | Pfeffer | 400 ml Sonnenblumenöl*

*Zubereitung* Johannisbeeren waschen, trockentupfen und zuckern. Knoblauch abziehen und zerdrücken. Mit Gelee, Essig, scharfem und mildem Senf verrühren und mit Salz und Pfeffer würzen. Nach und nach das Öl darunter rühren, mit Salz und Pfeffer abschmecken. Die gezuckerten Johannisbeeren dazugeben.

# Joghurtdressing

Für 4 Personen

*1/2 Zwiebel | 1 Knoblauchzehe | frische Kräuter | 250 g Naturjoghurt | 200 ml Kräuteressig | 1 Prise Paprikapulver | Salz | Pfeffer*

**Zubereitung** Zwiebel und Knoblauch abziehen, Zwiebel fein hacken und Knoblauch zerdrücken. Kräuter waschen, trocknen und zerkleinern. Zwiebel, Knoblauch und Kräuter mit den übrigen Zutaten zu einem cremigen Dressing verrühren.

**Wenn man nicht** auf Kalorien achten muss, kann man die Hälfte des Joghurts durch saure Sahne ersetzen. Das macht das Dressing cremiger.

# Bärlauchpesto

Für 500 Gramm

*100 g Bärlauchblätter | 5 Knoblauchzehen | 100 g Pinienkerne*
*100 g geriebener Parmesan | Salz | Pfeffer | 200 ml Olivenöl*

**Zubereitung** Bärlauch waschen, trockentupfen, zerkleinern und in einen Mixer geben. Knoblauch abziehen und zerdrücken. Mit Pinienkernen, Parmesan, Salz und Pfeffer in den Mixer geben und alles leicht pürieren. Olivenöl zugeben und nochmals so lange mixen, bis eine cremige Masse entstanden ist. In einem Glas mit Schraubverschluss im Kühlschrank aufbewahren. Bei Bedarf 2 Esslöffel kaltes Pesto unter 250 Gramm heiße Nudeln mengen.

▼**TIPP**

Gemüse (nach Wahl) waschen, putzen und zerkleinern. Öl erhitzen und das Gemüse knackig braten. Kurz vor Ende der Garzeit das Bärlauchpesto unterrühren, salzen und pfeffern.

# Pilzsauce

Für 4 Personen

*250 g Steinpilze (oder andere Pilze)* | *4 Knoblauchzehen*
*1/2 Zwiebel* | *20 g Butter* | *1 EL Mehl* | *100 ml Riesling*
*100 ml Gemüsebrühe* | *200 g süße Sahne* | *Salz* | *Pfeffer*
*1 Prise Zucker* | *10 Blätter frisches Basilikum*

Die Tomatensauce erhält eine ganz besondere Note, wenn man einige klein geschnittene Oliven oder Parmaschinkenstreifen darunter mischt.

*Zubereitung* Pilze putzen und in Würfel schneiden. Knoblauch abziehen und fein hacken. Zwiebel abziehen und in feine Würfel schneiden. Butter erhitzen, Pilze, Knoblauch und Zwiebel kurz darin anbraten. Die Mischung mit Mehl abbinden und sofort mit Weißwein und Gemüsebrühe aufgießen. Sahne dazugeben und alles bei mittlerer Hitze ca. 5 Minuten lang kochen. Mit Salz, Pfeffer und Zucker würzen. Basilikum waschen, trockentupfen, zerkleinern und unter die Sauce geben.

*Die Pilzsauce* passt zu Wildgerichten oder Rösti. Und zu Teigwaren aller Art; ideal sind Spätzle oder Gnocchi – am besten selbst gemacht!

# Tomatensauce

Für 4 Personen

*1 Zwiebel* | *2 Knoblauchzehen* | *3–4 sehr reife Tomaten (oder geschälte Tomaten aus der Dose)* | *20 ml Olivenöl* | *1/4 l Tomatensaft* | *Salz* | *Pfeffer* | *Zucker* | *frischer Thymian* | *frischer Majoran*
*frisches Basilikum*

*Zubereitung* Zwiebel und Knoblauch abziehen, Zwiebel hacken, Knoblauch zerdrücken. Frische Tomaten waschen, putzen und in Würfel schneiden. Öl in einem Topf erhitzen, Zwiebel und Knoblauch darin anbraten. Tomaten dazugeben, mit Tomatensaft aufkochen, mit Salz, Pfeffer und Zucker würzen. Alles bei schwacher Hitze einkochen lassen. In der Zwischenzeit Kräuter waschen, trocknen und klein hacken. Sauce mit dem Mixstab pürieren und die Kräuter untermischen.

*Die Tomatensauce* passt am besten zu Nudeln oder Risotto.

# Kräuter-Weißwein-Sauce

Für 4 Personen

*1 Zwiebel* | *1 Knoblauchzehe* | *20 g Butter* | *200 ml Weißwein*
*200 ml Gemüsebrühe* | *20 g Mehlschwitze* | *frische gemischte*
*Kräuter* | *200 g süße Sahne* | *Salz* | *Pfeffer*

*Zubereitung* Zwiebel und Knoblauch abziehen, Zwiebel würfeln, Knoblauch zerdrücken. Butter in einer Pfanne erhitzen, Zwiebel und Knoblauch darin anbraten. Mit Weißwein ablöschen und mit Gemüsebrühe aufkochen. Mehlschwitze dazugeben, alles sehr gut verrühren und nochmals kräftig aufkochen lassen. Kräuter waschen, trocknen und klein hacken. Sahne unter die Sauce ziehen, Kräuter untermischen und alles mit Salz und Pfeffer abschmecken.

*Die Kräuter-Wein-Sauce* passt nicht nur zu Nudeln, sondern auch sehr gut zu gebratenem Geflügel oder Reisgerichten.

▼ **TIPP**

Verfeinert mit Safran und Pernod passt die Sauce hervorragend zu gedünstetem Fisch.

# Gemüse-Käse-Sauce

Für 4 Personen

*400 g verschiedene Gemüse (z. B. Möhren, Sellerie, Lauch, Zucchini) | 1 Zwiebel | 20 g Butter | 1 EL Mehl | 100 ml Weißwein 300 ml Gemüsebrühe | Salz | Pfeffer | 150 g geriebener Emmentaler Käse*

*Zubereitung* Gemüse waschen, putzen, in Würfel schneiden. Zwiebel und Knoblauch abziehen, würfeln. Alles in einer Pfanne in Butter anbraten. Mehl unterrühren. Mit Wein und Brühe ablöschen, dabei kräftig mit dem Schneebesen rühren. Für ca. 10 Minuten bei schwacher Hitze kochen lassen. Salzen und pfeffern. Käse in die Sauce rühren, nochmals kurz aufkochen lassen.

Die Gemüse-Käse-Sauce passt zu Nudeln, Reis, Gnocchi, Hirsebrei oder Polenta. Wenn es etwas exotischer sein darf, serviert man die Sauce zu Couscous.

# Specksauce

Für 4 Personen

*100 g dünne Speckstreifen | 4 Knoblauchzehen | 20 g Butter 30 g Mehl | 200 ml Weißwein | 1/4 l Gemüsebrühe | 250 g süße Sahne | Salz | Pfeffer | frische gehackte Kräuter*

*Zubereitung* Speck mit zerdrücktem Knoblauch in Butter in einer Pfanne anbraten, Mehl hinzufügen. Mit Wein und Brühe ablöschen, dabei kräftig mit dem Schneebesen rühren. Für ca. 5 Minuten kochen lassen. Die Sahne dazugeben, mit Salz und Pfeffer würzen. Die gehackten Kräuter untermischen.

# Warme
# Hauptgerichte

## Gebeiztes Rehragout in Rotwein

Für 4 Personen

*700 g Rehfleisch (Hals, Bug oder Keule)* | *6 Möhren* | *1 Knolle Sellerie* | *3 Zwiebeln* | *5 Nelken* | *5 Lorbeerblätter* | *1/4 l Rotwein* *2 EL Sonnenblumenöl* | *Salz* | *Pfeffer* | *1 TL Rosmarin* | *1 EL Tomatenmark* | *1/4 l Gemüsebrühe* | *100 g eingemachte Preiselbeeren*

***Zubereitung*** Das Rehragout 4 Tage im Voraus vorbereiten. Dazu das Fleisch in 3 Zentimeter große Stücke schneiden. Möhren und Sellerie waschen, putzen, schälen und klein schneiden. Zwiebeln abziehen und würfeln. Gemüse zusammen mit dem Rehfleisch in eine Schüssel geben. Nelken und Lorbeerblätter zufügen und alles mit Rotwein übergießen. Das Ganze 4 Tage im Kühlschrank ziehen lassen. Fertig gebeiztes Wild und Gemüse aus der Marinade nehmen und in sehr heißem Öl bei starker Hitze so lange anbraten, bis alles angedünstet und die sich bildende Flüssigkeit verkocht ist. Mit Salz, Pfeffer und Rosmarin kräftig würzen, Tomatenmark untermischen und alles ca. 3 bis 4 Minuten lang bei starker Hitze weiterbraten. Mit dem Sud des eingelegten Fleischs ablöschen und mit Gemüsebrühe aufgießen. Preiselbeeren dazugeben und das Ragout bei schwacher Hitze ca. 1 Stunde lang garen lassen.

## ▼ TIPP

Kurz vor dem Anrichten kann man das Ragout mit einem Schuss Rotwein und etwas Sahne verfeinern. Als Beilage sind am besten Spätzle, Nudeln, Rosenkohl oder Äpfel mit Preiselbeerfüllung.

# Hähnchenbrust mit Ingwer

Für 4 Personen

*400 g Hähnchenbrustfilet | 1 Eiweiß | 1 1/2 EL Speisestärke | Salz
1 grüne Paprikaschote | 2 Frühlingszwiebeln | 2 Zentimeter frische
Ingwerwurzel | 4 EL Sojaöl | 1 TL Chilipulver | 1 TL Sambal Oelek
(Chilipaste) | 1 TL Zucker | 2 EL trockener Sherry | Pfeffer
50 g gehackte Walnusskerne*

Wer die Hähnchen-
brust nicht so scharf
haben möchte,
lässt einfach die
Chilipaste weg.

***Zubereitung*** Hähnchenbrustfilet würfeln und in eine Schüssel geben.
Das Eiweiß mit 1 Esslöffel Speisestärke und etwas Salz gründlich unter das
Fleisch mischen. Gemüse waschen und putzen. Paprikaschote in kleine Würfel schneiden. Frühlingszwiebeln abziehen, Ingwer schälen, Zwiebeln in
1 Zentimeter lange Stücke schneiden, Ingwer fein hacken. Öl in einer großen
Bratpfanne oder einem Wok erhitzen. Fleisch rundum bei starker Hitze darin
anbraten, herausnehmen und beiseite stellen. Frühlingszwiebeln, Ingwer,
Chilipulver, Chilipaste und Paprikaschote in das heiße Öl geben und bei
mittlerer Hitze anbraten. Wenn das Gemüse etwas gedünstet ist, Hähnchen-
würfel wieder hinzugeben. Die Mischung mit Zucker, Sherry, Salz und Pfeffer
abschmecken und ca. 2 Minuten lang unter ständigem Rühren braten. Die
restliche Speisestärke mit Wasser anrühren, in den entstandenen Bratfond
geben und alles nochmals kurz aufkochen. Mit den gehackten Walnusskernen
bestreuen und servieren.

***Zu der pikanten Hähnchenbrust*** passt ganz hervorragend Basmatireis
mit etwas Curry.

# Fischterrine auf Kräutertomaten

**Für 4 Personen**

*Fischterrine: 500 g Hechtfilet | 150 g zerstoßene Wassereiswürfel*
*15 g Salz | Pfeffer aus der Mühle | 100 ml Weißwein | 100 g süße*
*Sahne | 1 TL Pernod | 200 g Lachsfilet*
*Kräutertomaten: 4 Tomaten | 1 Zwiebel | 2 Knoblauchzehen*
*1 EL Olivenöl | frische gehackte Kräuter | Salz | Pfeffer*
*1 EL Tomatensaft*

**Zubereitung** Für die Terrine Fisch kalt abspülen und trockentupfen. Hechtfilet durch den Fleischwolf drehen und in einen Mixer füllen. Eis, Salz und Pfeffer dazugeben und alles ca. 1 Minute lang zu einer feinen Creme pürieren. Wein, Sahne und Pernod dazugeben und das Ganze nochmals für ca. 30 Sekunden mixen. Eine Terrinenform mit Klarsichtfolie auslegen und zur Hälfte mit der Fischmasse füllen. Das Lachsfilet darauf legen und mit dem Rest der Hechtcreme bedecken. Die Terrine zugedeckt in ein Wasserbad (ca. 80 °C) stellen und im Backofen bei 180 °C (Gas Stufe 2–3, Umluft 160 °C) 1 Stunde lang backen. Terrine aus dem Ofen nehmen und 15 Minuten lang ruhen lassen. Auf eine Platte stürzen und in Portionen schneiden.

Für die Kräutertomaten Tomaten waschen, putzen und würfeln. Zwiebel und Knoblauch abziehen, Zwiebel würfeln, Knoblauch zerdrücken. Zwiebel, Knoblauch und Tomatenwürfel in Öl in einer Pfanne anbraten. Kräuter dazugeben. Salzen und pfeffern, mit Tomatensaft ablöschen. 5 Minuten lang bei mittlerer Hitze kochen lassen.

**▼ TIPP**

Die Kräutertomaten passen natürlich auch zu gekochten Nudeln oder Reis. Mit viel frisch geriebenem Parmesan eine mediterrane Hauptmahlzeit im Sommer!

# Navarin vom Lamm

Für 4 Personen

*500 g Lammfleisch (Schulter)* | *1 Stange Lauch* | *200 g Weißkohl*
*2 große Möhren* | *200 g frische grüne Bohnen* | *1 große Kartoffel*
*1 Zwiebel* | *2 Knoblauchzehen* | *2 EL Pflanzenöl* | *1 EL Tomaten-*
*mark* | *100 ml Weißwein* | *1/2 l Gemüsebrühe* | *Salz* | *Pfeffer*
*jeweils 1 EL frischer gehackter Majoran und Thymian*
*2 EL Crème fraîche oder saure Sahne*

**Zubereitung** Das Fleisch in 2 Zentimeter große Stücke schneiden. Lauch, Weißkohl, Möhren und Bohnen waschen, putzen und klein schneiden. Kartoffel waschen, putzen, schälen und raspeln. Zwiebel und Knoblauch abziehen, Zwiebel würfeln, Knoblauch zerdrücken. Öl erhitzen und die Lammstücke darin bei starker Hitze kurz anbraten. Gemüse (außer Knoblauch und Kartoffel) dazugeben und kurz mitbraten. Tomatenmark unterrühren und ca. 2 Minuten lang kochen lassen. Mit Weißwein ablöschen und mit Gemüsebrühe aufgießen. Mit Salz, Pfeffer, Knoblauch, Majoran und Thymian würzen und die Mischung ca. 30 Minuten bei schwacher Hitze garen lassen. Kartoffel und Crème fraîche zugeben und erneut 5 Minuten lang kochen lassen.

Als Beilage zum Lamm passen sehr gut Polenta (siehe Seite 174) oder Bärlauchgnocchi (siehe Seite 173).

# Hähnchenbrust mit Brokkoli

### Für 4 Personen

*500 g Hähnchenbrust (ohne Knochen)* | *2 TL Speisestärke*
*4 EL Sojasauce* | *4 EL Öl* | *300 g Brokkoli* | *200 g Champignons*
*4 Frühlingszwiebeln oder 1 Lauchstange* | *100 g Cashewkerne*
*oder Walnüsse* | *200 ml Gemüse- oder Geflügelbrühe*
*2 EL trockener Sherry* | *1 EL Zitronensaft* | *Salz* | *Pfeffer*

*Zubereitung* Hähnchenfleisch in 1 Zentimeter dünne Scheiben schneiden. 1 Teelöffel Speisestärke mit 2 Esslöffeln Sojasauce und 1 Esslöffel Öl verquirlen. Die Fleischscheiben darin 30 Minuten lang ziehen lassen. In der Zwischenzeit Brokkoli waschen, putzen und in kleine Stücke schneiden, die Stiele etwas feiner. Pilze putzen und vierteln. Frühlingszwiebeln (oder Lauch) waschen, putzen und schräg in dünne Scheiben schneiden. In einer trockenen heißen Pfanne Cashewkerne anbraten und beiseite stellen. Das Fleisch aus der Marinade nehmen, die Marinade beiseite stellen. Restliches Öl in einem großen Topf oder im Wok erhitzen, Hähnchenscheiben darin goldbraun braten, herausnehmen und beiseite stellen. Brokkoli, Pilze und Frühlingszwiebeln in das Bratfett geben und alles ca. 7 Minuten lang bei mittlerer Hitze braten. Die Fleischmarinade mit Gemüse- oder Geflügelbrühe, Sherry, Zitronensaft, der restlichen Sojasauce und Speisestärke, Salz und Pfeffer glatt rühren. Über das Gemüse gießen und aufkochen lassen. Fleisch und Cashewkerne hinzufügen. Alles bei starker Hitze 1 weitere Minute unter ständigem Rühren kochen, bis die Sauce eindickt. Mit Salz und Pfeffer abschmecken.

▼ **TIPP**

Zu der Hähnchenbrust mit Brokkoli passen am besten Basmatireis oder – wenn es etwas exotischer sein darf – Glasnudeln.

# Eingelegtes Kalbfleisch

Für 4 Personen

*2 Hand voll Wurzelgemüse | 1 Zwiebel | 2 Knoblauchzehen*
*1/2 l Rotwein | 200 ml Kräuteressig | 1 TL weiße Pfefferkörner*
*6 Nelken | 4 Lorbeerblätter | 750 g Kalbshals oder -schulter*
*1 EL Öl | Salz | Pfeffer | 1 EL Tomatenmark | 2 EL Mehl*
*1/2 l Gemüse- oder Fleischbrühe | 200 g süße Sahne*

*Zubereitung* Das Kalbfleisch 3 Tage im Voraus vorbereiten. Dazu Wurzelgemüse waschen, putzen und zerkleinern. Zwiebel und Knoblauch abziehen, Zwiebel würfeln und Knoblauch zerdrücken. Beides mit Wein, Essig, Pfefferkörnern, Nelken und Lorbeerblättern zu einer Marinade verrühren. Kalbshals oder -schulter und Wurzelgemüse 3 Tage darin im Kühlschrank einlegen. Fleisch und Gemüse aus dem Sud nehmen und abtropfen lassen. Öl in einem Topf erhitzen, Fleisch darin ringsherum anbraten, aus dem Topf nehmen und beiseite stellen. Gemüse in das Bratfett im Topf geben, bei starker Hitze anbraten und mit Salz und Pfeffer würzen. Tomatenmark hinzugeben und alles nochmals braten. Mehl einrühren, mit der Marinade ablöschen und mit Gemüse- oder Fleischbrühe auffüllen. Fleisch dazugeben und alles ca. 1 Stunde lang bei schwacher Hitze garen lassen. Fleisch herausnehmen, Sahne in den entstandenen Fond einrühren und die Sauce kräftig mit dem Stabmixer pürieren. Fleisch in dünne Scheiben schneiden und mit der Sauce anrichten.

*Als Beilage* eignen sich hervorragend Schupfnudeln (siehe Seite 181), Nudeln oder Kartoffeln.

Wenn man das Kalbfleisch schon einen Tag im Voraus vorgart, dann in Folie einpackt und erkalten lässt, kann man es mit einem elektrischen Messer viel besser und dünner aufschneiden. Danach wird es nur noch kurz in der Sauce erhitzt.

# Desserts, Kuchen und **Süßes**

## Quarkcreme mit Fruchtsaucen

Für 4 Personen

*1/2 Zitrone* | *2 Blatt Gelatine* | *3 Eiweiße* | *90 g Speisequark*
*10 EL Zucker* | *200 g Erdbeeren* | *200 g Mango (vollreife Früchte)*
*1 Zweig frische Pfefferminze*

*Zubereitung* Zitronenhälfte auspressen. Gelatine in wenig kaltem Wasser einweichen. Ausdrücken, in wenig Wasser erwärmen und bei schwacher Hitze auflösen. Eiweiß zu Eischnee steif schlagen. Quark, 2 Esslöffel Zucker und Zitronensaft vermischen. Gelatinemasse und Eischnee unter den Quark ziehen. Die Creme in Förmchen füllen und für mindestens 6 Stunden kalt stellen. Obst waschen und putzen. 4 größere Erdbeeren in Scheiben schneiden und beiseite legen. Den Rest klein schneiden und im Mixer mit 4 Esslöffeln Zucker pürieren. Mangofruchtfleisch auslösen, zerkleinern und mit dem übrigen Zucker im Mixer pürieren. Minze waschen, trockentupfen und Blätter vom Stängel zupfen. Die Quarkförmchen auf Teller stürzen, die Cremetürmchen mit den Fruchtsaucen, den beiseite gelegten Erdbeerscheiben und den Minzeblättchen garnieren.

*Statt Erdbeeren* und Mango kann man natürlich jeweils die aktuellen Saisonfrüchte für die Saucen verwenden.

▼ **TIPP**

Anstelle von Zucker kann man auch Honig oder Ahornsirup verwenden.

# Kirschauflauf

Für 6 Personen

*6 Milchbrötchen* | *400 ml Milch* | *5 Eier* | *120 g Butter* | *200 g Zucker*
*1 kg Kirschen* | *1 EL Zimt* | *1 Messerspitze gemahlene Nelken*
*2 EL Kirschwasser* | *Fett für die Form* | *2 EL Semmelbrösel*

*Zubereitung* Die Milchbrötchen in 1 Zentimeter große Würfel schneiden und in der Milch einweichen. Eier trennen, Eigelbe mit der Butter und 100 Gramm Zucker mit den Quirlen des Handrührers schaumig schlagen. Eiweiß mit dem restlichen Zucker zu Eischnee sehr steif schlagen. Die Kirschen waschen und entsteinen und mit Zimt, Nelkenpulver und Kirschwasser vermengen. Die Milchbrötchen etwas ausdrücken und mit der Eigelbmischung und den gewürzten Kirschen verrühren. Den Eischnee sehr vorsichtig unter die Masse heben.

Eine runde Kuchenform sorgfältig einfetten und mit Semmelbröseln ausstreuen. Den Teig in die Form füllen. Bei 180 °C (Gas Stufe 2–3, Umluft 160 °C) im Backofen 50 Minuten lang backen.

Im badischen Raum isst man gern vorweg eine Kartoffelsuppe und anschließend den Kirschauflauf. Ein schöner Kirschsabayon (siehe Seite 226) passt auch sehr gut dazu.

# Sesam-Joghurt-Creme

Für 4 Personen

*50 g Sesam* | *50 g Buchweizen* | *70 ml Wasser* | *ca. 300 g Obst*
*(z. B. Bananen, Äpfel, Birnen, Aprikosen)* | *1/2 Zitrone* | *100 g süße*
*Sahne* | *1 EL Honig* | *150 g Naturjoghurt*

*Zubereitung* Sesam und Buchweizen vorsichtig in einem Topf ohne Fett rösten, Wasser zugießen und alles kurz aufkochen. Ca. 15 Minuten lang ausquellen und abkühlen lassen. In der Zwischenzeit Früchte (außer der Zitrone) waschen, putzen, klein schneiden; einige Obststücke zum Garnieren beiseite stellen. Zitronenhälfte auspressen. Sahne steif schlagen. Die erkaltete Sesam-Buchweizen-Masse mit Honig und Zitronensaft würzen, Obst dazugeben und den Joghurt sowie die geschlagene Sahne unterheben. Mit den beiseite gelegten Früchten garnieren und ca. 2 Stunden kalt stellen.

# Quarkcreme mit Beerenpüree
### Für 4 Personen

*Quarkcreme: 2 Eier | 4 EL Zucker | 1 Päckchen Vanillezucker*
*500 g Magerquark | 250 g Joghurt*
*Heidelbeerpüree: 1 kg Heidelbeeren | 4 EL Zucker | 2 cl Rum*

*Zubereitung* Für die Quarkcreme Eier trennen, Eigelbe mit Zucker und Vanillezucker schaumig rühren. Alles über einem heißen Wasserbad aufschlagen, bis eine dickflüssige Masse entsteht. Die Mischung aus dem Wasserbad nehmen und kräftig weiterschlagen, bis sie erkaltet ist. Quark dazugeben und mit dem Joghurt glatt rühren. Eiweiß zu Eischnee steif schlagen, unter die Quarkmasse heben. Die fertige Creme in Schälchen füllen und kalt stellen.

Für das Püree Heidelbeeren verlesen und waschen. Mit Zucker vermischen, pürieren und mit Rum abschmecken. Beerenpüree über den Quark geben und servieren.

## ▼ TIPP

Für das Heidelbeerpüree kann man sehr gut auch andere Beerensorten (z. B. Himbeeren oder Erdbeeren) verwenden – oder einen Mix aus verschiedenen Beeren!

# Maisgrießauflauf
### Für 4 Personen

*1 l Milch* | *40 g Butter* | *1 Vanillestange (oder 1 Päckchen Vanille-zucker)* | *170 g Maisgrieß* | *1 unbehandelte Orange*
*200 g getrocknete und entsteinte Pflaumen* | *6 EL brauner Rum*
*3 Eier* | *80 g Zucker* | *Puderzucker zum Bestäuben*

**Im Sommer besonders erfrischend: Orangen-, Pflaumen- oder Rumeis zum Mais-grießauflauf.**

*Zubereitung* Milch mit Butter und Vanillestange oder -zucker aufkochen, den Maisgrieß langsam einstreuen und alles unter ständigem Rühren bei schwacher Hitze etwa 3 Minuten lang kochen. Abkühlen lassen. In der Zwischenzeit von der gewaschenen Orange die Schale in dünnen Streifen ablösen und in feine Fäden schneiden. Den Saft auspressen. Trockenpflaumen, Rum, Orangenstreifen und -saft mischen und alles zugedeckt ca. 1 Stunde lang ziehen lassen.

Eier trennen, Eiweiß mit der Hälfte des Zuckers zu Eischnee sehr steif schlagen. Eigelbe und den restlichen Zucker verrühren, den abgekühlten Grieß löffelweise dazumischen und den Eischnee vorsichtig unterziehen. Die Hälfte der Masse in eine Auflaufform geben. Pflaumen mit Saft darauf verteilen und mit dem restlichen Grießbrei bedecken. Im Backofen bei 200 °C (Gas Stufe 3–4, Umluft 180 °C) ca. 30 bis 40 Minuten lang backen. Vor dem Servieren mit Puderzucker bestäuben.

*Eine extra fruchtige Variante* ist Maisgrießauflauf mit Obstsauce: Dazu püriert man ganz einfach frische oder auch tiefgekühlte Früchte (z. B. Erdbeeren oder aufgetaute Himbeeren) und richtet den Auflauf damit an.

# Pfannkuchen mit Quarkfüllung

Für 4 Personen

*Pfannkuchen: 200 g Mehl Type 405 (oder 100 g Vollkornmehl und 100 g Weizenmehl) | 1/4 l Milch | 125 g süße Sahne | 3 Eier 1 Messerspitze Salz | 1 EL Zucker | 2 EL Öl | 2 EL Butter Füllung: 2 große Äpfel | 1 unbehandelte Zitrone | 100 g Rosinen 250 g Zucker | 1/2 EL Rum | 4 Eier | 500 g Quark Guss: 2 Eier | 100 g Milch | 50 g Zucker | 1 EL Puderzucker*

**Zubereitung** Für die Pfannkuchen Mehl, Milch, Sahne, Eier, Salz, Zucker und Öl mischen und zu einem dünnflüssigen Teig verrühren. Für ca. 1 Stunde ruhen lassen. Butter in einer Pfanne erhitzen und aus dem Teig kleine, dünne Pfannkuchen ausbacken. Auf einem Gitter auskühlen lassen.

Für die Füllung Äpfel waschen, entkernen und in 1 Zentimeter große Stücke schneiden. Von der Zitrone etwas Schale abreiben und beiseite stellen. Zitrone auspressen. Apfel mit Zitronensaft, Rosinen, 125 Gramm Zucker und Rum weich dünsten und alles abkühlen lassen. Eier trennen und Eiweiß mit 125 Gramm Zucker zu Eischnee steif schlagen. Quark und abgeriebene Zitronenschale mit der erkalteten Apfelmischung verrühren. Eigelbe dazugeben und die Eiweißmasse unterheben. Eine Backform ausbuttern, Pfannkuchen jeweils mit der Quarkcreme bestreichen und in die Form schichten.

Für den Guss Eier, Milch und Zucker miteinander verrühren und über die Pfannkuchen gießen. Den Auflauf bei 200 °C (Gas Stufe 3–4, Umluft 180 °C) ca. 40 Minuten lang backen. Mit Puderzucker bestäuben.

▼ **TIPP**

Eine etwas andere Geschmacksnote erhalten die Pfannkuchen, wenn man für den Guss und zum Dünsten der Äpfel statt Zucker Ahornsirup verwendet.

# Honigbanane mit Kirschsabayon
Für 4 Personen

*4 Bananen | 1 Zitrone | 3 EL Kokosflocken | 1 EL Butter*
*3 EL flüssiger Honig | 3 Eigelbe | 15 cl Weißwein | 3 cl Kirschwasser*

*Zubereitung* Bananen schälen, in 8 Hälften schneiden. Zitrone auspressen und Banane im Saft einlegen. Mit Kokosflocken panieren. Butter in einer Pfanne erhitzen, Bananen kurz darin anbraten, mit 2 Esslöffeln Honig bepinseln und im Backofen bei 170 °C (Gas Stufe 2, Umluft 150 °C) für 10 Minuten backen. Für den Sabayon Eigelbe, Wein, restlichen Honig und Kirschwasser vermengen und über einem Wasserbad mit einem Schneebesen schlagen, bis die Masse einmal kurz aufkocht und eindickt. Die gebackenen Bananen auf einen Teller legen und den heißen Sabayon darüber geben.

Die Honigbanane ist sehr kalorienreich! Doch wer einen ausreichend langen Lauf hinter sich hat, hat sie sich verdient.

# Obstsalat mit Nüssen
Für 4 Personen

*3 Bananen | 3 Kiwis | 2 Orangen | 1 Zitrone | 1 EL Honig*
*50 g Nüsse (z. B. Walnüsse, Pinienkerne, Mandeln, Haselnüsse)*

*Zubereitung* Obst (außer der Zitrone) schälen. Bananen und Kiwis in kleine Stücke schneiden, Orangen filetieren. Zitrone auspressen, den Saft und die Früchte vermischen und alles mit Honig süßen. Nüsse in einer Pfanne ohne Fett rösten. Über den Obstsalat streuen und servieren.

# Frische **Energie**drinks

## Sommer-Vitaminbowle

Für 6 Personen

*1 Mango | 2 Kiwis | 250 g Erdbeeren (oder Himbee-ren) | 1/2 Ananas | 1/2 Melone | 2 Bananen | 1 Zitrone 1/2 l Traubensaft | 1/2 l Orangensaft | 1/2 l Ananas-saft | 1 Zweig frische Pfefferminze | 1 Flasche Mineralwasser*

*Zubereitung* Mango und Kiwis schälen, das Fruchtfleisch in kleine Stücke schneiden. Erdbeeren (oder Himbeeren) verlesen, waschen und putzen und sehr klein schneiden. Von Ananas und Melone die Schale entfernen, Ananas-strunk herausschneiden und Melone entkernen. Fruchtfleisch in kleine Stückchen schneiden. Bananen schälen und im Mixer fein pürieren oder durch eine Presse drücken. Zitrone auspressen. Alle vorbereiteten Früchte miteinander vermischen, Zitronensaft hinzugeben und alles mit den anderen Säften auffüllen. Die Bowle 1 Stunde lang gekühlt ziehen lassen. Pfefferminze waschen, trocknen und die Blättchen vom Stängel zupfen. Kurz vor dem Servieren die Bowle mit gekühltem Mineralwasser aufgießen und mit den Minzeblättchen bestreuen.

*Für laue Sommernächte* mit Freunden kann die Bowle auch mit Sekt anstatt Mineralwasser aufgefüllt werden.

▼ **TIPP**

Die Sommer-Vitaminbowle ist auch für Kinder gut geeignet – natürlich darf sie dann aber nicht mit Sekt zube-reitet werden!

# Bananenmix

Für 4 Personen

*2 Bananen | 1 Zitrone | 100 ml Orangensaft | 300 ml Milch
100 ml Kokosmilch | 2 EL Ahornsirup | 20 g Kokosraspel*

*Zubereitung* Bananen schälen und zerkleinern. Zitrone auspressen. Bananen zusammen mit Zitronen- und Orangensaft, Milch, Kokosmilch und Ahornsirup im Mixer pürieren und in vier Gläser füllen. Kokosraspel in einer Pfanne ohne Fett anbraten und auf die fertigen Drinks streuen.

# Erdbeer-Buttermilch-Shake

Für 4 Personen

Der Erdbeer-Butter-milch-Shake schmeckt am allerbesten eisgekühlt.

*250 g vollreife Erdbeeren | 1/2 l Buttermilch | 3 EL Weizenkeime
2 Päckchen Vanillezucker | 1 EL frisch gepresster Zitronensaft
4 Blättchen frische Pfefferminze*

*Zubereitung* Erdbeeren verlesen, waschen und putzen. Zusammen mit Buttermilch, Weizenkeimen, Vanillezucker und Zitronensaft in einen Mixer geben und gründlich verquirlen. Minzeblättchen waschen, trocknen und in feine Streifen schneiden. Den Shake in vier Gläser füllen und mit den Minzeblättchen garnieren.

*Wer den Erdbeershake* lieber süß als säuerlich mag, kann anstatt Buttermilch auch normale Frischmilch verwenden.

# Charly Dolls Küchenregeln

● Obst und Gemüse, die mit Schale gegessen oder verarbeitet werden, immer gründlich abwaschen (wegen der Chemikalien) und erst kurz vor dem Verzehr zubereiten.

● Obst und Gemüse (auch nicht geschälte Kartoffeln) niemals unnötig lange in Wasser liegen lassen – weil dadurch die wertvollen, wasserlöslichen Vitamine B und C und die Mineralien verloren gehen.

● Obst und Gemüse möglichst dunkel, kühl und höchstens drei Tage lang aufbewahren, um die Vitamine zu schützen. Gemüse nicht zu stark zerkleinern.

● Nährstofferhaltende und fettarme Garmethoden (Dünsten, Dämpfen, Grillen, Schmoren) bevorzugen: im Schnellkochtopf, in Folie, in beschichteten Stahl- oder Gusseisentöpfen und -pfannen.

● Kurze Garzeiten in dicht schließenden Töpfen wählen – sonst kommt zu viel Sauerstoff an das Gargut, und es brennt schnell an, weil Flüssigkeit verdampft.

● Stets schon beim Anbraten salzen und / oder würzen. Dadurch erhält das Lebensmittel oder Gericht einen viel runderen, harmonischeren Geschmack.

● Prinzipiell mit Salz sparsam umgehen. Bitte bedenken, dass bei manchen Gerichten schon die Zutaten (z. B. Käse, Schinken) gut gewürzt sind. Lieber erst am Tisch nachsalzen.

● Saucen und Suppen müssen nicht durchgesiebt werden. Wenn durchs Sieb passiert wird, bringt das nur eine optische Aufwertung. Wertvolles Gemüse geht dabei leider verloren.

● Die höchste Qualitätsstufe sind kaltgeschlagene Öle der ersten Pressung (»jungfräulich«, italienisch »vergine«, »natives Olivenöl extra«). Sie sollten naturbelassen, also kaltgepresst und nicht erhitzt worden sein.

▼ **TIPP**

Frische oder tiefgekühlte Kräuter oder Wurzeln wie Ingwer und Meerrettich sind fertigen Würzmischungen vorzuziehen!

Olympiakoch und Spitzenläufer
Charly Doll in seinem Element.

Sind Läufer Asketen, die nur von Wasser, Körnern und Brot leben, oder doch Genießer? Die Theorie ist grau, und Papier ist geduldig. Sollten Sie mit diesem Buch Lust und Appetit auf Laufen, Kochen, Genießen und Entspannen bekommen haben, dann haben wir für Sie das richtige Rezept. Wir veranstalten Fitnessseminare bereits seit 1989. Besuchen Sie unser Lieblingsseminar für Laufgourmets im Südschwarzwald in unserem Seminarhotel Sonnenhof in Hinterzarten. Schluss mit Fasten und Jo-Jo-Effekt-Diäten. Wer etwas ändern möchte, muss sich selbst und seine Gewohnheiten ändern. Wir helfen Ihnen in lockerer, persönlicher und spaßiger Atmosphäre auf dem Weg zum Gourmetläufer in kleinen Gruppen mit Rat und Tat:

## Seminar »Laufen – Kochen – Genießen – Entspannen«

- Mit sanftem Ausdauersport und vollwertiger Gourmetküche zu mehr Fitness und Lebensfreude
- Ernährungswissen in Theorie und Praxis. Kulinarischer Genuss und Kochspaß in Olympiakoch Charly Dolls Küche
- Bereiten Sie mit Charly Doll Menüs, leichte Saucen, Wildkräutersalate und Suppen zu!
- Genießen Sie Schwarzwälder Gastronomie und badische Weine. Jawohl, Charly bereitet mit Ihnen neben vielen gesunden Speisen auch Schwarzwälder Kirschtorte zu. Wenn sündigen, dann richtig!
- Fordern, ohne zu überfordern! Lernen Sie Walking, Nordic Walking und Laufen mit Herbert Steffny, Charly Doll und Team.
- Sinnvoll Kalorien verbrennen beim Walk- und Lauftreff in auch einsteigergerechten Gruppen im herrlichen Naturpark Südschwarzwald beim Titisee.
- Trainingslehre und Trainingspläne, vom richtigen Fitnesseinstieg bis zum Marathon
- Motivationsvortrag mit Olympiasieger Georg Thoma
- Rückengymnastik, Videolaufstilanalyse, professionelle Trainingssteuerung mit Herzfrequenz- und Laktatmessung
- Medizinische Checks und Beratung durch erfahrene Sportmediziner
- Entspannen Sie in unserem urigen finnischen Polarkiefern-Saunahüttendorf!

Ausführliche Infos über unsere Veranstaltungen unter:
www.genusslauf.de und www.seminarhotel-sonnenhof.de

## Literatur

**Bässler et al.:** Vitaminlexikon. Urban und Fischer. München 2002

**Biesalski, Hans-Konrad:** Ernährungsmedizin. Georg Thieme Verlag. Stuttgart/New York 1995

**Biesalski, Hans-Konrad/Grimm, Pete:** Taschenatlas der Ernährung. Georg Thieme Verlag. Stuttgart/New York 1999

**Butz, Katharina:** Muskelpillen. Rowohlt Taschenbuch Verlag. Reinbek 2001

**Deutsche Gesellschaft für Ernährung:** Referenzwerte für die Nährstoffzufuhr. Umschau/Braus. Frankfurt 2000

**Dickhut, Hans Herrmann:** Einführung in die Sport- und Leistungsmedizin. Verlag Karl Hoffmann. Schorndorf 2000

**Elmadfa, Ibrahim et al.:** Nährwerte. Gräfe und Unzer. München 1997

**Feil, Dr. Wolfgang/Wessinghage, Dr. Thomas:** Ernährung und Training fürs Leben. WESSP Verlag. Nürnberg 2000

**Fischer, Joschka:** Mein langer Lauf zu mir selbst. Kiepenheuer und Witsch. Köln 1999

**GEOWISSEN:** Sonderheft Ernährung. Gruner und Jahr. Hamburg 2001

**Hamm, Prof. Dr. Michael:** Powerfood für Spitzenleistungen. Südwest Verlag. München 2001

**Hauber-Schwenk, Gaby/Schwenk, Michael:** dtv-Atlas Ernährung. dtv. München 2000

**Hollmann, Wildor/Hettinger, Theodor:** Sportmedizin. Schattauer. Stuttgart 2000

**Huesmann, Gregor:** Schwarzbuch Wundermittel. Hirzel Verlag. Stuttgart 2000

**Kasper, Heinrich:** Ernährungsmedizin und Diätetik. Urban & Fischer. München 2000

**Konopka, Peter:** Sporternährung. BLV-Verlag. München 2001

**Müller-Wohlfahrt, Dr. Hans-Wilhelm:** So schützen Sie Ihre Gesundheit. Zabert Sandmann. München 2000

**Müller-Wohlfahrt, Dr. Hans-Wilhelm:** Mensch, beweg dich! Zabert Sandmann. München 2001

**Noakes, Tim:** Lore of Running. Leisure Press. Champaign 1991

**Pini, Udo:** Das Gourmet-Handbuch. Könemann. Köln 2000

**Pramann, Ulrich:** Lauf dich schlank! Südwest Verlag. 5. Auflage, München 2002

**Pramann, Ulrich:** Runner's Basics. Südwest Verlag. München 2002

**Reicholf, Josef:** Warum wir siegen wollen. dtv. München 2001

**Sparks, Ken:** The Runners' Book of Training Secrets. Rodale Press. Emmaus 1996

**Steffny, Herbert / Pramann, Ulrich:** Perfektes Lauftraining. Südwest Verlag. 18. Auflage, München 2003

**Steffny, Herbert / Pramann, Ulrich:** Perfektes Marathontraining. Südwest Verlag. 4. Auflage, München 2003

**Steffny, Herbert:** Walking. Südwest Verlag. 4. Auflage, München 2003

**Stiftung Warentest:** Ernährung. Econ Verlag. München 2001

**The New York Road Runners' Club:** Complete Book of Running & Fitness. Random House. New York 1994

**Williams, Melvin H.:** Ernährung, Fitness und Sport. Ullstein Mosby. Berlin 1997

**Williams, Melvin:** The Ergogenics Edge. Human Kinetics. Champaign 1998

# Über dieses Buch

## Bildnachweis

AKG, Berlin: 18 (N.N.); Bongarts, Hamburg: 144 (N.N.); Comrades Marathon 1993: 9 (N.N.); Corbis, Düsseldorf: 103 (Michael Kevin Daly), 116 (LWA/Dann Tardif); dpa, Hamburg: 15 (N.N.); Fit for Fun, Hamburg: U1 (Thomas Anders); Gettyimages, München: 11 (Jean Louis Batt/Taxi), 26/27 (Stuart MC Clymont), 58/59 (Holli Harris/Stone), 81 (Stewart Cohen/Stone), 100/101 (Miguel S. Salmeron/Taxi), 124/125 (Don Farrall/Photodisc); Ifa-Bilderteam, München: 93 (NHPA); Image Bank, München: 12/13 (Chris Cole), 63 re. (Rita Maas), 127 (John P. Kelly), 165 re. (Lars Klove), 165 li. (Nicolas Russell); Jump, Hamburg: 2, 66, 70, 89, 111, 136 li. (Annette Falck); Mauritius-Bildagentur, Mittenwald: 112, 136 re. (Stock Image), 24; Okapia, Frankfurt: 24 (C.H.Fox/PR Science Source); Photonica, Hamburg: 10 (Richard Seagraves), 106, 140/141 (Neo Vision); Herbert Steffny, Titisee: 86, 230; Stockfood, München: 158/159 (Klaus Arras), 161 (Eising); Südwest Verlag, München: U1-Einklinker o. (Studio Hofmann), 29 (Peter v. Felbert/ Anne Eickenberg), 56, 61, 94 (Barbara Bonisolli), 63 li., 97 (Antje Plewinski), 65, 75 (Michael Holz), 134 (Matthias Tunger); Transglobe, Hamburg: 20, 132 (N.N.); Zefa, Düsseldorf: 32 (Sucre Sale), 69 (Jonny le fortune), 72 (TH-Foto), 122 (Hackenberg)

## Impressum

© 2005 by Südwest Verlag, einem Unternehmen der Verlagsgruppe Random House GmbH, München, und FIT FOR FUN Verlag GmbH, Hamburg

Alle Rechte vorbehalten. Nachdruck – auch auszugsweise – nur mit Genehmigung beider Verlage.

### Südwest Verlag
**Redaktion:** Dr. Marion Onodi, Constanze Lüdicke
**Projektleitung:** Nicola von Otto
**Redaktionsleitung:** Susanne Kirstein
**Bildredaktion:** Tanja Nerger
**Produktion:** Angelika Kerscher, Gabriele Kutscha

**Umschlag:** Nicola Schäfer
**Layout:** Katharina Schweissguth
**Satz / DTP:** Jan-Dirk Hansen
**Grafiken:** Christian Hilt
**Technische Produktion:**
Repro Ludwig, A-Zell am See
Alcione, I-Trento

### FIT FOR FUN Verlag
**Chefredakteur:** Willy Loderhose

Printed in Italy
Gedruckt auf chlor- und säurearmem Papier

ISBN 3-517-06450-5
817 2635 4453

# Rezeptregister

**A**vocado-Honig-
Dressing 209
**B**ananenmix 228
Bärlauchgnocchi 173
Bärlauchpesto 211
Bärlauchpolenta 174
Blattsalate mit gebeiztem
Lachs 206f.
**E**rdbeer-Buttermilch-
Shake 228
**F**ischterrine auf Kräuter-
tomaten 217
Früchte-Vollkorn-Müsli
194f.
Frühlingskräuterbrot 193
Frühlingssalat, bunter 207
**G**azpacho 203
Geflügel-Soja-Pfanne 190
Gemüse-Käse-Sauce 214
Gemüse-Kräuter-
Risotto 169
Gemüsekuchen 184f.
Gemüse-Nudel-
Auflauf 168
Grünkernaufstrich 195
Grünkern-Graupen-
Suppe 203
Gurkencremesuppe 201
**H**ähnchenbrust
– mit Brokkoli 219
– mit Ingwer 216
Hefezopf 197
Honigbanane mit
Kirschsabayon 226
**J**oghurtdressing 211
Johannisbeerdressing 210

**K**albfleisch,
eingelegtes 220
Kartoffel-Gemüse-
Gratin 183
Kartoffel-Gemüse-
Suppe 199
Kartoffelmaultaschen 180
Kartoffelschupfnudeln 181
Kartoffelwaffeln mit
Quark 185
Kirschauflauf 222
Kohlrabi mit Hirse und
Pilzen 170f.
Koriander-Möhren-
Suppe 200
Körnersalat 205
Kräuterdressing 210
Kräuter-Weißwein-
Sauce 213
**L**achs-Safran-Suppe 200f.
Lachsschnitzel in
Pernodsauce 176f.
Lachs-Vollkornnudel-
Gratin 177
Lasagne mit Zucchini 175
Läufer-Hirsebrei 170
Linsen-Gemüse-Salat 208
Linsenrisotto mit
Gemüse 188
**M**aisgrießauflauf 224
**N**avarin vom Lamm 218
Nudelsalat mit Mozzarel-
la 204
**O**bstsalat mit Nüssen 226

**P**fannkuchen
– mit Gemüseragout 187
– mit Quarkfüllung
182f., 225
Pilzsauce 212
**Q**uarkcreme
– mit Beerenpüree 223
– mit Fruchtsaucen 221
Quitten-Balsamico-
Dressing 209
**R**ehragout, gebeiztes, in
Rotwein 215
Rösti mit Geflügelleber-
ragout 179
**S**chinken-Nudel-
Gratin 172
Schwarzwälder Sportler-
omelett 178
Seehecht mit Gemüse 191
Sellerie-Zimt-Suppe 202
Sesam-Joghurt-Creme 222f.
Sommer-Vitamin-
bowle 227
Spargel-Lachs-Ragout 192
Specksauce 214
Spinat-Pfannkuchen-
Lasagne 173f.
**T**ofu mit Basilikumsauce
189f.
Tofu-Gemüse-Medaillons
186
Tomatensauce 212f.
**W**ildkräutersuppe 198f.
Winter-Energieriegel 196
**Z**ander mit Gemüse 189
Zucchinicremesuppe mit
Lachs 198

# Register

**A**bendlauf 116f.

Ackerbau, Entwicklung 18

ADH 77

ADP (Adenosindiphosphat) 31

Adrenalin 126

Alkohol 11, 44f., 49, 77, 85, 103f., 147

Amaranth 43

Aminosäuren 23, 42ff., 49, 93

AMP (Adenosinmonophosphat) 31

Anabolika 88

Anämie 50

Äpfel 60, 110, 119

Arteriosklerose 38, 56, 86, 142

Athletenkost im Altertum 20f.

Atmung 36, 81

ATP (Adenosinphosphat) 24, 31f., 34, 95

**B**allaststoffe 104 s.a. Faserstoffe

Bananen 60f., 110, 119, 136

Bauch-Hüft-Quotient 152

Bauchspeicheldrüse 22, 103

Beta-Karotin 54

Beta-Oxidation 40

Bienenpollen 93

Bier 85

Bioimpedanz 150ff.

Bluthochdruck 142

Blutzucker 104, 112

BMI (Bodymass-Index) 34f., 142, 149f.

Bohnen 61

Broca-Formeln 149

Brokkoli 61f., 162

Brustkrebs 57

**C**aliper 150

Carbo-Loading 128f., 132

Carnosolsäure 53

Chlorid 134

Chlorophyll 49

Cholesterin 33, 38f., 56f., 105, 164

Chrom 94, 132

CLA 94

**D**ehydration 82, 85

Diabetes mellitus 142

Diäten 44, 143, 145

Dickdarm 22

Dickdarmkrebs 33, 38

Distelöl 39

Doll, Charly 138, 151, 160ff., 229

Doping 89f.

Dünndarm 22

Durstgefühl 77

**E**ier 42, 64, 137, 165

Eisen 33, 47, 49ff., 99

Eiweißbedarf 43

Eiweiße (Proteine) 17, 22f., 31f., 38, 42ff., 76, 97, 111

Eiweißkombinationen 43

Elektrolyte 47, 83

Elektrolytgetränke 94

Energieverbrauch beim Laufen 155

Energydrinks 86

Enzyme 22, 41f., 47, 56

Erdbeeren 62

Ernährung 8ff.
 – für Wettkämpfe 126ff.
 – ausgewogene (Definition) 15

Ernährungsauswahl 148

Ernährungsempfehlungen 157
 – für unterwegs 120

Ess-Brech-Sucht (Bulimie) 157

Essstörungen 156f.

**F**aserstoffe 33, 53

Fastfood 39, 44, 120, 122f.

Ferritin 50

Fettabbau (Lipolyse) 40

Fette 22f., 31f., 36, 37ff., 76

Fett-Eiweiß-Diät 129, 189

Fettsäuren
 – gesättigte 38f.
 – ungesättigte 39

Fettsucht 38

Feuerbach, Ludwig 16

Fisch 39, 42, 137, 147, 164

Fischer, Joschka 143f.

Fitnessdrinks 33

Flavonoide 56, 86

Fleisch 17, 42, 137, 147, 163 s.a. Steak

Fluor 47

Flüssigkeitsverlust 47f., 77ff.

Flüssigkeitszufuhr 76ff., 109f., 113, 126f., 133
Folsäure 45
Frühstück
– für Frühaufsteher 113
– für Langschläfer 114
– zweites 115
Fruktose (Fruchtzucker) 32
Gallenblase 22
Gallensteine 33
Gemüse 33, 52ff., 137, 145, 160, 162ff.
Germanen, Ernährungsgewohnheiten 21
Getränkzusammensetzung, ideale 87
Gicht 142
Glucosinolate 56
Glukose (Traubenzucker) 32, 36, 43f.
Glykogendepot 24, 31, 33ff., 40f., 44, 48, 85, 103, 111, 128ff.
Glykolyse 35f.
Glyzerin 40
Grundumsatz 28f.
Grünkohl 56
Guarana 95
Haferflocken 62f.
Hägg, Gunder 15
Hämoglobin 49
Heißhungerattacken vermeiden 106, 116
Herz-Kreislauf-Erkrankungen 39, 54, 56f.
HGH 86
Hirse 63
Hitze 81 s.a. Schwitzen
Homo erectus 16
Hormone 42, 77, 86

Hülsenfrüchte 43, 50
Hypoglykämie 113, 118
Hyponatriumämie 83
Hypothalamus 77
Idealgewicht 145ff.
Immunsystem 39, 44, 54, 57
Insulin 37, 103, 118
Intelligenz, somatische 11, 20
Isotone Getränke 134
Jod 47
Jodsalz 82
Joghurt 63f., 109, 165
Johannisbeeren, schwarze 39
Jo-Jo-Effekt 146
Kaffee 77, 103, 147
Kalium 47ff., 82f., 110, 132, 134
Kalorienumsatz, sportspezifischer 29f.
Kalzium 33, 49, 52, 83f., 110
Karnitin 40, 90
Kartoffel 51, 64, 132
Käse 166
Keimlinge 66
Kiwis 65
Knoblauch 57, 65
Koffein 86f., 95
Kohlendioxid 32, 36, 77
Kohlenhydrate 22f., 31, 32ff., 38, 40f., 45, 52, 76, 84, 86, 103, 105, 136f.
Kohlenhydratquellen 131
Kohlgemüse 56
Kreatin 88f., 92, 95f.
Kreatinphosphat 31

Krebserkrankungen 56, 91
Küchenregeln 229
Küchenutensilien 167
Kupfer 47, 49
Lachs 66
Lakto-Ovo-Vegetarier 45
Laugenbrezeln 66f.
Lebensmitteleinkauf 160ff.
Lebensmittellagerung 166f.
Leber (Organ) 24, 31, 34, 36, 45, 85
Leberzirrhose 142
Leistungsumsatz 29
Lignine 33
Limonade 84f.
Linolsäure 39
L-Karnitin 96
Lycopine 56
Magenfahrplan 129
Magersucht (Anorexie) 156f.
Magnesium 33, 47ff., 83f., 96, 110f., 132, 134
Marathon 30f., 34ff., 40f., 43f., 83, 127ff., 143
Mediterrane Kost 39
Milch 42, 67, 164f.
Milchsäure (Laktat) 36, 41, 77
Mineralstoffe 23, 30, 33, 47ff., 53, 105
Mineralwässer 49, 67f., 80, 82, 84, 86, 99, 110, 136
Mitochondrien 24, 40f.
Mittagslauf 115
Möhren 56, 132
Monoterpene 57

Morgenlauf 112, 114
Muscheln 68
Muskelaufbau 156
Muskulatur 24, 31, 33f., 36, 127f.
Müsli 68, 106f.
**N**ährstoffdichte 52
Nahrungsergänzung 88ff.
Natrium 47f., 83, 132
Noradrenalin 87
Nüchternlaufen 127f.
Nudeln 69, 130f.
Nüsse 39, 56, 69
**O**bst 33, 52ff., 119, 132, 137, 145, 160f., 166
Oligosaccharide 33
Oliven 39, 70
Olivenöl 39, 51
Omega-3-Fettsäuren 39
Omega-6-Fettsäuren 39
Orangen 70
Osteoporose 49, 57
**P**almitinsäure 38
Paprika 71
Pastaparty 130
Pektine 33
Pflanzenöle 39
Pflanzenstoffe, sekundäre 53ff.
Phosphat 49
Phosphor 47
Photosynthese 32
Phytosterine 56
Polyphenole 56
Popcorn 71
Power-Carbo-Loading 132
Powerfrühstück 105
Powerriegel 97
Proteine s. Eiweißstoffe

**Q**10 90, 98
Quark 42
**R**adtouren 41
Rauchen 11, 44, 103
Reichholf, Josef 16
Rotwein 57, 71f., 86
**S**aftschorle 82
Salizylsäure 53
Saltindiät 128
Salz 103
Samen 39, 56
Saponine 56
Schokolade 72
Schwangerschaft 44
Schwitzen 47f., 79ff.
Selen 47
Serotonin 118
Soda-Loading 97f.
Sojaprodukte 43
Sonnenblumenöl 39
Spinat 56, 72f.
Spurenelemente 23, 47ff., 53, 83
Stärke 33
Steak 73
Steffny, Herbert 50, 154
Steinzeitdiät 19
Stoffwechsel 23f.
Stress 44, 81
Substitution 92
Sulfide 57
Süßigkeiten 36f., 44, 117ff.
Süßkartoffeln 64
**T**aurin 86, 90, 98
Thermogenese 32
Thiamin 45
Tofu 73f.
Tomaten 56, 74, 132

Trainingskost, Grundsätze 108
Triathlon 41, 43
Trinken siehe Flüssigkeitszufuhr
Trinktipps für Läufer 82
Trockenfrüchte 74f.
**Ü**bergewicht 142
Übersäuerung 81, 87
Ultraläufe 139
Untergewicht 156
Unterzuckerung 35ff.
Urin 32, 44, 81
**V**eganer 45
Verdauung 22
Vitamin A 38, 44f., 164
Vitamin B1 45, 49, 132
Vitamin B12 45
Vitamin C 44f., 50, 131
Vitamin D 38, 44, 164
Vitamin E 38, 44, 164
Vitamin K 38, 44
Vitamin-B-Komplex 44
Vitamine 23, 30, 38, 44ff., 46, 53, 76, 105
– im Überblick 46
Vitaminverluste vermeiden 45ff.
Vollkornbrot 75
Vollkornprodukte 33, 50, 162f.
Vollkornreis 75
**W**alking 30
Wasser 23, 32, 76ff.
**Z**atopek, Emil 14f.
Zellulose 33
Zink 33, 47, 49, 111
Zweifachzucker 33, 37
Zwölffingerdarm 22

# Bestseller: Die FIT

Gesünder ernähren – bewusster genießen – mehr Spaß am Sport.